字幕に愛を込めて

私の映画人生 半世紀

目　　次

第1部 ワーナー映画と共に過ごした半生・・・・・・・・・・・・・・・・・5

　東北の片田舎の映画少年
　あこがれのワーナー映画に入社
　製作部で本格的に字幕製作に関わる
　字幕入りプリントができるまで
　字幕翻訳者の仕事
　タイトルカードと字幕文字の話
　プリント大量生産時代
　ビデオ時代に入る
　吹替版製作

第2部 字幕翻訳考・・・・・・・・・・・・・・・・・・・・・・・・・・・・・・・・・・・・・・33

　よりよき翻訳の提供と翻訳者の養成
　字幕文化の確立
　正しい聖書・キリスト教の紹介
　　良い字幕とは／映像翻訳者を目指す者はまず正しい日本語の使い手になれ／字幕文化考／映像翻訳　クイック紹介／映画会社が翻訳者に望むこと／今、クライアントが求める映像翻訳者像／私の映像翻訳の学びは字幕製作の"現場"でした

第3部 思い出のワーナー映画 半世紀・・・・・・・・・・・・・・・・・・・・105

　　ワーナー・ブラザースという会社
　　戦前のワーナー映画
　　戦後のワーナー映画
　　　―代表作125本　とっておきのエピソード
　　ワーナー映画と共に半世紀（代表作125本リスト）

終章　生涯現役 － 万年映画青年の夢は果てしなく・・・・・・391

　　索引

この小誌を、弱い体で私の多忙の日々を支えてくれた妻、佳子にささげる。

第1部
ワーナー映画と共に過ごした半生

Movie

ワーナー映画と共に過ごした半生

◆東北の片田舎の映画少年

4歳　本荘にて　両親・姉と

　私の父は東京出身でしたが、タバコの専売公社の出張所長で、東北の太平洋岸の町を何か所か転任しました。宮城県白石市、岩手県久慈市（その町出身の母と見合い結婚）、岩手県黒沢尻町（現在の北上市）、釜石市などで、この釜石で1941年（昭和16年）9月8日、私が生まれました。

　私が3歳だった1945年（昭和20年）初頭、太平洋戦争はもう敗色がかなり濃くなって、鉄鋼の町だった釜石は、敵アメリカ軍の艦砲射撃の格好の標的にされるのではないか、といううわさが立ち始めた頃です。幸いにも父は、初めて日本海側の秋田県の本荘町（現在の由利本荘市）に転勤が決まり、最後の任地として赴任したのです。うわさにたがわず釜石は、その後艦砲射撃にあって町のかなりの部分が被害に遭ったといいますから、もう少し父の転勤が遅れていたら、私はこの世に存在しなかったかもしれません。私はこの本荘に1945年から20歳の1961年まで16年間暮らしましたが、ゆくゆくは父の育った東京に出ようと思っていました。

　私が外国映画の魅力に取りつかれたのは、1950年代、中学2年生の頃からです。当時は、外国文化に接する機会と言えば、洋画（外国映画）と洋画雑誌です。私もこの世界にあこがれ、中学、高校と、映

画を見るのが何よりの楽しみでした。本荘は人口 3 万ぐらいの小さな町でしたが、映画全盛期で、映画館は 4 つもありました。洋画専門館の本荘国際劇場はたまたま家の裏でした。他に東映、日活、大映とあり、その 3 館のうち、1 館は邦画専門館でしたが、あとの 2 館は洋画と邦画が見られたので、合わせて 3 館の映画館にせっせと通いました。

　高校の入学式の時、"本荘の町に来る外国映画は一本残らず見よう" と誓いを立てました。"期末試験の時は映画まかりならぬ" という高校の規則でしたが、こっそり映画館に行って、映画が終わって明るくなり、そっと周りを見回したら、生活指導の先生が真後ろの席でにらんでいた、なんてこともありました。風邪を引いて見逃したものが数本ありましたが、結局ほとんど見ました。そして鑑賞記録を付けて、いっぱしの映画評論家気取り。我が青春の貴重な記録として、その映画日誌は今でもちゃんと持っています。当時は、劇場での一本の作品の公開期間は 1 週間が普通。だから見たのは年に 50 本ぐらい。最低でも高校時代の 3 年間で、150 本は下らなかったのでは、と思います。

　ヨーロッパ映画も良い作品がたくさんありました。第二次大戦終結後の 1940 年代後半、1950 年代は、イタリアのネオリアリズモ（新現実主義）の時代でした。ヴィットリオ・デシーカの「**自転車泥棒**」Ladri di biciclette、「**靴みがき**」Sciuscia（英 Shoeshine）、ロベルト・ロッセリーニの「**無防備都市**」Roma città aperta。大作でなくても、自分と同じ多感な十代の主人公のものはやはり記憶にとどまりますね。その一つはモノクロのスウェーデン映画「**春の悶え**」Hon dansade en sommar。愛し合う若者と少女が、北欧の太陽にキラキラ反射する湖の中で、全裸で戯れるシーンが、嫌らしい感じがなくて、ほんとに美しいと思いました。二人はバイクの相乗りで田舎道を飛ば

して、事故に遭い、少女は死んでいくのです。彼女が「私はチョースチンよ、忘れないで」と言うラストは切なかった。中学3年の時に見たイタリア映画で「高校三年」Terza Liceo という映画も印象的でした。高校3年の若者たちが、ケンカあり、恋ありで描き出す青春群像。主題曲が「デリカード」、この映画を見てから忘れられないスタンダード・ナンバーになりました。

　それと、アメリカ映画で忘れられないのは、中学2年の時、彗星のように現れて消えていったジェイムズ・ディーンのたった3本の主演映画です。いずれもワーナー映画で、エリア・カザン監督の「**エデンの東**」East of Eden、ニコラス・レイ監督の「**理由なき反抗**」Rebel without a Cause、そして遺作のジョージ・スティーヴンズ監督の「**ジャイアンツ**」Giant ですが、これについては、第3部で触れたいと思います。

　そんなわけで、高校時代のクラブ活動は、当然のように映画研究部（通称"映研"）に入り、3年の時は部長でした。秋の文化祭ともなると、映画館に行って、スチル写真（映画の場面写真）を借りてきて、映研の教室にポスターなどと

秋の文化祭 映研展示教室の前で

共に展示します。当時は「映画の友」「スクリーン」「映画ストーリー」「キネマ旬報」という映画雑誌があって、新作映画のスタッフ・キャスト、ストーリー、製作エピソード、そして双葉十三郎、荻昌弘、南部圭之助、植草甚一さんたちの映画評を読み、ゆくゆくは映画評論家になるか、映画会社に入ろうと思っていました。映画雑誌だけでなく、スター

たちのブロマイドも集めました。ブロマイドは、目黒区碑文谷に、春美栄光堂という専門のお店があって、ゲイリー・クーパー、ジョン・ウェイン、オードリー・ヘップバーン、エリザベス・テイラー、グレイス・ケリーなどのブロマイドを、何百枚と買いました。

　そのうち、自分でスチル写真もコレクションしたくなって、劇場の人に「スチル写真を個人的に買うのはどうしたらいいか」と尋ね、洋画配給会社の住所を聞きました。当時は映画会社の中に宣伝部宣材課というのがあって、ポスターやスチル写真を映画会社が各劇場に販売していたので、そこに現金書留でお金を送って、いろいろな映画のスチル写真を買い、クラスではみんなに見せて自慢し、大いにうらやましがられ、文化祭には展示していたわけです。当然ながら、これではとてもじゃないがお小遣いが足りない。母がやっていたタバコ屋の売上金の中から、こっそりくすねました。3年間で家庭内窃盗犯前科何十犯になったでしょうか。のちにクリスチャンになった時は、真っ先に浮かんできたのがこの"重罪"で、心から神様と母の前に悔い改めました。

◆あこがれのワーナー映画に入社

　それでも、その熱心さが幸いしました。当時のワーナーの総務部長のサム・ムーサ（日本名は熊沢義征）さんという方が、"東北の片田舎にえらく熱心な映画少年がいるなあ"と覚えていてくれたのです。高校を出て、1年半位は地元の会社に就職しました。本荘から汽車で30分ほどのTDK平沢工場の総務部健康保険組合に勤めたのですが、上京の思いやみがたく、洋画の配給会社のほとんど全社に片っ端から、「なんでもいいから仕事はありませんか？」と依頼状を出しました。どんな仕事があるかも分からないので、「とにかく映画会社で働きたい、仕事はなんでもいい」と。当時、邦画の会社は一部定期採用はあったと思いますが、洋画のほうは定期採用はなく、欠員があれば採用す

るということだったので、当然ながら次々に「欠員はありません」とお断りの連絡が来ました。洋画の会社というと、メイジャーと言われる、ワーナーとかフォックスとかアメリカに本社がある会社と、インディペンデント（通称インディー）と言いまして、日本ヘラルドさん、東宝東和さん、ギャガさん、今はない新外映とか、日本人が経営している会社があったのですが、もう全滅に近い返事が帰ってきて、最後に残ったのがワーナーだったのです。

ワーナーという会社は、メトロやフォックス、パラマウント、ユニバーサル、コロンビア、RKOなど他のメイジャー映画会社と同じく、戦前、大正の中頃から日本支社はあったのです。それが戦争で全て閉業に追い込まれて、戦後洋画の上映が始まってからも、1950年（昭和25年）までは、マッカーサーの率いるアメリカ軍のGHQ（占領軍総司令部）によって映画のメイジャー会社が独自の商売をすることが禁じられていて、セントラル・モーションピクチャー・エクスチェンジ（CMPE）という合同の洋画配給会社を占領軍の命令で作ったのです。その中に、先ほどのメイジャー洋画会社が全部入っていました。それから数年して、やっとそれぞれに独立したわけです。私が入社した時は、銀座の松屋の裏のちょうど昭和通りに出た角に、ワーナー・ブラザース、二十世紀フォックス、メトロ・ゴールドウィン・メイヤー（MGM）の3社が共同出資して建てた「東京フィルム・ビル」というビルがあって、1、2階がワーナー、3、4階がフォックス、5、6階がメトロでした。地下には、そのビルの管理会社、フィルム・リアルティーの従業員がいて、ビルを管理していました。この「フィルム・ビル」は、東京だけでなく、大阪、名古屋、福岡、札幌の全国主要5都市にありました。

「ワーナーがダメなら、一巻の終わりだ」と思いながら、最後の連

絡を待っていたある日、ワーナーの、今は亡くなられたその総務部長さんから、直接電話がありまして、「今、メールボーイという仕事が空いたんだが、それでもよかったら来てみるかい」という夢みたいなお話。メールボーイというのは、仕事としては、一番単純というか、社内から外部に出す手紙を中央郵便局に持っていき、郵便局の私書箱のワーナー宛ての手紙を持ってきて、社内の各課に配達するというような仕事です。私は、これはラストチャンスだと思い、即座に「はい、行きます！」と返事をして、翌日には勤めていた会社に辞表を出し、3日後にはもう上京というスタイルでした。若さですね。ちょうど20歳でした。とにかく映画が好きで好きで、「映画って本当にいいものですね」（映画評論家、故水野晴郎さんの名セリフ。彼も私と同じ飛び込みで、四国から上京してユナイテッド・アーティスツという映画会社で映画人生を始めたそうですが）と思いながら将来を夢見ていた田舎の映画青年が、そのあこがれの映画の世界に飛び込んだのです。でも、最初の面接で「ダメ」と言われれば、それっきりです。恐る恐る総務部長さんの前に座り、聞かれるままにいろいろ答えました。そのうち、「君は勉強は何が好きなんだ？」と聞かれ、とっさに、"外国映画の会社だから、英語ができなきゃマズいだろう"と直感し、「英語です！」と答えました。英語なんか、まるで好きではなかったのに。すると部長は目の前にある社内報（インターオフィスメモといいました）を手渡して、「ちょっと声を出して読んで、訳してみなさい」と。見ると、英語でほんの数行タイプしてありますが、さっぱり分からない。頭が真っ白になりました。でもここであっさり引き下がったら、それまでと思い、これもとっさの頭を働かせて、「大体の構文は分かるんですが、一つ一つの単語が専門的すぎて分からなくて…。」としどろもどろの言い逃れ。部長はニヤリと笑って、それでもお情けで入社させてくれました。私は、"ここで働くには、英語ができなきゃダメだ"とその場で悟り、なけなしの給料の中から、当時の文部省の

英語通信教育を、英会話、英文法、上級（シニア）の3科目も取って、7年ぐらいかけて、毎日会社が終わって家に帰ると勉強しました。今でもその教材は取ってありますが、テキストと、音声は朝日ソノラマという濃いピンク色のペラペラの45回転レコードでした。

　何しろ、社内で目にする文書の8割ぐらいは英語です。何を読むにも、片っ端から辞書を引き引き、それでも、そのうちに、なんとか書いてあることは理解でき、簡単な文章なら英語で書けるようにもなりました。でもヒアリング、スピーキングになると、ダメです。仕事上、試写室で映画を見るので、ヒアリングの機会は多かったのですが、スクリーンの中の生きた話し言葉のネイティヴ・イングリッシュは、まるでちんぷんかんぷん。話すほうで、唯一チャンスがあったのは、日本代表の上にいた極東代表のジャック・ディーガルさんという方で、この方はもう日本生活が長いのに、一切日本語を話そうとしなかったため、たまに仕事のことで報告する段になると、全て英語です。でも、私などの若造にとっては、"雲の上"の存在ですから、この方に英語を話す機会などは、一年に1度あるかないか、といったところでした。加えて日本代表や総務部長も二世で日本語堪能のため、英語を話す機会は皆無に等しく、一向に上達しませんでした。それがなんとかできるようになったのは、1978年に前任の日本代表のチャールズ・ボイドさんが辞められて、アメリカから若いアメリカ人のリチャード・フォックスさんが赴任してからです。何しろ英語でなければ意志が通じないので、まず相手が何を言っているのか、耳をダンボにして聴きました。そして大体の意味が分かると、今度はこちらが話す番。もう恥も外聞もない、文法が合っているかなんて考える余裕もない、ともかく単語を並べて、身振り手振りでこっちの言いたいことを必死に伝えました。不思議なもので、英語に限らず語学というのは、ヒアリングが上達すると、話すほうもそれなりにできるようになります。少しずつ力をつけていって、退職する頃には、スクリーンの中の英語も、

7割方は分かるようにまでなっていました。

　給料の話をすると、当時の大学での初任給が1万円ぐらい。高校出は7,000円でしたが、私は地方から来てアパート暮らしだからと、特別に1,000円上乗せしてもらって、税込みで8,000円。その中から、アパートの家賃が1畳1,000円で3畳間だから3,000円。残りの5,000円で1か月の食いつなぎ。昼はコッペパン1本でした。外国映画会社というと、さぞ給料も高く、いい暮らしだろうと思われていましたが、どっこい、占領政策の影響下、日本人従業員の給料は極端に安く、たまりかねて私が入社してから数年して労働組合ができ、賃上げ交渉でいきなりポーンと7,000円ぐらい上がりました。それはともかく、こうして私は、あこがれの外国映画会社、それも天下のメイジャー、ワーナー・ブラザースに入社することができました。1961年9月10日、2日前に20歳になったばかりのことでした。

　けれども上京したばかりの時は、急なことで、住む場所がない。そこで、最初の3か月間は、文京区の駒込に居た叔母（父の弟の奥様）の家に転がり込んで、居候しました。今思うと、狭いお宅の中に私の居場所をつくり、食事のお世話をしてくださったわけで、さぞご迷惑だったろうと、心から感謝しています。3か月たつ頃、先に上京していた、20以上も年上のいとこ（母の兄の次男。"叔父さん"と呼んでいました）の世話で、彼の住んでいた江東区木場の近くの門前仲町に3畳のアパートを借りました。銀座の会社へは都電で通いました。

　今度は住まいの話をすれば、以来56年の東京近辺生活の間に、5回、居を移しました。門前仲町の次は、そのいとこのいるお宅の近くの木場のアパート、それから晴海の公団アパート、結婚して足立区竹の塚駅前の公団アパート、田舎から母を呼んで同じ竹の塚の2LDKの公団アパート、1981年に念願の我が家を建てて埼玉県草加市の現在の家

に移りました。晴海までは都電、間もなく都電がなくなり、バスで通い、竹の塚以降は電車でした。会社のほうも、46年半の間には約10年ごとにオフィスが変わり、最初の17年が、銀座松屋デパートの裏の東京フィルム・ビル、1978年にフィルム・ビルを売却することになって、ワーナー、フォックス、メトロ、それぞれに次のオフィスを探すことになったのですが、ちょうどその1978年に、ムーサさんのあとの総務部長の浦田勇さんも定年退職になりました。それで、その1年半ほど前に既に製作部長になっていた私が、総務部長も兼任するようになり、その最初の大仕事が、このオフィス探しだったのです。8月の炎天下、新任日本代表のリチャード・フォックスさんと共に、東京の都心をいろいろ見て回り、最後に決まったのが、銀座と京橋の境にある、高速ガード下の東曹京橋ビル（旧鉄興社ビル）。今はもうないテアトル東京のすぐ近くの由緒あるビルでした。それから10年ほどして、港区浜松町に移り、また10年ほどして、現在の日比谷セントラルビルに移りました。オフィスのほうは引っ越しを4回経験したわけです。

　字幕の話に入る前に、映画の興行形態の話をしますと、今でこそ、大作になると800本、1,000本と大量の映画製品を用意して全国同時公開をしますが、当時は、まず東京でロードショーをやりますと、東北の秋田県本荘まで流れてくるのは、半年ぐらいたってからでした。
　ちなみに映画製品は、映画ができてから1世紀近く、フィルム（プリント）の時代が続いて、私がワーナーを退社する7、8年ぐらい前の21世紀に入ってから、ディジタル・ディスクが登場しました。フィルムと違って、肉眼では見えない小さな箱の中に、一本2時間の映像が丸々収まってしまったわけで、そのテクニカルな知識を吸収するのに、最後の数年間は本当に苦労しました。
　そんなわけで、私の映画の話は、ほとんどがフィルム（プリント）

時代のことになりますが、そのプリントも、何十年という長い間、私がワーナーに入ってからもなお10年近くの間は、大作でも10本ぐらいしか用意しないで、まず東京、大阪、福岡、名古屋、札幌のメイン館でロードショーをしました。その後、2番館、3番館と、地方の小さい町に落としていく。5番館までありましたが、そこまで行くと、言葉は悪いですが、いわゆる"場末の劇場"で、プリントも業界用語で"雨が降った"プリントに劣化しており、雨のような縦の傷が、チラチラと画面を走るわけです。それでも他に娯楽がないから、商売になったんですね。

　好きな映画を初めて東京の映画館で見たのは、東京の中の2番館か3番館ぐらいでしたが、叔母の家の近くの駒込の映画館でした。椅子数は、当時、ロードショー館ですと、1,000から1,500席。今とは数がひとケタ違います。一番大きかったのは、築地にあった松竹セントラルでしたが、これは1,570席ぐらいでした。銀座、渋谷、新宿など繁華街の映画館は、当然ながら大きく、ほとんどが1,000席以上。駒込の2番館も5、600はあり、神田などの名画座系でも2、300はありました。本荘は200ぐらいでした。大劇場の大スクリーンはインパクトがありました。京橋のテアトル東京での70ミリとか、シネマとかのインパクトはすごいものでしたが、シネラマは製作にコストがかかりすぎるということで、1960年代、70年代の始めに消えました。

　話を私のワーナー時代に戻して、こうして天下のワーナー・ブラザース映画に入った私は、メールボーイの仕事を3か月した頃、営業部の統計課の人が辞められて空きができ、そこに移りました。映画の商売は、まずワーナーの営業部員（セールスマン）が劇場さんと上映契約書を交わします。例えば、ある劇場で何月何日から何日まで何週間上映を許可し、"興収（興行収入）の60パーセントはワーナーに支

払う"という契約書です。これがワーナーの配収（配給収入）になる。統計課の仕事は、それをカットオフカード（劇場別のデータカード）にまず記入する。次に、映画が始まり、映画館の興収から、契約に従って、60パーセントのワーナーの配収があると、請求書ナンバーなどと共にその数字を記載します。また、興行通信という業界の通信紙に、毎日5大都市の劇場の興行成績が載るのですが、それをデータにしたりする仕事でした。その仕事を16年続けました。いわば"数字漬け"の毎日で、その後クリスチャンになって、所属する教会の財務の仕事を長年やってきたり、他のキリスト教団体でも財務をやったりと、多少なりとも数字に強くなったのは、この統計課時代の経験のおかげですが、一方では、目には自信があったのに、連日細かい数字を見たり書いたりしているうちにどんどん悪化して、眼科医に見てもらったら遠視と分かり、40歳になる前に読書用メガネ（老眼鏡）のお世話になるようになったのも、この統計課の仕事のせいでした。

◆製作部で本格的に字幕製作に関わる

こうして、やっと入れた映画会社なのに、字幕製作という直接に映画作りに関わる仕事には、なかなか就けなかったのですが、転機は1977年に訪れました。長年、製作部長（当時は渉外部長という名前でした）を務められ、今は故人となられた金井義雄さんが定年で辞められて、後任を立てなくてはならなくなった時です。困ったことに、製作という仕事は、ある意味"職人芸"で、フィルムを本社から輸入する時の通関手続き（東京税関さんがお相手でした）、字幕翻訳者や、字幕をフィルムに打ち込んだり現像したりする各関連業者とのやり取り、劇場公開が終わって戻ってきたプリントの保管や、最終処分（ジャンクといいました）など、長年やって初めて身に着く専門的な知識が必要なのですが、そんなこと、当人以外は誰も知りません。ところがその前任者の方のデスクの隣が、たまたま私だったのです。それで、

いやおうなしにそれらの仕事の関係者との電話の様子が耳に入ってきたり、彼らがオフィスに来たりで、なんとなく製作・渉外という仕事の雰囲気ぐらいは分かっていました。それで、「他の人間よりは小川のほうがマシだろう」と私に白羽の矢が立ち、跡を引き継ぐことになりましたが、これは願ってもない幸運でした。まさに、長年待ち望んだ"チャンス到来"だったのです。

◆字幕入りプリントができるまで

製作部では、あらましこんな仕事をしました。アメリカの本社で映画を作ると、最初のスクリーニング・プリント（試写用プリント）を、ほぼ自動的に送ってきます。それをまず社内で試写をして、公開するかどうか決めますが、その前に、プリントを正規の通関手続きを経て輸入しなければならない。そのために専門の通関業者さんがいます。彼らが関税を払って、輸入したプリントをワーナーに運んできます。洋画は全てその仕組みです。それには、通関士という国家資格を持った人間が必要なのです。

その1本を、ワーナー日本支社の日本代表、営業部長、宣伝部長という部長クラスの人たちが試写で見て、日本での上映の可否を決めますが、大体アメリカから送られてくる作品の中の7割、8割のものは日本でもやります。インディペンデントの人は、映画祭に出かけていって、買い付けをしてくるわけです。その中でメイジャーの作品は、彼らはワーナーの本社と直接交渉して買い付けますので、ワーナーの映画でも、そういうインディーさんが配給する場合もあります。

ワーナーの日本支社では、私が辞める数年前から、ワーナー製作以外の作品の買い付けの機会が増えてきました。それまでは、本社からの映画の9割はアメリカ、残りはイタリア映画など、本社が買い付けて送ってきていたのですが、辞める数年前からは、独立採算制の傾向が強くなって、「ワーナー・ジャパンとして独自の成績を上げなさ

い」ということになりました。それまでは、アクションものでも、鉄のカーテンの向こうのソ連が脅威であった頃は、彼らを格好の敵にして、ストーリーに事欠きませんでした。戦争ものもいろいろありました。ところが、1991年のソ連の解体に伴い、強い架空の敵をつくるのが難しくなる一方、ヒットしそうなストーリーもネタ切れになる中で、それと反比例するように、アニメ、中国映画、韓国映画が力をつけてきました。そこで、それらも商売になりそうなら買い付けて配給しようということになったのです。それとテレビ会社が投資家を募って映画を製作する時代になったので、そういうテレビ会社の映画にワーナーが一枚かんで、製作、配給してよいということになり、洋画の製作・配給形態も大きく様変わりしました。

　私が辞めた2008年頃には、ワーナーの配給作品の半分は日本映画でした。それまではアメリカが全部配給権を買っていましたが、例えば「**デスノート**」など、"日本発 世界配給"というスタイルがだんだん広まっていったのです。

　さて、そんな経緯から私が製作の仕事に入ったのは、1977年。どうやってその"職人芸"的な仕事を覚えたかというと、"習うより慣れろ"で、まずは現場見学。現像所ではイマジカ（元は東洋現像所）、それから東京現像所、それに「**ハリー・ポッター**」シリーズの途中からは東映ラボテック（元の東映化学）も加わって、この3つの現像所に「見学させてください」と言って見せてもらいました。後述の、いわゆる"三枚掛け"と言われる字幕入りプリントの大量生産の仕組みも、この見学で知りました。次は字幕製作会社です。テトラ、ジャパン・オリジナル・テクニック（JOT）、日本シネアーツという3つの字幕製作会社があり、そこに行って、「なるほど、こういうプロセスで字幕が入れられるのか」と、この目で確認して覚えていったわけです。

◆字幕翻訳者の仕事

　日本で上映することが決まると、製作の仕事としては、まず字幕翻訳者の選定から始まります。ほとんどはフリーランスですから、"こういう映画ならこの方"ということで、ひと昔前は、清水俊二さんとか、高瀬鎮夫さん、今なら戸田奈津子さんとか、プロの翻訳家にお願いするわけです。当時は劇場用映画とテレビ用と縄張りが二つに分かれ、どちらもやるということは、まずありませんでした。高瀬、清水さんは劇場用映画翻訳の両横綱で、お二人で日本公開映画字幕の9割は翻訳されたのではないでしょうか。そこにも"縄張り"があって、高瀬さんはワーナーとユナイト（ユナイテッド・アーティスツ）、清水さんは、フォックスとパラマウント、ユニバーサルなどでした。

　翻訳の仕方は、ビデオ製品が市場に出回るようになった1980年代からは非常に便利になって、ビデオ素材を配給会社から提供されて、自宅で絵（映像のこと）を見ながらできるようになりましたが、それ以前は、翻訳者が絵を見られる機会はたった3回。まずは最初の"ハコ書き"用の試写。それに間に合うように、アメリカ本社から英文台本が送られてきていまして、絵を見ながら目は英文台本を見て、セリフを耳で聴きながら、その切れ目（息継ぎ＝ブレスのところ）でセリフの頭をさっとスラッシュの印で切って（これを"ハコ（箱）を切る"、あるいは"ハコ書きする"と言いますが）、それにナンバリング（セリフの通し番号）を付けます。これが1回目。

　次にどうするかというと、ハコを切った英文台本を字幕製作会社が引き取り、フィルムを映写機にあるのと同じサウンドヘッドの付いたベルトコンベアみたいなスポッティングマシンに通し、手回しのハンドルをゆっくり回しながらフィルムを送ると、スローモーションの音が聞こえるのですが、ナンバリングした英文台本をそばに置いて、例えば主人公が It is fine today, と言ったら、言い始めの It のイのとこ

ろで、フィルムの上にすぐ消せる白いデルマート鉛筆で印を付ける。するとその場所が、その巻の始めから何フィート何コマめであるかの数字が、カウンターに出るので、まずそれをスポッティングリストのIN（始まりのフッテージ）の欄に書き取る。更に送って、セリフの終わりのtodayのイのところにも印を付け、OUT（終わりのフッテージ）欄に、同じようにそのセリフの終わりまでの長さを書き取る。セリフナンバー１、セリフの開始は何フィート何コマ、終わりは何フィート何コマ、それを記入すると、素早く頭の中で、そのセリフの長さは何フィート何コマと計算して、それも書き込むのです。ちょっとした人間コンピューターですね。翻訳者は、その長さに１フィート当たりの許容文字数３文字をかけて、そのセリフで訳せる字数を計算し、その字数内に収まるように翻訳していく。フィルムは劇場にかけるフィルムでやるので、絶対傷付けられないのですが、そこはベテランですからまず傷は付けません。もう何十年もこのやり方でやってきたんですが、さすがにディジタル時代に入って、このINもOUTも字幕作成機のキーをそれぞれポンと押せば、瞬時にそれぞれのフッテージと字数を計算して、自動的にスポッティングリストを作成してくれるようになり、翻訳者もだいぶラクになりました。

　こうして、ハコ切り英文台本と、スポッティングリストを字幕業者から受け取ったら、翻訳者はいよいよ翻訳開始です。一本の映画で字幕の数がどれぐらいあるかというと、私が仕事を始めた1960年代、70年代ぐらいまでは、平均しますと、800から1,000ぐらいセリフがありました。それから数十年の間に加速度的に情報過多時代が訪れました。現実の日常生活で情報が増えていけば、それを映画のストーリーにした場合にも、その中の情報は増えていくわけで、だんだん俳優のしゃべるスピードが速くなってきて、平均すると同じ２時間の映画でも1,000から1,200ぐらいになっていきました。ざっと３割増しです。これが実は翻訳者泣かせで、映画の翻訳料というのは、セ

リフの数1つで何円じゃなくて、フィルムの1巻当たり、あるいは10分当たりいくら、という計算方法なのです。だから、セリフの少ないアクション映画などはラッキーで、法廷ものなど、しゃべりまくっている映画には泣かされるわけです。

　字幕原稿は翻訳者さんが原稿用紙に書いていくのですが、ワープロが登場する前は、全部手書き。翻訳者さんと言えば、前述の、字幕翻訳者の東西の横綱、高瀬鎮夫さんと清水俊二さん。お二方ともだいぶ以前に故人となりましたので、もうお話ししてもいいと思いますが、高瀬さんは非常にお酒が好きで、ワーナーでは専用のお酒の棚があり、ちびちびやりながら訳されていました。晩年には、もう手が震えて字が書けないので、お嬢さんから清書した原稿を頂いていました。清水さんは非常に悪筆で、テトラという字幕会社の女社長の神島きみさん（"テトラのお母ちゃん"と呼んでいましたが）しか読めませんでした。私も一度見せてもらいましたが、まあスゴい字、いわゆる癖字でした。漢字は言うに及ばず、例えば平仮名の「し」という字が、なぜか鏡に映したように、最後の撥ねが左右逆で、左に向かって撥ねるのです。こうなると、もう一種の"暗号"です。

　大体1本の作品に、当時、古き良き時代は、アメリカからプリントが送られてきて、初号プリント（最初の字幕入りプリント）を見るまでにたっぷりと1か月以上ありました。そんなに急がない作品だと2か月ぐらいかけてやればよかったわけです。それが私が辞めるまでの30年ぐらいで、どんどん期間が縮まってきて、「本当に急ぐから頼む」と上から言われたら、プリントが到着してから初号を上げるまでに5日とか6日とか、そんな"荒技"でした。映画の商売では、いい作品があったら、競合他社より一日でも早く字幕版作品を用意して、上映館を抱える興行会社に見せて、客の入るいい時期といい劇場を確保しなければ、もうかるチャンスを失ってしまうのです。そのため、このように性急な要求が製作サイドに課せられるようになったの

が原因ですが、一方では通信網が発達して、字幕データのやり取りがメールでできるようになったこと、前述のように、スポッティングリストの作成が機械化されて、早く翻訳にかかれる環境が整ったことなどが、それを可能にした大きな理由です。

　そのようにして、翻訳者さんが締め切り日に原稿を持ってきます。その原稿段階で、製作部員は目を通させていただいて、分かりにくいところがないか、誤訳・誤字脱字はないか、日本語としておかしな表現はないかなどについて、英文とチェックして、翻訳者さんと翻訳内容についてのディスカッションをします。最初の頃は、私は製作の駆け出し、相手は御大の高瀬先生ですから、あまり言いたいことを言えなくて、本当に差しで物が言えたのは先生の晩年のほんの数年ぐらいでした。

　このように、原稿の段階で推敲を十分にすると、初号完成後の訂正も少なくて済みます。初号用のチェック試写、2度目の中間試写は、原稿が出来上がって製作担当者に見せる前に、翻訳者個人が試写を見ながら自分でチェック。そこでまず翻訳者による修正が入り、そのあと、製作部員との再修正作業になります。ちなみに英語のProductionプロダクションの訳語としては、"製作""制作"の2つがありますが、テレビ番組の制作と違って、映画は、字幕だけでなく、フィルム量産まで、文字どおり"物を製作する"ところまでやるので、映画会社は、ワーナーのように、"製作"ということが多かったと思います。

◆タイトルカードと字幕文字の話

　翻訳をチェックして、字幕会社に渡すと、次に、それぞれの字幕会社お抱えのタイトルライターさんが、あの独特の字幕文字で、タイトルカードに字幕1つごとにカード1枚を使って書いていきます。最初は全て手書きでした。普通の書き字でも人それぞれに"書き癖"が

あるように、タイトルカードの文字も手書きですので、ライターさんによって多少の違いがあります。そして、字幕がフィルムの表面をきれいに白く抜けるように、"撥ね"とか"留め"とか、字幕文字独特の工夫が要りました。また、フィルムに"パチ打ち"（後述）するときの字幕は、白いカードに黒インクで書きますが、タイトルネガ（これも後述）用に書くときは、黒のカードに白インクで書きます。その黒も、出来合いの黒い紙では撮影するときに反射して、いいタイトルネガができないので、白いケント紙に黒く墨を塗って使っていました。大変な作業です。その独特の字体ですが、前述の撥ねや留めの他に、直線が決して直に交わらないように、また数字のゼロ（0）が決して丸くつながらないように、俗に"空気穴"と呼ばれる透き間を入れなければなりませんでした。そうしないと、フィルムが十字に、あるいは丸く抜けてしまって、読めなくなってしまうからです。それから、画数の多い漢字は、これもまた独特の、中国語漢字の簡易書体のように、簡略化した字幕漢字が考案されました。例えば"攻撃"の"撃"ですが、「車」の下に「山」を書きました。いずれにしても、この字幕文字というのは、書道の達人の文字に勝るとも劣らない、一つの芸術品です。そこでこんなジョークが生まれました。いえ、ほんとにそんなことがあったかもしれません。ある観客のおばさんが、映画を見終わって、感に堪えない風にこう言ったというのです。「それにしても、字幕翻訳者の方は、翻訳がうまいだけでなく、どなたも字がお上手なのねぇ」と。あの字幕文字は、翻訳者の原稿をそのまま使っていると思われたのでしょうね。現実には、ワープロが現れる前の手書き原稿は、翻訳者によっていろいろな癖があって、ちょうどフォントの丸ゴシックのように丸く整った文字、高瀬鎮夫さんの震え字、戸田奈津子さんのきれいな流し字、ライター泣かせの清水俊二さんの暗号文字など、いろいろな字体の人がいたというのは、前述したとおりです。

　その後、これも私の辞める10年ぐらい前から、パソコンで手書き

文字をフォントにし、自動的にプリントアウトするようになりました。この芸術品の字幕文字が、消えずにこうして残ったのは、本当にうれしい話ですが、これには、こんな背景があったのです。このライターさんの一人に、高瀬鎮夫さんの甥に当たる佐藤英夫さんという方がいて、私は長くお付き合いをさせていただいたのですが、この方の息子の武さんが、お父さんの字幕文字をパソコンに取り入れて、"シネマフォント"という名前で、フォント化してくれたのです。おかげでこの字幕文字は、スクリーン以外にも、今もテレビのCMやいろいろなところに用いられており、それを見るたびに、今は故人となられた彼に出会えたような気持ちになります。

　次は、こうして書き出されたカードをカメラで写し撮って、セリフのネガフィルムを作り、焼き付けるときに、紙の代わりに銅版、またはジンク版という特殊な金属版に、100枚とか一度に焼き付け、それを特殊な液体に浸して表面を腐食させ、文字だけ浮き出て残る凸版を作ります（銅板のほうが品質は安定していて、打ち出された字幕も白くきれいに抜けるのですが、コストが高いため、のちに登場したジンク版を使用するラボが増えました）。そして、字幕打ち出し機の上でフィルムを流しながら、一つ一つ、インとアウトにデルマートの印が付いているセリフの間を、英文タイプの原理で、パチパチ打ち抜いていくのです。そして、出来上がったものの表面を拭いてカスを取り除くと、フィルムにセリフが打ち抜かれている。これを"パチ打ち"と言いました。前述のように、当時は大作でも10本しかフィルムがなくて、本当に貴重なものでしたが、プロであっても、時には字幕を入れるコマがズレてしまったり、あとで誤訳・誤字が分かったりして、字幕を消したり打ち直しをする必要もありました。それには"なめ消し"という技術があって、壁の穴を埋めるのと同じ要領で、フィルムの穴を埋めて黒いインクを塗って字幕を消し、誤訳・誤字の場合はその上から打ち直します。人のやることなので、そういうミスも結構あっ

たのですが、腐食薬品が悪かったり、パチ打ちのタッチがほんの少し強かったりすると、映った字幕がチラチラしたり、逆にタッチが弱いと、表面のカラー層までしか字幕が入らず、字が黄色っぽくなったりして、現場担当者は、試写が終わるまで本当にひやひやものでした。

　これが、ひと頃はかなりの作品数で製作された70ミリ映画になると、字幕入れも大変です。サイズが普通の35ミリフィルムの倍ですから、字幕入れの装置も、そのために特注で作らなければならず、この70ミリの字幕入れは、日本シネアーツ社の専売特許でした。この字幕入れのためには、まず"蝋引き"といって、特殊なワックスをフィルムの表面に塗り（ヤマキフィルムの八巻修二さんというそのための専門業者さんがいました）、その上からパチ打ちをして、そのあとにこのワックスをまた特殊な液体で洗い流して、字幕だけを残すのです。

　この字幕入れ作業は、レーザー式字幕機の登場で、大きく様変わりしました。パチ打ちに代わって、レーザー光線できれいに、均等に、字幕が入れられるようになりました。このやり方は、フィルムを打ち抜くのではなく、フィルムをレーザー光線で焼き抜いていくのです。でも、特殊な世界だけに、技術革新の波が最後に押し寄せたかのように、1世紀近いパチ打ち時代のあとで、さっそうと登場した新しい字幕入れ技術も、ディジタル時代の登場によって、その寿命は短かったようです。

◆プリント大量生産時代

　1970年代の中頃までは、フィルムの上映本数は、上述のように大作でも10本ぐらいでした。それを量産体制に踏み切ったのはワーナーで、当時日本代表だったチャールズ・ボイドさんが、かけた資本を早期に回収したいということで、上映劇場数を増やしたのです。1970年代に、ワーナーはブームものの先端を切って、まずカンフー映画ブームを起こしました。一社があるジャンルの映画を売り出すと、他社も

続いて同じジャンルの作品を公開し、ブームになるわけです。「**燃えよドラゴン**」Enter The Dragon がその最初で、これが量産体制にした初めての映画です。そうなると、当然短期間にそんなに多くのプリントに字幕を入れるのには、限度があります。作品によっては、アメリカのほうでヒットしなくて短期間で上映が打ち切られ、まだ十分に使えるユーストプリント（二次使用プリント）が出たりすると、それを使えばプリントコストがかからないので、それにパチで100本も字幕を入れたことがありますが、さすがに新品プリントで60本から100本などの大量になると、納期までの期間的にも品質の面でもリスクが大きくなり、プリントコストも高くなるので、現像所の出番になるわけです。

字幕打ち抜き式のプリントを"パチ打ちプリント"、現像所でネガフィルムから字幕まで焼き付ける方式のプリントを"ネガ焼きプリント"と言いますが、後者の場合は、まずアメリカ本社から絵と音それぞれのネガフィルムを取り寄せます。それに、日本の現像所で作った字幕タイトルのネガ、この3本を合わせて焼くというスタイルです。"三枚掛け"と呼んでいました。カンフーもののブームのあと数年後に、オカルトブームのはしりである「**エクソシスト**」The Exosist を公開しました。数寄屋橋にあった丸の内ピカデリーの前に並ぶ長蛇の列が銀座の三越まで続いたというニュースが、写真入りでスポーツ紙に載ったりしました。

それから半年ぐらいで、今度はパニックものブームで「**タワーリング・インフェルノ**」Towering Inferno を出しました。原題そのままですが、意味は"そびえる地獄"ということで、ビル火災の話です。

このように、扱うプリント本数が大幅に増えても、その頃はずっと一人で製作の仕事をやっていたので、かなり忙しかったのです（洋画会社で製作部は大体一人でした）。今思えば我ながらよくやったものですが、前述のようにムーサさんのあとの総務部長の浦田勇さんが定

年になり、跡を受けて総務部長を兼任した 7 年半は、さすがに一人ではできないので、製作部員のほうも一人増やしてもらいました。

◆ビデオ時代に入る

　次の画期的な出来事は、1986 年です。ビデオブームが到来して、ワーナーが、従来の劇場映画部門に加えてホームビデオ部門をつくったのです。ワーナー映画の劇場用フィルム作品をビデオ作品に作り替えて、ビデオとして発売する仕事です。その 3 年ぐらい前には、ワーナーパイオニアという日本人が設立した姉妹会社で、ワーナー映画のビデオ作品を作りましたが、その契約が切れて、ワーナー・ブラザース映画の中でビデオ部門を作り、ビデオ作品化するようにという本社の命令でした。これも"商品作り"ですから、お鉢は製作部に回ってきたのです。

　こうなると、さすがに映画製作部長・ビデオ製作部長・総務部長の"三足のわらじ"は履けないので、総務部長は次の方に譲って、私は劇場用のフィルムの部門とビデオ部門を総括することになり、"製作総支配人"として、その立ち上げから軌道に乗るまで 8 年半、この責務に打ち込みました。この期間が、我がワーナー生活 46 年半の中でも一番大変でした。

　加えて、劇場用映画のほうも、作品数が増えてきました。映画は、私が入って 20 年ぐらいはワーナー作品だけやっていればよかったのですが、利潤を上げるために他のプロダクションの作品もワーナーが配給を引き受けるというスタイルができてきたのです。当時はオライオン映画というのがあったのですが、オライオンの作品を委託配給することになると、その字幕を入れるのはワーナーの仕事ですし、他にもワーナー史上で初めて、2 年間だけ、ディズニー映画を配給した時代もあったのです。すると当然、仕事は増えます。最高で 3、4 社の作品を抱えて、年間配給タイトル数が 40 作ぐらいということがあり

ました。一年実働260日を40作で割りますと、なんと、ビデオに加えて字幕入りプリントのほうも一週に1作ぐらい作っていたのです。

　製作の仕事で大変なことは、映画が100億稼ぐ超大作だろうが、1週間で打ち切りになるマイナー作品だろうが、仕事としては、同じように手間をかけなければならないということです。製作というのは、"裏方のプロ"であるという誇りがありますし、これは売れない映画だからといって、翻訳監修の手を抜いて、作品のクオリティーを落とすことは、私には性格的にもできませんでした。そんなわけで映画のほうだけでも大変でしたが、そのあとに来た"極めつけの大変さ"が、この新規参入のビデオ商品の製作でした。数的に言いますと、映画のほうは多くても年に40本。大体月に2本。これがビデオの世界では、ワーナーが50年かけて作ってきた作品を、ビデオ部門が始まった最初の5年間でどっと市場に出したのです。月にビデオの発売タイトル数が平均10本。一年12か月で120本出さなきゃならない。翻訳という作業のプロセスは、劇場用だろうがビデオ用だろうがほとんど同じです。ビデオ作品の内訳は、初めに劇場でやったものが3分の1ですが、劇場用の字幕原稿をそのままビデオに使うわけにはいきませんでした。それまで劇場用字幕は、ほとんどが昔ながらの縦字幕で、横字幕はせいぜいサイズの大きい70ミリやシネラマだけだったのです。それをビデオ用に転用するには、この縦字幕を横字幕用にリライト（書き直し）しなければなりませんが、それには余分なリライト料がかかるし、時間もありません。そこで私が考えて、最初の劇場用の段階から横書きにすることにして、この問題を解決しました。これは自称"小川方式"、外では"ワーナー方式"と勝手に呼んでいましたが、それ以来、字幕は劇場用の段階から横字幕が主流になりました。これは、いわゆる"シネスコ画面"と呼ばれる横長の画面の映画が増えてきた状況の中で、観客が絵の中央部分と、縦字幕のある右端部分の間

を頻繁に目で追うための疲労を取り除き、視界を絵と横字幕のあるスクリーン中央部分に集中させて、疲労を少なくするという医学的見地からも理想的なことでした。

　ともかく、ビデオの仕事のふたを開けてみると、"製作"と名のつくものは全て製作部に回ってきました。それぞれ数社あるビデオカセットテープの製造販売会社、そのボックス（カセットを入れる箱）製造会社やジャケット印刷会社、保管搬送会社の見学と業者選定に始まって、ビデオカセットのジャケット、レーザーディスク（DVDディスクの前身みたいなもので、36回転レコードと同じくらいのサイズがありました）のジャケットのレイアウト製作まで、全部やることになりました。最初の1年間は、連日"午前さま"です。会社公認のもと、ビタミン剤まで支給され（！）、夜中の2時頃まで粘ったあと、「また今日ね」と言いながら互いに別れてタクシーで帰宅。ほんの3、4時間でまた出社という日が続きました。このビデオ部門の増設によって、部員数も、さすがに5人ぐらいに増え、契約社員や映写技師さんも入れて10人ぐらいにはなりました。とにかく"悪夢のような"1年間でしたが、振り返ってみれば、映画好きの仲間が一つになって、夢中になって開拓期の仕事に取り組んだ、我がワーナー人生の良き思い出の一つとなりました。こうして、作品数の増えたワーナー映画と、草創期のワーナー・ホーム・ビデオ（WHV）の製作の仕事を一手に担って8年間、なんとか軌道に乗せたあと、1994年に古巣のワーナー映画の製作に戻り、名前もそれを機に「製作室」となったのですが、辞める1年前の2007年に、二つの製作部門が一つになって、再びビデオと同じフロアで仕事をするようになりました。

◆吹替版製作

　製作室は、大きな仕事はなんと言っても字幕で、仕事全体の8割を占めましたが、だんだん吹替版の仕事も増えてきました。ビデオの

第1部　ワーナー映画と共に過ごした半生

ほうはメインの作品は大体、吹替版も作りますし、映画も、目玉の大作は吹替版を用意するので、全作品の2割は吹き替え版になっていました。吹き替え版製作のプロセスは、翻訳とフィルム・ビデオ量産の間に、字幕の代わりに日本の声優さんによる声の吹き込み、ダビングという大きな作業が入るので、コスト的にも、ダビングのスケジュール面でも、大変です。プロのディレクターが現場の演出をしますが、製作室は、プロデューサーとして録音現場に立ち会い、必要なスーパーバイズ（監修）をします。時にはご愛敬で、その他大勢の一人として出させてもらったこともありました。また、観客動員をしてヒットさせるために、人気のある俳優さんを使ったりすると、ギャラも大変ですが、日頃はテレビやスクリーンでしかお目にかかれない彼らと、一緒に仕事ができる楽しさもあって、字幕版とは違った苦労も多い半面、魅力の多い仕事でした。

　ワーナー映画と共に歩んできた私の半生を、思い出すままに書きつづってみました。映画は、世の中の景気が悪くなるほど好調になるというジンクスめいたものを持っています。経済的に苦しいと、海外旅行もできない、ぜいたくな車なども手が出ない。せめて映画でいい夢を見ようという庶民の感覚が働くのでしょう。その夢をお客様に売り続けて46年半、ほんとに幸せな"映画人生"だったと思います。

　第2部では、「字幕翻訳」というものに関して、様々な観点から私が長年にわたって考えてきたことをまとめてみたいと思います。

第2部
字幕翻訳考

字幕翻訳考

　私は1977年2月に、渉外部長（のちに製作総支配人を経て製作室長に改称）になってから2008年3月退職までの31年間、そして退職後も今日に至るまで、"字幕翻訳"というものに取り組んできました。とりわけ次の3つの分野において、最大限の可能性に挑戦してきましたが、それはおそらく生涯にわたって続けられると思います。
（1）よりよき翻訳の提供と翻訳者の養成：プロの翻訳者の方々に翻訳業務を依頼し、彼らと協力して最良の字幕翻訳を提供するよう努力すると共に、新しい翻訳者に翻訳のチャンスを提供し、かつ字幕翻訳学校で、よき翻訳者の養成に微力を尽くしています。
（2）字幕文化の確立：映像字幕を、一つの"文化"として捉え、正しく美しい日本語表現の場として、日本人観客の皆さんに提供できるよう努めました。
（3）正しい聖書・キリスト教の紹介：私はワーナーに入った翌年に、キリスト教信仰を持ったので、以来、正しい聖書とキリスト教知識を、字幕を通して日本人の方々に伝えることができるよう、祈りつつ仕事をしています。

（1）よりよき翻訳の提供と翻訳者の養成：

　端的に、"数"の話をしましょう。映画会社が仕事を依頼する翻訳者の数ですが、各社ともそれほど多くはありませんでした。特にワーナーなどメイジャーと呼ばれる会社は、前述したように、長い間、翻訳者数が少なく、限られていたため、東西の両横綱だった高瀬鎮夫さん、清水俊二さんにお任せしていた時代からの名残と、冒険をしない保守的な体質ということもあって、多くても2、3人、中にはほとんど全作品を戸田奈津子さんお一人、という会社もありました。洋画界は結構キビしく、作品が当たれば"映画の力"だと言われ、外れれば

宣伝の失敗はさておいて"字幕の稚拙さ"のせいにされるので、つい"この人に翻訳をお願いすれば安心"という安全策を取らざるを得ないという事情もありました。けれども私は、「よい翻訳者を育てるのは映画会社の責任」という信念を持っていました。どのスキルでもそうでしょうが、字幕翻訳能力も、数を踏めば踏むほど上達します。どんなに才能があっても、それを試すチャンスがなければ、翻訳者は育たないのです。そこで私は、業者仲間で良い評判を得たり、自分の目で確かめて"これは見込みがある"と思えたりした人には、積極的にチャンスを提供しました。そして、その中でも腕を上げた人には、大作に挑戦するチャンスもあげました。今手元にある資料によれば、退職時にワーナーでお願いしていた翻訳者数は、吹き替え版や、年に1、2本の人も全て含めて、37人に上っていました。8年間ほどビデオ製作も兼任していた時には、さらに多くの人を使用したので、少なくともその倍の方々は、ワーナー映画、ワーナー・ホーム・ビデオ作品を翻訳するチャンスに恵まれたと思います。

こうして私は在職中に、約2,000本を超えるワーナー作品の字幕・吹き替え翻訳を、翻訳者の方々と共にプロデュースし、自らも33本ほどの長編を翻訳しました。監修作品も加えれば、46本ほどになります。主な作品としては、「老人と海」The Old Man and the Sea、「荒馬と女」The Misfits、「ソロモンとシバの女王」Solomon and Sheba、「ヨーク軍曹」Sergeant York、「パトリオット」The Patriot、「モハメド・アリ」Ali、「イングリッシュ・ペイシェント」The English Patient、「偉大な生涯の物語」The Greatest Story Ever Told があります。

また、後進を育てるために、在職時代から今日に至るまで、3つの翻訳者養成学校で講壇に立ちました。その中でもメインの映像テクノアカデミアでは、これまでに通信、短期、入門、基礎、研修、Basic、総合専門クラス（聖書、法律）などで教えました。"もう何人になるだろう"と、これも名簿をくくってみたら、同一受講生が上級に進級

すれば、当然数としてはダブりますが、延べで4,400人の皆さんに、字幕翻訳の何たるかを熱っぽく語ってきました。その中から、今は若い気鋭の方々が、講師として講壇に立っています。先日、やはりそのお一人で、自らも翻訳家、講師、学務主任をなさっている鈴木吉昭さんに、「かつての教え子が次々と先生になってますね」と言ったら、「この学校の講師で、小川先生から学ばなかった人はいませんよ」とうれしいことを言ってくれました。

(2) 字幕文化の確立：

字幕翻訳に必要な能力としては、英語の理解力はプロとしては当たり前のことで、その決め手になるのは"日本語力"です。私は、製作担当者としても、翻訳者、翻訳学校講師としても、そのために3つのことを学び、スキルとして身に着けました。

①英語力：1963年、文部省認定英語通信教育 Grammar, Senior, Conversation course 終了。
②日本語表記：1972年、東京デザインスクール校正専科検定2級取得。
③日本語力：1996年、NAFL 日本語教師養成講座終了。

上記を学びながら、私が自らも含め、翻訳者に求めたことは、
①誤訳は極力避けること。そのためには、コンテクスト（文脈）から、ストーリーに矛盾がないか、引っかかったり、筋の通らないところがあったりしないかを、絶えず注意しながら訳すように。もしその点で、おかしいところがあれば、まず"誤訳"を疑ったほうがいいのです。
②正しい日本語表記文法にのっとった表記による、③個性豊かで完成あふれる翻訳、ということでした。分かりやすく言えば、ワープロソフト上で、新しく文書を書くときに、まず日本語変換の基本設定をするように、内閣告示の一連の表記原則である常用漢字使用（表外字はルビ振りか平仮名）、送り仮名は本則による、外国語表記は原音表記による等々の基本表記原則に立って表記するよう、全ての翻訳者に求

めました。また、観客の一瞬の理解が求められ、読み直しのきかない字幕の特性を考えて、記号類も、英語表記文法に準拠して、「？」と、次にセリフが続くときのダッシュ（業界用語で"つなぎ棒"といいます）「──」は必須にしてもらいました。この表記原則さえ順守してもらえば、あとはご自分の感性あふれる表現力で、日本語字幕を翻訳していただくわけです。その表現力は、最大限に尊重しました。

　言葉は生き物ですから、これらの規則も、30年ぐらいをめどに改定されますが、常用漢字も2010年に改定されて、正しくは「新常用漢字」になりました。この時は、もはや仕事は引退していましたが、字幕学校での授業や、自らの翻訳には、早速これに準拠しました。この改定で、翻訳者はだいぶ楽になりました。旧常用漢字では使用できなかった「私(わたし)」「俺」「誰」「狙う」「全て」「闇」など、映画に頻出する漢字が堂々と使えるようになったからでした。「私」を使えないため、最後まで頑として平仮名「わたし」を使用していたのは、私がいる間のワーナーぐらいのものでした。"字数制限"という大きな壁のため、字幕の世界では1字でも削るために翻訳者は苦労するのですが、他の表外字は仮名にしてもせいぜい1字増えるだけなのに、この漢字は、仮名にすると2字も増えてしまうのです。ですから想像するに、皆さん、「あの小川の石頭！」とボヤきながらしぶしぶ従っておられたことと思います。ワーナーでもよくお願いした古田由紀子さんも、一つでも私の表記チェックのダメを減らすために、必死に頑張られて、こう言って自らを励ましておられたそうです。「ワーナーのチェックのしごきに耐えられたら、なんでも耐えられる」（！）私は別に、翻訳者をいじめるのが趣味だったわけではなく、根底にあったのは、字幕はいやしくも文字文化だから、文字として観客の目に供するからには、学校の教科書や、聖書のように、誰が書いても統一性のとれた、美しい日本語表記文法のもとに字幕を制作したい、という一念だけでした。また、少々口幅ったいですが、法科の出身として、表記文法も

一つの"法"であるからには、それが効力を持つ間は、順守しなければ秩序が成り立たない、という意識も働いていました。従って、この新常用漢字が告示されたときは、もうその瞬間から、あれほど神経を使って直しの手を入れていたのに、自らも晴れて「私」「全て」に切り替えました。でもこの厳しいチェックで、翻訳者さんや修業中の字幕学校生徒さんたちにとって、確実にプラスになったことが一つあります。それは、言葉の"凝縮力"が付いたことです！

③そして、美しい日本語です。これは、天来の言葉へのセンスと、文字どおり美しい言葉に慣れ親しんで、自分の"言葉デスク"の引き出しの中を少しずつ豊かにしていくしかありません。ここでいう"美しい日本語"というのは、言葉を変えれば、"日本人の心の琴線に響く言葉"ということです。ここで考えなければならないのは、字幕の日本語は、日本人が自分の頭の中で考えた本来の日本語ではなく、あくまで英語を翻訳した日本語であるということ。つまり、英語を単にそのまま片仮名にしたり（こういう外来語が加速度的に増えています）、欧米人がその言葉を使用している同じ"土壌"に立って、単に辞書にある日本語の意味を持ってきたりしても、それで日本人の心の琴線に響くとは限らないということです。

　ここでまた高瀬鎮夫さんの登場です。ライバルの清水俊二さんは「映画字幕は翻訳ではない」「映画字幕50年」「映画字幕の作り方教えます」の3冊の本を出版しておられますが、高瀬さんは生前、単行本は出版せずじまいでした。唯一、東京新聞に、「スーパーまん談」を連載されていて、それをまとめてとじたものを、夢中で読んだものです。その中に、こんな一節がありました。「字幕翻訳は『こんな場合に日本語ではどういうだろう』ということを考えてやっているので、気取って言えば、環境的等価を目ざしているにすぎない。たとえば、What are you doing here? を『お前はここで何をしてる』とはしないで『何しに来た』と訳す。Good luck! を『しっかり』と訳すのと同じ

ことだ」。"環境的等価"、初めて聞く言葉でしたが、英語に訳せば、Environmental Equivalence となり、これは実は、聖書翻訳の世界で、世界中の聖書翻訳で広く用いられた Dynamic Equivalence "動的等価" と極めて似ている考え方です。これは、聖書の使信を、異なる民族、文化、時代の言語に移すときに、先方すなわち「目標言語」において理解可能な、等価の事物や概念に置き換えるという方法です。この理論はすでに 1940 年代に生まれていましたので、あるいは博学な高瀬さんは、それを知っていて、ご自分の言葉で一部を言い換えたのかもしれません。両者に共通する基本概念は、翻訳は、"原文に忠実に" をモットーにするが、それは直訳を意味するのではなく、"翻訳される国の環境において、同一の意味を持つ概念に置き換えて訳す" ということです。英語をはじめ、外国語は、その背景に、私たちとは異なる政治的・文化的・宗教的バックボーンを持ちます。だから、オリジナルの環境で用いてこそ意味を持ち、理解される言葉を、そのまま別の環境で用いても、意味はなかなか通じません。従って、"原文に忠実であれ" という鉄則は、より正しく言うなら、"原意に忠実である" ことなのです。

(3) 正しい聖書・キリスト教の紹介：

　前述のように、キリスト教に入信したのと、ワーナーに入社したのがほぼ同時だったことから、私の人生の目的は、より専門的にキリスト教神学を学び、それを基礎に、この世のただなかで、仕事を通して信仰の証しをするということでした。そのために、聖契神学校の夜間部で 4 年間学び、1977 年にその第 1 期生として卒業しました。これで得た知識を生かし、ワーナー 46 年半のうち、製作の仕事になってからの後半 31 年間は、ジャンルを問わず、欧米映画の中に必ずと言っていいほど出てくる聖書やキリスト教を、字幕を通して正しく、誤解を与えないように、そして分かりやすく伝えることが、私の "ミッショ

ン"に、しかも「ミッション・ポッシブル」（可能な使命）になったのです。

　私は、"旗幟鮮明"、自分がクリスチャンであることをいつでも公にしていましたので、時にはキリスト教・聖書に関する翻訳の相談を受けたり、あるいは他社作品でも気づいた点は私のほうからアドバイスすることもあったりしました。そのため、いつしか私が"聖書オタク"であることが、翻訳者の皆さんにも、現像所・字幕製作会社・他の洋画配給会社など、洋画の製作関係の皆さんにも、知られるところとなりました。

　具体的に、各映画の字幕のどこをどのように修正・補遺をしたかを書き出すなら、それだけで 2,000 本分の専門書になってしまいますので、ここではその中のほんの数本について（ワーナー映画だけとは限りません）、また次の第 3 部でも、幾つかのタイトルにその例を挙げながら、ご紹介をしたいと思います。

①ある時、戸田奈津子さんからある映画の英文台本の一部を添えたファックスで相談がありました。「この英文は多分聖書だと思うんだけど、どの箇所でしたか？」とおっしゃるのです。さすが津田塾を出ておられる戸田さん、それを聖書の一節と気づかれたのが良かった。聖書・キリスト教関連のセリフを正しく訳すには、そもそもそれが聖書の引用であること、あるいはキリスト教の教義に関係があることに気づくのが先決で、それに気づかず一般の言葉として訳すために、大事なメッセージを見逃すことが圧倒的に多いのです。その作品は、ホーソーンの同名文学が原作の「**スカーレットレター 緋文字**」（1995）で、そこにはこうありました。The Lord is my Shepherd, I shall not want…私はそれを一読して、「これは旧約聖書の詩篇 23 篇だ！」と分かり、お知らせしました。

②その戸田さんが、「ザ・エージェント」Jerry Maguire（コロンビア映画 1997年。ちなみにこの日本タイトルは、正しくは「ジ・エージェント」であるのを百も承知のうえで、配給会社さんは、「ザ」の認知度の圧倒的高さから、あえて文法違反までやってこの題名にしています。見事な"売らんかな"精神です！）の中で、主人公ジェリーの You make me complete というセリフの訳を、「君が僕を完全にする」と訳しておられるのを見て、「さすが！」と思いました。このセリフを配給会社の宣伝部さんは、「君あっての僕なんだ」と訳して、それを映画のキャッチコピーの一つにしていました。日本語としては、それのほうがずっとポピュラーで、愛し合う男女のセリフとしてはぴったりきますが、彼女はあえてそれを直訳調にしました。実はこのセリフは、旧約聖書の創世記 1:27、2:18、24 や、新約聖書エペソ人への手紙 5:28～33 に出てくる、「女は男のよき助け手として（＝そのままでは不完全な男を完成させるものとして）創られた」というメッセージを踏まえているので、こう訳さなければ、聖書の出典も、真意も伝わらないのです。

③もう一つ戸田奈津子さんで、今度は賛美歌の歌詞の翻訳の話です。賛美歌というのは、メロディーの付いたキリスト教メッセージですから、当然ながら歌詞の翻訳に当たっては聖書・キリスト教の正しい知識が必要とされます。また、有名な賛美歌については、そのメロディーとタイトルぐらいは、覚えておいて決して損はありません。なぜなら、翻訳の完全を期すためには、その賛美歌の日本語の歌詞に当たって、自分の訳をチェックもできるからです。

　これは彼女が訳された「シービスケット」Seabiscuit（2003年公開）の中で歌われた「千歳の岩よ」（讃美歌 260B）の歌詞について、私がアドバイスさせていただいたものです。

2004年3月8日（月）
戸田奈津子様。

　遅ればせながら、「シービスケット」を見て、感動して帰ってきました。数年前の「モンタナの風に抱かれて」The Horse Whisperer を思い起こさせる、心温まる映画ですね。

　劇中、教会で賛美歌を歌うシーンがありました。またまた聖書オタクめがしゃしゃり出て恐縮ですが、気づいた点を記しておきます。あれは日本の教会でよく歌われる、讃美歌260番「千歳の岩よ」という賛美歌で、「千歳の岩」というのは、神様、更にはその独り子イエス・キリストを指しています。旧約聖書のモーセが、民を率いて出エジプトをし、荒野で飢え渇いた民を救うために、神の命じるままに岩を打つと、岩が「裂けて」命の水がほとばしり出たというところから（出エジプト記17:6、民数記20:8他）、「神は救いの岩。この岩に身を避ければ敵から守られ、命の水を与えられる」という信仰が、イスラエルの民に与えられました。更に新約時代に入って、この"岩"の象徴はイエス・キリストにおいて成就したとされ、彼が十字架上でローマ兵に脇腹を槍で突かれた時に流れ出た「水と血」（極度の疲労で血液が分離したと言われています。ヨハネ19:34）が、その死を己が罪の身代わりと信じる者にとって、まさに"命の水"となると信じられたわけです。そのような信仰と背景を持って作られた賛美歌ですので、僭越ながら、戸田さんの訳は例えば以下のようになさると、キリスト者が見てもより理解のいくものになるかと思います。
（訳例は46,47ページ、拙訳との比較表参照。）

　今後とも、もし聖書関係でお役に立てることがありましたら、何なりとご相談ください。取り急ぎ。

小川政弘

④ワーナー・ホーム・ビデオの草創期に、8年ほどそちらの製作も

兼務した話は前にしましたが、そこで２本の本格的キリスト教字幕に触れるチャンスに恵まれました。そのうちの１本は自ら訳しましたので、次の第３部の最後に書かせていただきますが、もう１本は、かの「ベン・ハー」Ben Hur でした。翻訳は、キリスト教にも造詣の深かった岡枝慎二さんでしたが、私のほうからも、幾つか改訳をさせていただきました。それを一覧にまとめましたので、ご覧ください。（48-53 ページ参照）

⑤主な賛美歌は知っておいたほうがいいと上記③に書きましたが、それを生かして手を加えた例を挙げましょう。ワーナー・ホーム・ビデオで発売した「**狩人の夜**」The Night of the Hunter（1955 年製作）の中で、牧師になりすました変質狂のロバート・ミッチャムが超スローで不気味に歌う「What a fellowship, what a joy divine」という賛美歌は、「讃美歌」と共に、日本のキリスト教会で用いられている二大賛美歌の一つ、旧「聖歌」の 503 番「主のみ手に頼る日は」で、クリスチャンにとってはポピュラーな賛美歌の一つです。原文の歌詞で Leaning, leaning と繰り返すくだりは、聖歌では「頼れ　頼れ　とこしえのみ手に　頼れ　頼れ　さらば恐れはあらじ」となっていますので、それを踏まえ、「頼る」をモチーフにして、林完治さんの翻訳に少し手を入れてみました。（54,55 ページ参照）

⑥林完治さんの訳した作品でもう１本、「**タイ・カップ**」Cobb（1994 年製作）というのがあります。あのアメリカ大リーグの強打者の伝記映画ですが、トミー・リー・ジョーンズ扮する彼のナレーションでストーリーが進みます。「母親は町一番の美人だった。12 で父親と結婚。当時はそれが普通だった。賛美歌は母親に教わった。"血" について歌っているやつが好きだった。…」と語ったところで、教会のシーンになり、会衆が賛美歌を歌いますが、これもクラシックで日本でもよ

く知られた賛美歌「There is a fountain filled with blood　貴き泉あり（旧聖歌 428）」です。（旧讃美歌のほうは、239 に曲がありますが、別の歌詞「さまよう人々」が配されているので、この個所の翻訳の参考にはなりません。）

　映画では、歌詞 1 番の第 2 節　And the sinners plunged beneath that flood lose all their guilty stains. が、訳出するよう求められています。直訳は、「そしてその血の洪水に身を浸した罪びとは、その全ての罪とがの染みを消される」となります。旧聖歌の歌詞では、「インマヌエルの血ぞ　あふれ流る」となっています。翻訳の林さんは、他のセリフの訳はひととおり済ませたあとで、「小川さん、ここの訳はお願いします」と言ってきました。彼は私がクリスチャンであることを知っていたので、"餅は餅屋、訳してもらったほうが確実だろう"と思ったのでしょうか。そこでここは私の出番となりました。
♬「罪人らは／イエスの血にて清められん」。

　ちなみに許容字数は 20 字。プロはそのおよそ 8 割の字数で訳しますが、この翻訳字数は 16 字、ジャスト 8 割でした。

⑦賛美歌と言えば、一般の方々にもよくメロディーの知られたものとして、「Amazing Grace アメイジング・グレイス」がありますね。日本の賛美歌では、旧聖歌 229「驚くばかりの」、讃美歌第二編 167「我をも救いし」、讃美歌 21・451「くすしきみ恵み」として載っています。映画の中にも、おそらくこの曲が最も多く登場していると思います。

　1990 年、ワーナー作品でマシュー・モディーン主演の「**メンフィス・ベル**」Memphis Belle が公開されました。第二次大戦中、敗色濃いドイツの工業都市、ドレスデンを空爆したイギリス航空隊の若者たちの物語で、タイトルは彼らの乗った B-17 爆撃機の中の一機の愛称です。字幕翻訳は菊地浩司さん。映画では、冒頭の出撃シーンや、後半の山場のドレスデン空爆のシーンでもこの曲が流され、命がけの空の

ROCK OF AGES, CLEFT FOR ME 訳詞比較

	英　文（許容字数）	戸田奈津子訳
519	Rock of ages, cleft for me(15)	千年の岩を／わがために<u>削りて</u>―
520	Let me hide myself in Thee(15)	<u>主は</u> この身の安全／守りたもう
521	Let the water and the blood <u>From Thy riven side</u> which flowed(15)	流れ出る／鮮血をもって…
522	Be of sin the double cure, Save from wrath and make me pure.(25)	

（映画「シービスケット」SEABISCUIT より）

小川政弘訳	備　　考
我がために裂かれし／千年(ちとせ)の岩よ	*出エジプト記 17:6、民数記 20:8 etc. *原文は"岩"（＝キリスト）への呼びかけ *戸田訳は、この"岩"がキリストであることを理解していないため、岩を「削る」と訳し、難解。
我を汝(な)がうちに／かくまいたまえ	*原文主語は「私」、戸田訳は 519 からの続きとして「主」とする。 *そのため、戸田訳の 519,520 は意味不明。
み体より流るる／水と血潮をば―	*ヨハネ 19:34 *戸田訳は、water「水」も、thy riven side「あなたの裂かれた脇腹」（字幕「み体」）も省略したため、意味不明。 *完全文語体に。（文体統一）
全き罪の癒やしとなし／ み怒りから救い 聖(きよ)めたまえ	

ベン・ハー　　BEN HUR

	原　文	岡枝慎二訳
6	(Balthasar to audience) The Roman fortress of Antonia dominated the city.	そこにはローマ軍の砦と共に—
7+8	(Balthasar to audience) But so did the Great Golden Temple the outward sign of an inward and imperishable faith.	ユダヤ教のシンボル ソロモンの神殿がある
29	(Joseph to Man) He said to me: "I must be about my Father's business".	彼は"父の仕事をする"と／答えた
285	Ben Hur to Esther) Your slave ring…	指輪をもらおう
285	A fair exchange…	いいだろう？
286	Freedom to you, the ring to me.	自由と交換だよ
311	(Officer to Ben Hur) You are going to Tyrus.	タイア行きだ

小川訳	摘　要
そこには／ローマ軍の砦(とりで)と共に―	この語り手バルタザルは、ヴァン・ダイク作「もう一人の博士　アルタバン物語」の三人の博士(賢者)の一人。
ユダヤ教の<u>不滅</u>のシンボル 黄金の大神殿があった	①字数があるので imperishable も ②「ソロモンの」は誤り。ユダヤ教の神殿は3回建てられ、ソロモンのは最初。 　イエス時代はヘロデの造った3回目。 ③時制も過去形で。
彼は"父の仕事をする"と答えた	大文字の Father なので、父なる神と分かるようにルビ点を。この仕事は、父ヨセフの大工仕事でなく、祈りと瞑想で神と交わること。
"奴隷"の指輪を	ローマ時代は、奴隷は身分のあかしとして、それと分かる指輪を着けていた。それを示さないと難解。
いいだろう？	
自由と交換だよ	
ツロ行きだ	聖書の地名表記 地中海沿岸北部の異邦人の町。

	原　文	岡枝慎二訳	
849H	(Pirate to spectators) Phrygia	フリジア	
793	(Rossi to Ilderim) One thousand denarii…!	1,000 デナーリ	
814	(Ilderim to Messala) And now will settle the amount of our wager. I will venture…	それでは賭け金を／決めましょう （と言って石版に「1,000 タラント」と書く）	
815	(Messara to Ilderim) A thousand talents?	1,000 タレント？	
2853	(Pilate to Ben Hur) You are the peoples' one true god for the time being.	そなたは民衆の神に／なった	
1009	(Ben Hur to Esther) I can hardly draw a breath …without feeling you in my arms.	君を抱きしめたい気持ちは／猛烈に強い	
1037	(Esther to Ben Hur) Judah, if they saw Jesus of Nazareth,…	ナザレのイエスに／お会わせすれば—	
1038	…they would know thatl ife is everlasting…	(1038/39) きっと魂の平安を お持ちになれます	

第2部　字幕翻訳考

小川訳	摘　要
フルギア	ガラテヤ地方（現トルコ）の町。
1,000デナリ	聖書の貨幣表記。
それでは／賭け金を決めましょう （と言って石版に「1,000タラント」と書く）	
1,000タラント？ <ruby>（600万デナリ）</ruby>	①聖書の表記は「タラント」 ②これがいかに法外な賭け金かを計算してルビ出し。 （1タラント＝6,000デナリ。ロッシの6,000倍！）
そなたは＊しばし／民衆の"神"じゃ	① for the time being を訳出。 ②小文字のgodなので、" "で囲み、いわゆる神的存在を示す。
君を抱き締めたい思いで／息もできないよ	ベン・ハーのエスターへの愛の告白として、原訳はあまりにムードに欠ける。
ナザレのイエスに／お会わせになって	①このtheyは、ベン・ハーの母ミリアムと妹ティルザ。
"信じれば／永遠の命を持ち─"	②このyouは、一般人称「人は」の意。 ③信仰と永遠の命の関係を明瞭に。

51

	原　文	岡枝慎二訳	
1039	…and death is nothing to fear, if you have faith.		
1056	(Tirzah to Soldier) Have pity on him!	かわいそうよ！	
1069	(Balthasar to Ben Hur) He has taken the world of our sins unto Himself.	皆の罪を持って行って／下さるのだ	
1090	(Ben Hur to Esther) I felt His Voice take the sword out of my hand.	恨みも拭い去られて／しまったよ	

小川訳	摘　要
"死は怖くない"と／知りましょう	④原文どおりセリフは２つに分け、死の病にある二人への希望も出す。
お慈悲を！	十字架を担いでゴルゴタに向かう彼らの救い主に、原訳は少々ミスマッチ。
皆の罪を／背負って下さったのだ	① take to oneself は「自分の身に負う」こと。 　原意は「彼は、我らの罪の世を（丸ごと）ご自身に負われたのだ。」 ②「たった今、十字架の上で成し遂げられた」ことを表す現在完了も正しく訳出。
憎しみも／洗い流されてしまったよ	（映画最後のセリフ） 原意は、「彼（イエス）の声が、私の手から剣を取り去るのを感じた。」原訳の「恨み」は、日本的義理人情の世界の表現。同じ意訳なら、あのキリストの流された血潮が、雨に混じって流れ、母と妹を癒やし、更に全世界に流れていくことを象徴するラストシーンに結び付ける。

"WHAT A FELLOWSHIP, WHAT A JOY DIVINE" 訳詞比較

	英　文	林完治訳	
830	Leaning, leaning,	身をゆだねん　身をゆだねん	
831	Safe and secure from all alarm,	全ての危険は取り除かれる	
832	Leaning, leaning,	寄りすがらん　寄りすがらん	
833	Leaning on the Everlasting Arm.	永遠なる主のみ手に	
834	What a fellowship! What a joy divine!	親しき友　清けき喜び	
835	Leaning on the Everlasting Arm.	永遠なる主のみ手に抱かれん	
836	What a blessedness! What a peace is mine!	最良の幸せ 　　我が心の安らぎよ	
837	Leaning on the Everlasting Arm.	永遠なる主のみ手に抱かれん	
838	Leaning on Jesus, leaning on Jesus,	イエスに身をゆだねん	
839	Safe and secure from all alarm.	全ての危険は取り除かれる	
840	Leaning on Jesus, leaning on Jesus,	イエスに寄りすがらん	
841	Leaning on the Everlasting Arms.	永遠なる主のみ手に	

（映画「狩人の夜」NIGHT OF THE HUNTER より）

小川政弘訳	備　考
頼れ　頼れ	
全ての恐れから守られて	
頼れ　頼れ	
永遠のみ手に頼るのだ	
この深き交わり　聖なる喜び	この friendship は友のことではなく、神との霊的交わり。
永遠のみ手に頼るのだ	
何という祝福 　　　我が心の安らぎよ	1行目、原文にそって。
永遠のみ手に頼るのだ	
イエスに頼りまつれ	
全ての恐れから守られて	
イエスに頼りまつれ	
永遠のみ手に頼るのだ	

戦場に飛び立つ若者たちの姿と、神の驚くべき救いの恵みを歌ったこの曲が、一見ミスマッチのように思えながら、不思議に一つとなって、心に迫ってきたのを覚えています。浩司さん（そう呼んでいました）も、私がクリスチャンであることを知っていて、2年後の1992年には、私の熱い誘いを断り切れなくて（？）、一緒に聖地イスラエル旅行までした仲でしたが、彼もまた林さんと同じく、「小川さん、この訳は是非お願いします」ということになりました。それから4年後の1994年、今度はリチャード・ドナー監督、メル・ギブソン、先頃他界したジェイムズ・ガーナー、ジョディー・フォスター主演の、コメディータッチの楽しい西部劇（と言ってもミシシッピの川下り船の中で、一獲千金をたくらむ賭博師たちのお話ですが）「マーヴェリック」Maverick の中に、この歌が登場します。純粋な信仰を持つ、女性中心のクリスチャンの群れが登場して、彼らとのお近づきの印にメル・ギブソンがこの曲を歌うのです。こちらも翻訳は菊地浩司さん。前の「メンフィス・ベル」で味を占めた…わけでもないでしょうが、こちらも「小川さん、ここはひとつ」ということになりました。歌詞1番の出だし2節が訳出箇所でしたが、原詩と私の訳は、このようなものでした。

♫ Amazing grace how sweet the sound

　　　　　　　　　驚くべき恵み／たえなる調べよ

　that saved a wretch like me…　　いやしき我を救う

このメロディーは他にも、私の知る限り、次の映画で流れています。「歌え！ロレッタ 愛のために」Coal Miner's Daughter（1980年）、「アメイジング・グレイス」Amazing Grace（2006年）、「天国はほんとうにある」Heaven is for Real（2014年）、そして邦画「親分はイエス様」（2001年）でも！ 映画の内容から言ったら、最もふさわしい用いられ方をしたのは、この邦画でしょう。2017年に急死された主演の渡瀬恒彦さんは、この映画に出演して、キリスト教信仰に大いに求道の

志を持たれたと聞きます。惜しい方を亡くしました。

⑧もう1曲、映画に登場した賛美歌に触れて、賛美歌翻訳のお話は閉じたいと思いますが、それは、ヘンリー・フォンダ、モーリーン・オーハラ、ジェイムズ・マッカーサー主演のワーナー映画「スペンサーの山」Spencer's Mountain（1963年）です。敬けんなクリスチャンの妻オリヴィアと子どもたちを愛するクレイは、大の教会嫌い。先祖伝来のスペンサー家の唯一の財産である山の上に念願の我が家を建て始めるのですが、愛する長男のクレイボーイを大学に行かせるために、生涯の夢であったその家に火を放ち、山を売って学費を作ってやるという心温まる物語で、その父親クレイ役のヘンリー・フォンダが、息子の大学受験の必須科目、ラテン語を牧師が教えてくれることを条件に、しぶしぶ教会の礼拝に出ると、誰よりも大きな声で賛美歌を歌いだし、妻のモーリーン・オーハラを喜ばせるシーンが笑わせますが、その時の歌が「When the trumpet of the Lord shall sound 世の終わりのラッパ（旧聖歌634）」です。また、「Shall we gather at the river 間もなくかなたの（旧聖歌687）」も歌われます。ここでは、もう1曲の「In the garden 祈りの園生を（聖歌総合版233／新聖歌197）」をご紹介します。この曲は、山で我が家のための木を伐採している時、耳が不自由なため息子ヘンリー・フォンダの警告が聞こえず、誤ってその下敷きになって死んだ祖父を、彼が愛した山の上の葬儀で見送るシーンで、モーリーン・オーハラがオルガンを弾きながら歌います。この映画は高瀬鎮夫さんが訳され、格調高い訳文なのですが、この曲では、残念ながら英語の達人、高瀬さんでも、誤訳をされています。

　ワーナー作品がホームビデオ化された時に、劇場用台本が残っていないものは新たに翻訳し、残っているものは、基本的にそれを用い、私が製作責任者として必要な修正を加えたのですが、この作品は極めてキリスト教的要素の大きい作品でしたし、私の大好きな映画の一つ

I COME TO THE GARDEN ALONE 訳詞比較

	英　文	高瀬鎮夫訳	
856	I come to the garden alone	花園をひとり歩めば―	
857	While the dew is still on the roses	バラの花に露は光り―	
858	And the voice I hear	妙なる御声	
859	Falling on my ear	我が耳に響く	
860	The Son of God discloses	神の御子現われ給い―	
861	And he walks with me	我と歩み給う	
862	And he talks with me	我と語り給う	
863	And he tells me I am His own	主は言い給う 　　なんじは我がもの―	
864	And the joy we share	喜びを共にせんと	
865	As we tarry there	二人が園にいるとき―	
866	None other has ever	我らを知る者―	
867	Has ever known	絶えてなかりき	

第2部　字幕翻訳考

（映画「スペンサーの山」SPENCER'S MOUNTAIN より）（ヨハネ 20：11 － 18）

小川政弘訳	適　用
花園を独り歩めば―	
バラの花に露は光り―	
たえなる＊み声	
我が耳に響く	
神のみ子＊現れたまい―	
我と歩みたもう	
我と語りたもう	
主は言いたもう 　　なんじは我がものと	
我らは喜びを分かつ	＊高瀬訳は、ここを 863 からの続きと取った。ここは 861 から続く 4 連続の And 構文で、860〜863 の主語は「主」、この 864 は「我ら」で、ここから新しいフレーズの結び文となる。
ただ主と共に園にいて―	＊高瀬訳は、ここから新しく始めるが、正しくは、ここは一種の挿入文。
他(なにびと)の何人も―	＊高瀬訳は、原文にない目的語を 867 の最後に us を補って訳したが、誤訳。正しくは、この 866,867 は、間に 865 の挿入句を挟み、関係代名詞 that 省略の 864 share の目的語。
知り得ぬ喜びを	

ですので、細部に至るまで目を通し、この賛美歌の一部誤訳に気づいたのでした。

　賛美歌の歌詞というのは、詩文ですから、韻を踏んだり、倒置形を用いたり、他にもいろいろな技巧を凝らした文章が多いので、③「千歳の岩よ」における正しい神学的な知識と共に（この「I come to the garden alone」の原詩も、背景として、新約聖書ヨハネの福音書20:11～18の、イエスの十字架の死を悲しんだマグダラのマリヤが、独り園の墓にたたずんでいるところへ、復活の主がお現れになったという記事を踏まえています）、詩文学を翻訳するときの正しい構文解釈も求められます。この賛美歌の字幕翻訳は、その格好の一例として、字幕翻訳学校での「聖書・キリスト教講座」でも教えていますので、やや専門的なお話になりますが、英語に自信のある方は、58,59ページの翻訳比較表の訳文の違いと、右端の摘要をお読みになれば、詩文翻訳の難しさと共に、正しく、しかも聖書の記事を踏まえて訳すことの大切さがお分かりいただけると思います。

⑨聖書の中の、有名な個所の一つに、新約聖書マタイの福音書5章から7章にかけて記されている、「山上の垂訓」（現代では、もう少し砕いて「山上の説教」「山の上の教え」などとも言います）というのがあります。イエス・キリストが、山に登り、十二使徒をはじめ多くの弟子たちに、キリストを主と信じる者の生き方を示したものですが、特に最初の5章1～12節は、文語で言えば「幸いなるかな」で始まる祝福の説教で、それが8つあるところから、"八福の教え"とも呼ばれています。この教えも、時には映画の中にも出てきますが、なんと、一度、西部劇にも登場しました。2007年製作、私がワーナーを辞める直前、2008年1月公開の「**ジェシー・ジェームズの暗殺**」**The Assassination of Jesse James by the Coward Robert Ford** です。ジェシー・ジェイムズは、19世紀のアメリカで最も有名な、ならず

者のガンマンで、南北戦争（1861 ～ 65 年）後、徒党を組んで、25 件以上の強盗と 17 件もの殺人を犯した重罪人ですが、民衆からはヒーローとして迎えられ、彼を崇拝しながら、ヒーローを殺して名を挙げようとした 20 歳の若者、ロバート・フォードによって、34 歳の若さで射殺されます。この映画を自ら製作しつつ、彼を演じたのはブラッド・ピットで、そのニヒルで孤独な英雄像で、第 64 回ベネチア国際映画祭で最優秀主演男優賞を受賞しました。ロバート・フォードを演じたのはこの映画を機に人気の出てきたケイシー・アフレックです。

　このロバート（愛称ボブ）と仲間のウィルバーが、殺された仲間の一人を埋葬しながら、この「山上の垂訓」を唱えます。そこでの岡田壮平さんの訳に、細かく配慮しました（62,63 ページ参照）。

⑩話が、新約聖書の福音書の中のイエスのことなら、一般の方にも少しは分かりやすいでしょうが、これが旧約聖書のこととなると、ほとんどなじみがありません。そんなとき、私は最小限、これが聖書の話だということを観客に分からせるために、最大限の努力を払いました。

　その一つとして、「**ディープ・ブルー**」（原題 Deep Blue Sea）という、「ジョーズ」の姉妹編のような、海洋生物パニック映画がありました。1999 年製作で、サメの脳から新薬を作ろうとした女性博士が、成功を焦ってサメの DNA を操作した結果、巨大かつ獰猛化して人間に襲いかかるという、行き過ぎた生命科学への警鐘も込めた映画でしたが、こんなシーンがあります。主人公のプリーチャー（意味は "伝道者"）がサメの襲撃を避けて中に入っている大型のオーブンの分厚いガラスを、今や狂暴化したサメが直撃してガラスにひびが入ります。あと何回かやられたら、敵はオーブンの中に入ってくるでしょう。彼はオノを振るって、オーブンの天井を破り、危機一髪で脱出しながらこんなセリフを言います。

　I am not Daniel when he faced the lion!

ジェシー・ジェームズの暗殺

		岡田壮平訳
671 672	WILBOR Blessed are the poor in spirit… …for theirs is the kingdom of heaven.	心の貧しき者は幸いなり 天国は彼らのもの
673	WILBUR Blessed are them that mourn, for they shall be comforted.	悲しんでいる者は幸いなり 彼らは慰め<u>られる</u>
674	WILBOR Blessed are the…	柔和な者は―
675	BOB …meek.	幸いなり
676	WILBUR Blessed are the meek.	柔和な者は幸い

ASSASSINATION OF JESSE JAMES BY COWARD ROBERT FORD

小川改訳	解　説
"幸いなり　心貧しき者 天国は彼らのものなり"	① 674以降を生かすため、語順を変えて倒置形に。 ②聖書引用なので引用符を。
幸いなり　悲しめる者 彼らは慰められん"	文体を文語調で統一。
"幸いなり…"	① 675で話者が変わるので、語尾「―」でなく「…」に。 ② 675のmeekを忘れた言いよどみの「…」。
"柔和なる者"	ボブが続きを言ってあげる。
"幸いなり　柔和なる者"	それで1節丸々言える。

直訳「俺はダニエルがライオンと対面した時のダニエルじゃない！」これを翻訳したのは菊地浩司さんで、ここは、制限字数15字ぎりぎりで、このように訳されました。
「俺"ライオンとダニエル"じゃないぞ」
　翻訳としては、よくこの字数に納めて、全く問題ないのですが、そこで字幕伝道のミッションを帯びた私が、一生懸命考えて、こうさせていただきました。
「聖書の"獅子の穴のダニエル"かよ」（14字）
　"聖書"の2字が、生きていると思われませんか？

⑪聖書劇、特にキリスト映画の中には、悪魔（サタン）が登場します。福音書の中では、イエス・キリストがその公生涯（30歳で、公に伝道活動に入られてから十字架につけられるまでの約3年半の後半生）を始める時、荒野で彼を誘惑しましたし、その後も、ペテロの心に入ってイエスをこの世の王にさせようとしたり、イスカリオテのユダの魂に入ってイエスを裏切らせたり、その手下の悪霊を人の心に入らせて狂暴にならせたり、といろいろ"活躍"の場があるからです。ただ悪魔は、霊的な存在である天使の一人が、神のようになろうとして堕落した存在ですので（「堕天使」と言います）、天使と同じく目に見えません。それでは映画にならないので、キリストが悪魔に誘惑されるシーンは、よくみすぼらしい老人などに姿を変えて登場します。ワーナー映画の中に、この悪魔が、堂々と（？）主役になった作品がありました。1998年公開の「**悪魔を憐れむ歌**」（原題 Fallen 堕落）です。連続殺人犯のリースがフィラデルフィア警察のジョン・ホブズ刑事（デンゼル・ワシントン）によって逮捕され、裁判で死刑の判決を受け、処刑されますが、その後、リースの時と全く同じ手口の連続殺人が発生し、ホブズにその容疑がかけられてしまいます。自分の無実を証明するため、調査を行ったホブズは、その一連の事件の背後にこの世の者では

ない"悪魔"の存在を知ることになるのです。翻訳者は栗原とみ子さんで、あまりなじみのない旧約聖書の世界を、よく研究して訳してくださいました。幾つか、関連のセリフを挙げてみましょう。

＊あのレビ記 16:6 〜 10 にある「アザゼルの山羊」が出てきます。イスラエルの民の罪を全て身代わりに負って、荒野に追放される山羊で、イエス・キリストの型（キリストの十字架の死をあらかじめ表したシンボル的存在）と言われています。ホブズが、聖書学者の娘グレタと山小屋を訪れ、何かを隠すため塗りつぶされた壁の一部を削り取ると、Azazel の文字が現れます。栗原さんは原音表記の原則にそって「アゼイザル」と訳しましたが、これだと聖書の言葉とは分かりませんので、「アザゼル」と聖書表記に直しました。その時の彼のセリフはこうです。

614　"アザゼル"の意味は？
615　父上が壁に書いて／塗りつぶしてあった
616　辞書にはこう書いてある
617　"荒野の悪霊"　意味は不明だが
618　父上の本によると／悪霊は接触で乗り移ると

　アザゼルに対する「荒野の悪霊」という表現は、聖書には出てきませんが、上述のように、人間のあらゆる悪しき思いを負わせられて荒野に追放されるわけですから、その山羊を悪の大元締めのような"悪霊"と呼ぶのは、あながち間違ってはいません。

＊次第に目に見えない世界のことに足を踏み入れ、悪魔の存在を実感し始めたホブズに、グレタはこう説明します。

753　（ホブス）分かった　連中は（注：悪霊たち）／存在しないと仮定しよう
754　（ホブス）それで連中は何者なんだ？
755　（グレタ）説明できない現象は──
756　（グレタ）神や天使の存在を肯定して──

757　(グレタ) その前提に立つと／理解できるわ

758　(グレタ) 天国を追われた堕天使は／姿形を奪われたので——

759　(グレタ) 人間に乗り移って／生き延びてきた

760　(グレタ) 人体を借りて神に復讐を

　悪魔は前述のように元々霊的な存在なので、758のセリフは誤解を招くのですが、こうしないと映画にならないので、ここは大目に見ましょう。

＊さらに、聖書の中の当時の長さの単位も出て来ます。

1073　(ホブス) 君の父親の／本に書いてあるんだが——

1074　(ホブス) 体を離脱した悪霊は／次の体に移動するまで——

1075　(ホブス) ほんの ひと呼吸しか／生きられない

1076　(グレタ) ヘブライ語の本に ひと呼吸で／500キュビト動くと

(ここも原語のCubitの栗原さんの原音訳「キュービット」を、聖書表記の「キュビト」に直しました。)

1077　(ホブス) それは古代の尺度？

1078/80　(グレタ) 指の先からヒジまでの長さで／500だと約265メートル

　ここは、翻訳者や製作担当には大変です。前に書いたように、度量衡はお金以外はメートル法に換算しますが、ここの原文は「500キュビトは6分の1マイル」と言っているのです！　すると、裏方は、まず1マイルをメートルに換算して6で割り、「265メートル」を出します。これを500で割ると、1キュビト≒53.6センチになります。正しくは、旧約時代と新約時代では1キュビトの長さが違い、旧約では約44センチ(これが「指の先からヒジまでの長さ」)、新約では55センチなので、このセリフは新約時代のキュビトで計算されていて、1078/80は厳密には正確でないのですが、そこまでの詮索はしなくていいでしょう。

＊最後に、この映画には聖書の最後の書、「ヨハネの黙示録」も登場

します。
1128a （神に書かれた文字）"APO-CAL-Y-PSE"
1129　（ホブス）シスター　お元気ですか？
1130　（ホブス）"アポカリプス"には／何か意味が？
1131　（尼僧）　　もちろん
1132　（尼僧）　　ギリシャ語で"啓示"のことよ
1133　（ホブス）"啓示"？
1134　（ホブス）すると聖書の？
1135　（ホブス）「黙示録」か　ありがとう

　ここでの聖書オタクの私の細工は、原訳では1128aはなく、その代わりに1130の「アポカリプス」に「APOCALYPSE」のルビが振ってあったのですが、このルビは当てルビで、かつなじみのない映画なので、とても観客は読み切れません。そこで1128aを新たに加え、1130はその読みとして片仮名で出したわけです。もう一つ、1134は、原訳では原文どおり「すると黙示録？」だったのですが、これが聖書の中の一書であることを、ほとんどの人は知りませんので、まずここで「聖書の？」と出しておき、次の1135でその書名を出しました。
＊最後に、この映画の日本タイトルは、映画の中で歌われている歌のタイトルから取られていますが（題SYMPATHY FOR THE DEVIL）、別の人が訳したこの歌のCDの訳は、悪魔が「ですます」調で語るもので、なんとも迫力に欠けました。栗原さんは、字幕の字数制限もかえって幸いして、以下のような、聖書的で、いかにも悪魔らしい（？）、引き締まったよい歌詞を残してくれました。(字幕 No. は省略)

　自己紹介しよう／俺は金持ちの趣味人／人の魂と信仰を奪い──／何世紀も生きてきた／キリスト受難の時も──／俺は そこにいたぜ／ピラトの決断の時も──（注：キリストを十字架につける決断）／俺が手を貸したんだ／俺の名を知ってるかい？／人を惑わすのが俺のゲームさ／ロシア革命の時も──／ペテルブルグにいたぜ／俺が皇帝

と大臣を殺した時──／アナスタシアは叫んだ／死臭漂う戦場では──／戦車に乗った将軍だ／（一部繰り返し）／この世の王侯貴族を──／偶像神のために戦わせた (ここの原訳は、「この世の王侯貴族が──／偶像の神のために戦う」でしたが、背後の悪魔の仕業と分からせるため、使役形にしました)／ケネディーを殺したのは？／犯人は人類と俺さ／（一部繰り返し）／ボンベイに着く前に──／吟遊詩人を殺したぜ／（最後繰り返し）

⑫同じ旧約聖書の中でも、幾つか有名な個所があります。その代表的なものは、多くの民を引き連れてエジプトの国を出、祖国イスラエルを目ざしたモーセが、シナイ山の山頂で神から二枚の石の板に直接書いていただいた「十戒」です。極めつけの映画は、チャールトン・ヘストンがモーセに扮し、その聖書の物語をそのまま忠実に映画化した、タイトルもずばり「十戒」The Ten Commandments ですが、この 10 の戒めは、現代劇の中にも、いろいろな映画に登場します。3つほど挙げてみますね。

(1)「ミッション・インポッシブル」Mission Impossible

　ご存じ、軽快なテーマ音楽で始まるシリーズの第 1 作です。最後の場面、疾走する列車の中で、イーサン（トム・クルーズ）の上司、実は敵の黒幕ジム（ジョン・ヴォイト）と、イーサンが対決する場面で、自分の妻をセックスでイーサンに近づかせたジムが言うセリフです。

　「"なんじ＊隣人の妻を欲するなかれ" だぞ　イーサン」

　Thou shalt not covet thy neighbor's wife, Ethan.

　これは第 10 戒です。

(2)「ライセンス・トゥ・ウェディング」License to Wed

　これは 2007 年公開のワーナーのコメディーでしたが、何しろ主人公の若い二人のマリッジカウンセリングをする準主役がコミカルな演技では定評のあるロビン・ウィリアムズ扮するフランク牧師ですから、

いろいろと聖書の表現が出てきました。

第7戒

「姦淫するなかれ」 Thou shall not commit adultery.

第10戒（上述）

第6戒

「殺すなかれ」 Thou shall not kill

更に、いつも遅刻する主人公のベンに、フランク牧師が冗談でこう釘を刺します。

「第11の戒律は？」 We all remember the 11th.

「遅れるなかれ」 Thou shall not be late.

もちろんこの戒めは十戒にはありません。

(3)「ヨーク軍曹」Bad Sergeant York

これは、次の第3部「思い出のワーナー映画 半世紀」で取り上げた125本の映画の2番目の映画ですが、ここに出てくるのは第5戒です。

アルヴィン・ヨークが、恩師のパイル牧師に、徴兵に応じるべきかどうかで自分の考え方を述べるシーンでは…。

「聖書は戦争を禁じてます」 War is killing, and Book's against killing.
「殺し合いは聖書に反する」 so war is, against the Book!

その後、山に登って独り心の中で葛藤するシーンでは…。

「戒めは"殺すなかれ"だ」（パイル牧師の声）Remember, the Lord done said "thou shalt not kill".

⑬その出エジプトの出来事では、モーセがエジプトを出て祖国に帰る許可をエジプト王ファラオ（聖書ではパロ）に願い出た時に、労働力が失われるのを恐れた王が頑として許可しないので、モーセは次々と10の災いをもってエジプトの民を苦しめ、第10の災いでは、エジプト中の人間、動物の初子(ういご)を一夜にして皆殺しにするという大厄災を

もたらして、ついにエジプトを脱出するのです。その時に、エジプトにいたイスラエルの民には、1頭の小羊を殺してその血を彼らの家の2本の柱と鴨居に塗らせ、神の霊は、その家は中に入らないで"過ぎ越された"ため、全てのイスラエルの民は救われたという出来事から、彼らは以来"過ぎ越しの祭り"を毎年守るようになりました。そして新約聖書は、民の命を救ったこの過ぎ越しの小羊は"象徴"であり、人間としてこの世に来られ、十字架の上でご自身の血を流して、信じる者を救われる神のみ子、救い主キリストにおいて成就したと言います。

この神の10の災いをモチーフに作られた映画もありました。2007年公開のワーナー作品「リーピング」The Reaping です。製作陣に名プロデューサーのジョエル・シルヴァー、監督としても名高いロバート・ゼメキスが名を連ね、「ボーイズ・ドント・クライ」Boys Don't Cry、「ミリオンダラー・ベイビー」Million Dollar Baby で2度のアカデミー主演女優賞に輝くヒラリー・スワンクが、元宣教師で今は"神の奇跡"を解明する科学者として著名な主人公キャサリンに扮し、ある村に起こった不思議な現象の解明に乗り込んでいく SF ミステリー作品でした。この映画の字幕を担当したのは、瀧ノ島ルナさん。キリスト教にも造詣が深い彼女と、聖書の10の災いとはちょっと違うところの調整など、いろいろ相談し合いながら、字幕を仕上げていきました。ではその字幕制作メモを表にしましたので、お読みください。(74-79ページ参照)

⑭聖書の中には、"系図"が頻繁に登場します。なんとなれば、聖書は人類創世から、どのように神の選びの民、イスラエル民族がこの地上に増え広がっていったかを記録した書でもあるので、特に旧約聖書は系図満載です。新約聖書でも、マタイの福音書(第1章 イスラエル民族の祖アブラハムからイエス・キリストまで)、ルカの福音書(第

3章　イエス・キリストからさかのぼって人類の祖アダムまで）に系図が掲げられています。聖書を初めて読む方は、この一見無味乾燥な片仮名の名前の羅列にうんざりするわけですが、これが聖書に登場したら、翻訳者たるもの、正しく訳さなければなりません。その映画は、2000年公開の「スペース カウボーイ」Space Cowboys で、字幕翻訳は菊地浩司さんでした。1950年代のアメリカの宇宙計画の中止で、宇宙に行き損ねた4人の飛行士グループが、40年後に起こった古い宇宙衛星の事故調査をする段になって、それができるのは当時のことを知る4人以外にないということになり、60を過ぎた初老たちが、再び猛訓練ののち宇宙に向かうという楽しいストーリーでした。クリント・イーストウッドが製作・監督し、自らその4人のリーダー、フランク役で主演、他にトミー・リー・ジョーンズ、ドナルド・サザーランド、そして今は亡きジェイムズ・ガーナーがそれぞれの持ち味を生かして、ノリノリで演じています。その中のガーナーが扮するタンクは、なんとその後、信仰心に燃えてバプティストの牧師になっていたのですが、これがどうも、なんとも頼りのない牧師で、聖書知識がはなはだ怪しく、説教もどうもまゆつばモノ、というのが、クリスチャンの方たちが見ると、どこが間違っているか分かるので、余計笑いを誘いました。その系図の箇所というのは、タンクが日曜の礼拝で、例によって頼りない説教をしているところで、こんな具合です。

288　　　　ローマ書…　Romans…

289　　　　いえ 歴代誌でした　Chronicles. Chronicles. Ah, yes.

290　　　　アマルヤには／ツァドクが生まれ―

　　　　　（小川改訳："アマルヤに／ツァドクが生まれ―"）

　　　　　In the 40th year, Amariah begat Zadok…

291/292　その息子がリブニで／兄弟はウジヤ

　　　　　（小川改訳："ツァドクに／ウジヤの兄弟リブニが生まれ…"）

　　　　　…who begat Libni, the brother of Uzziah.

293　　　これも違う　No, that's not it, either.

　おかしさがお分かりでしょうか？　まず「ローマ書」は新約聖書、「歴代誌」は旧約聖書、この2つの書を間違えるなんて、とりわけ牧師たるもの、まずゼッタイにありえないことなのです。

　次に歴代誌のほうですが、ここの私の改訳は、まず聖書の引用なので引用符 "" を付け、更に日本語聖書の系図の書き方「AにBが生まれ、BにCが生まれ…」に合わせました。また、この間違っていることが正しい（？）ことの裏を取るために、自分で聖書から系図を書き出しました。その結果分かったのは、290は、「アマルヤにアヒトブが生まれ」の間違いで、ツァドクはそのアヒトブの子です。1世代飛ばしてしまいました。それに輪をかけているのが291/292で、ツァドクに生まれたのは全くの別人です。ここをあえて「リブニ」を生かし、正しい系図に従って言うなら、「ゲルションに／ウジエルのいとこのリブニが生まれ」となるのですが、このリブニは、ツァドクより400年も前の先祖なのです！　タンクも何となくこれに気づいて「これも違う」なんて言ってるわけです。

　聖書では、牧師のことを「よき羊飼い（牧者）」に例え、この牧者に導かれる教会員は「羊」に例えられます。旧約聖書の詩篇23篇や、新約聖書のヨハネの福音書10章には、そのことが書かれていて、特にヨハネの福音書では、イエス・キリストが、よき牧者であることがキリストご自身の口から語られています。悪い牧者に導かれると、羊たちはたちまち道に迷ってしまいますが、クリスチャンの観客は、この頼りないタンク牧師を見ながら、「こんな牧者だと、羊たちも大変！」と思いながら見ていたことでしょう。もちろん私もその一人でした。そこで、それにまつわる彼のセリフをもう一つ。猛訓練ののち、いよいよ4人が宇宙に向かって離陸する場面で、リーダーのフランクが、タンクに言います。

1071 【フランク⇒タンク】

　タンク牧師　お祈りを頼む

　What do you say, Reverend Tank? You think a prayer's in order?

　（直訳）　さて何か一言を、タンク先生。やはりここはお祈りですかね？

1072/73 【タンク⇒フランク】

　"主は羊飼い"ではなく／A・シェパードの祈りを

　I was just reciting the Shepard's prayer. Alan Shepard's prayer.

　（直訳）　今ちょうど、"牧者（シェパード）の祈り"を唱えていたとこだ。アラン・シェパードの祈りをね。

　（小川改訳）　"牧者(ルビ：シェパード)の祈り"…でなく／A・シェパードの祈りを

1074 【タンク⇒フランク】

　"主よ　ドジらせるなかれ"

　"Oh, Lord, please don't let us screw up."

　（直訳）　ああ主よ、どうぞ我々が失敗しませんように。

　（小川改訳）　"主よ　ドジらせたもうな"

　いかがでしょう？ 1072/73 の原訳は、さすが菊地浩司さん、前述の詩篇 23 篇（「主は私の羊飼い」で始まります）をご存じで、それを Shepard's prayer の訳語にしたのですが、これだと、残念ながらほとんどの日本人観客には分かりませんし、Shepard で牧者と、あの有名な宇宙飛行士アラン・シェパードをひっかけたジョークが伝わりません。そこで私の改訳は、前半の「牧者」に「シェパード」とルビを振っておき、後者でそのダブルミーニング（二重解釈）を出してみました。また、1074 も、相手が神様ですから、神から人への戒め形である「なかれ」はそぐいませんので、「たもうな」にしました。

「出エジプト記」"10の災い" THE REAPING

No.	原文	直訳	字幕訳（瀧ノ島ルナ訳）
	THE REAPING（題名）	刈り取り、応報	－
15	Only the Devil would try and stop God's miracle.	悪魔だけが（人を）試み、神の奇跡を阻止できる。	神の奇跡を否定する悪魔め
43	I'm sorry to say, the only miracle is that people keep believing.	こう言うのは気の毒だけど、唯一の奇跡は人々が信仰を保つことよ。	"揺るぎない信仰"こそまさに奇跡よ
103	Warter kind of went red on them. Dark red.	（川の）水が彼らの上で赤くなった。真紅だ。	川の水が真っ赤になるのを見た
114	As in Old Testament plague?	旧約聖書の災いのように？	"10の災い"?

摘　　要
この言葉は、比ゆ的には、終末における神の審判をも指しており、"人はまいたものを刈り取る＝よい種をまけばよい実を刈り取り、悪い種をまけば悪い実を刈り取る"（因果応報・自業自得）という意味がある。（新約聖書ガラテヤ人への手紙 6:7, 8「思い違いをしてはいけません。神は侮られるような方ではありません。人は種を蒔けば、その刈り取りもすることになります。自分の肉のために蒔く者は、肉から滅びを刈り取り、御霊のために蒔く者は、御霊から永遠のいのちを刈り取るのです。」）
左の原意を踏まえて、「遺体に触れて病気を治すことをやめさせるお前は悪魔だ」、と直接的に訳したもの。Devil も Satan もほとんど同意で、悪の世界に君臨する"悪魔・大悪魔"（単数）。その下に、天使に匹敵する無数の Evil Spirit（悪霊）がいる。片仮名にすると、デビルよりもサタンが一般的でより悪のイメージが強いので、ここでは「悪魔」に「サタン」のルビを振り、ここ以降は「サタン」を本文にしている。
"揺るぎない信仰"が簡にして要を得た名訳。愛する夫と娘をアフリカの土着信仰の生け贄(にえ)で殺され、牧師の道を捨てた女主人公キャサリンのセリフで、彼女が以来聖書の一切の奇跡を否定し、全て科学で割り切ろうとしていることと、人間が悲劇の中でも信仰を捨てずに守りきれるとしたら、それこそ"奇跡"だという彼女の背信者としての自虐感も込められている。
これが「出エジプト記」7 章 14 節〜11 章 8 節に描かれた"10 の災い"の始まり。モーセに率いられたイスラエルの民が祖先の地に帰るのを拒むエジプト王を裁くために、神がエジプト人のみに下した災いのこと。
ここで"10"あったことを知らせておくと、これから次々に怒る災いへの観客の心の備えができる。

115	As in God, Moses, the whole deal.	神、モーセ、あの物語の一部始終のように。	"出エジプト記"だ	
153	WHAT ARE YOU WAITING FOR? THE LORD DON'T HAVE ALL DAY.	何を待っている？ 主は一日の終わりまではお待ちにならない。	"信仰をためらうな"	
367	I don't know. The maggots and the flies. Where'd they come from so fast?	分からない。あのウジやハエども。あんなに速くどこから来たんだ？	あのウジやアブはどこから来たんだ？	

	ズバリ聖書の出典を知らせる。ちなみにこの"10の災い"は次のとおり。 ①ナイル川の水が血に変わり、魚が死に、川は臭くなる。 ②エジプト中にカエルが繁殖する。 ③エジプト中にブヨが繁殖する。 ④エジプト中にアブが繁殖する。 ⑤エジプト中の家畜に激しい疫病が蔓延(まんえん)する。 ⑥カマドのススが人と獣に付き、腫(は)れ物となる。 ⑦エジプト中に激しい雹(ひょう)が降る。 ⑧エジプト中にイナゴが繁殖する。 ⑨エジプト中を暗やみが覆う。 ⑩エジプト中の男子の初子が、人も獣も死ぬ。 なお、この映画中では、この"10の災い"の現象だと分かるように、上記の現象を示すせりふは全て引用符（" "）でくくった。
	教会の看板文字。次々に起こる厄災に、神の審判が迫っている（この文字の原意）という町の人々の恐れの中で、この言葉は象徴的な挿入である。
	これは聖書の"第4の災い"。Flyは普通はハエだが、聖書の表記に合わせ、同じ双翅目(そうしもく)のアブにした。ウジは、十戒の聖書個所は出てこないが、その幼虫なので矛盾はない。

626	Doug. The whole time you been teaching here, have we ever had a lice outbreak?	ダグ。君がここで教え始めてから、シラミが繁殖したことがあったか？	ダグ　学校でブヨ(シラミ)が流行したことある？	
642	Where exactly is lice on the list?	シラミは（10の災いの）リストの何番目にあるんだ？	ブヨも"災い"か？	
643	Five.	5番目だ。	第5の	

消去法で行くと、聖書の他の9つの災いはこの前後に全て出てくるので、これは"第3の災い"のブヨでなければならない。ここの前の #415、416 にも言及されているし、このあとの #642、643 にも出てくる。問題は、このシーンで男女の学童が髪の毛を刈られていると、その坊主頭にゾロゾロ見えている黒い昆虫が、どう見てもブヨではなく、シラミに見えること。両者は、「節足動物門」⇒「昆虫網」までは同類だが、そのあとは「シラミ目」と「双翅目」にはっきり分かれてしまう。聖書的にはこう解釈できよう。日本語訳聖書はどの版も原語ヘブル語から訳しているので、正しく「ブヨ」だが、同じくヘブル語からの英語訳は大きく2つに分かれており、古い King James（欽定訳）も New King James（新欽定訳）も lice（シラミ）だが、最新の New International Bible（新国際訳）や Today's English Bible（英現代訳）は gnat（ブヨ）。King James の頃は聖書学がまだ十分でなかったので、これは恐らく誤訳であろう。（他にも聖書では死者の中間存在場所を意味するハデスを Hell（地獄）と訳してしまったりした大きな誤訳がある。）この映画の作者は、前者の欽定訳か新欽定訳をベースにしたために、「シラミ」と解釈してあのシーンを入れたのかもしれない。さてこの矛盾を解決するには、ということで窮余の一策。とりあえず #626 の「ブヨ」に「シラミ」とルビを振り、あとはそのままブヨにした。

聖書では前述のように3番目。このセリフのまま聖書でも5番目と取られると困るが、これはストーリー上の順序変えであろう。

良い字幕とは

　第2部を終えるに当たって、このテーマについてまとめてみたいと思います。このテーマを、このあとに掲げた何編かの講義メモの中でも、展開しています。これまでも、いろいろな方が、このテーマについての"定義"を以下のように試みておられます。

①見終わって、字幕があったことを忘れさせる字幕（清水俊二）
②あたかも英語で理解したかのように感じさせる字幕（清水俊二）
③疲れて見た人、英語の全く分からない人でも分かる字幕（関美冬）
④透明な字幕（戸田奈津子）
⑤アウト（不要なセリフの訳を省略すること）こそ最高の訳（岡枝慎二）：「サルバドル　遥かなる日々」（1987）という映画を、ある新人の翻訳者が訳したところ、「イエス」「ノー」の短いセリフまで全て訳したため、総セリフ数が800以上になりました。岡枝さんがそれを監修し、一つ一つセリフを短くしたのはもちろん、惜しげもなくアウトにして、500少々にした結果、すっきりと読みやすいものになりました。
⑥字幕は"読む会話"（川名完次）
⑦字幕は"目で聴くセリフ"（小川政弘）

　これらを一言でまとめるなら、「訳が、分かりやすく自然な言葉で、画面の中に溶け込んでいる字幕」ということになるでしょうか。字幕を読むことによって、その作品の人物の性格を、あたかも日本映画を見て、日本語のセリフを聞いているように、心にスーッと入ってくる翻訳です。そこが、翻訳機がどんなに発達して、正確度が向上したとしても、機械では決して表現しえない"心"の分野です。そう考えると、字幕翻訳は、翻訳には違いありませんが、同時に翻訳者の、登場人物一人一人に対する感情移入（エンパシー）力、言葉（とりわけ日

本語)の感性と表現力に負うところの極めて多い、大胆に言ってしまえば"二次創作物""二次脚本"とも呼べるものです。

　そのような矜持(きょうじ)を抱きながら、一方では、本来、映画というのは、"映像"と"音"(セリフ・効果音・音楽)によって成り立っている芸術であることを忘れてはいけません。そこに字幕が、大切な画面の一角を占めるということは、はっきり言えば"余計な付加物"になるわけです。従って映像翻訳者は、できるだけ本来の構成要素である画面と音が、字幕を読む労力のために邪魔されないように、ある意味"黒子"に徹して、観客ができるだけ自然な形で、映像と音に集中しながら、付加的に字幕をムリなく読んで、その映画をよりよく理解できるための最大限のお手伝いをする、このような謙虚な姿勢が、いつも求められています。

　上記の目的を果たすために、映像翻訳専門誌や、講演資料や、翻訳学校案内などで、ガイダンスとなる文書を発信する機会が何度かありました。それらをここに集録しておきたいと思います。また、これらのテーマについて、この資料に基づいて講演をお聞きになりたい方がおられたら、喜んで伺います。

映像翻訳者を目指す者は
まず正しい日本語の使い手になれ！

A. 言葉の間違い探し

①先取点を取られたヤンキース、幸先の悪いスタートでしたが、体調を壊して戦線を離脱していた松井が汚名挽回とばかり打った、あわやホームランかという三塁打で逆転し、勝利を得る公算が強くなってきました。（吹き替え版翻訳原稿　ヒント　5か所）

②さすが秀才の彼女、彼の口先三寸の言葉に惑わされずに的を得た意見を述べ、自論を通し、仕事に目星をつけることができました。（吹き替え版翻訳原稿　ヒント　5か所）

③喧々諤々(けんけんがくがく)
　愛想(あいそ)を振りまく
　押しも押されぬ
　苦渋を味わう
　熱にうなされる
　論戦を張る
　デッドロックに乗り上げる
　白黒をつける
　伏せ目がち
　フリーの客

B. 吹き替え版翻訳の時のセリフの読み方
（「　」の語はどこでブレスを切り、どのアクセントで、どう読ませるか）

まるで「五里霧中」だった
彼は「間髪を入れず」身をすくめた

字幕文化考

(1) 良い字幕とは:
- 見終わって、字幕があったことを忘れさせる字幕(清水俊二)
- あたかも英語で理解したかのように感じさせる字幕(清水俊二)
- 疲れて見た人、英語の全く分からない人でも分かる字幕(関美冬)
- 透明な字幕(戸田奈津子)
- 字幕は"読む会話"(川名完次)
- 字幕は"目で聴くセリフ"(小川政弘)
- それをもたらす二本の柱:正しい表記

(共通の仮名漢字変換ソフトの本則)+優れた表現力(各人各様の感性)
- 決め手は"日本語力":樋口裕子さんの中国語字幕を監修して改めて実感。中国語は1語も分からずとも、日本語として分かるかどうかの視点でその完成度を図った(樋口さん曰く"これは小川マジックですね")。

(2) 字幕は、短歌・俳句と似た"芸術"である。
〈類似点〉
- 共に字数制限の壁がある。
- ①取捨選択(無駄のそぎ落とし)、②凝縮(要約)、③言い換え技術を駆使して、完成させる。
〈相違点〉
- 短歌・俳句:文語体であり、要約力が大きい。
- 字幕:口語体(会話体)で、要約に限度がある。
＊従って、字幕のほうが、より大きな推敲力を必要とする。

(3) 字幕文化は守るべきもの(古き良き日本語の伝統):
×字幕文化を衰退させる昨今のあしき状況⇒生きた言葉の多様性を殺

す"言葉狩り"の弊害(古き良き日本語が失われていく)

①過度の差別語意識：

　―「リオ・ブラボー」のウォルター・ブレナンの呼称

　　"ビッコ"(初公開時) ⇒ ("足の不自由な人") ⇒ "足ワル"

　―「さらばベルリン」"足の不自由な人" ⇒ "足のない人"

②字幕版と吹き替え版の整合：

　―表現の多様性と翻訳者の感性の抹殺

　―固有名詞等の他は、合わせるべきではない

　　(翻訳は"十人十色"でこそ面白い。合わせるのは表記文法のみ)。

　―この根底には、皆同じでないと安心できない

　　＝個を尊重しない国民性がある。

③時代性を無視した最新表現への適合：

　―「**父親たちの星条旗**」の主人公アイラへの侮蔑語

　　(＝この映画のキー表現)"インディアン"(×原住民)

　―「**イングリッシュ・ペイシェント**」(小川訳)(第二次大戦中)

　　"看護師"？(時代劇で"床屋"を"理容師"と言うか？)

④古き良き日本語の不使用：

　―若者に分からないから

　　("ソ連"が分からないから別の表現に?!→歴史の抹殺)。

　―コスチューム物における文語体表現の稚拙さ(「**燃えよドラゴン**」)。

(4) 字幕文化は創る(CREATE)べきもの：

・"字幕文化"は"文字文化"でもある。字幕文字の創意工夫で、字幕に新しい付加価値を創り出していく。

①教科書のように統一性のある表記

　(文科省の基準変更にも敏感に対応)。

②表外字も必要なところに使って表意文字の特性を生かす

　(「**硫黄島からの手紙**」の"斃(たお)れて")。

③「**オーシャンズ 12**」のオリジナル版に合わせたアルファベット追加出し（A-M-S-T-E-R-D-A-M ⇒ アムステルダム）。
④「**ハリー・ポッター**」のおどろ書体（血潮の滴り調）、呪文書体（ルビを準本文として大きく。）
⑤「**スポット**」（少年が主人公）では大文字字幕を（吹き替え版制作費節約のため）。

第 2 部　字幕翻訳考

映像翻訳　クイック紹介

1) 映像翻訳とは：映像の中の外国語を日本語に置き換える技術。

2) 映像翻訳の方法：
   ① 字幕版翻訳（スーパーインポーズ／サブタイトルともいう）
   ② 吹き替え版翻訳
   ③ ボイスオーバー（ナレーション等を原語の上にかぶせる）

3) 映像翻訳の分野：
   ① 映画（劇場用、ビデオ用、テレビ用）
   ② テレビ番組
   ・内容：ドラマ、ドキュメンタリー、ニュース、アニメーション等
   ・テレビメディア：
   －地上波（キーネットワーク 7 局）
   － BS（放送衛星　有料・無料）（NHK 衛星 Ch.1、2、WOWOW）
   － CS(通信衛星　有料)
(スターチャンネル、パーフェク TV、ディレク TV、J スカイ B、SKYD 等)
   ③ ゲームソフト（CD-ROM、DVD、BD 等）

4) 映像翻訳者の資質：
   ・映像翻訳者は " 言葉の職人 "（栗原とみ子）
   －カッコいい訳より、まずオリジナルに忠実に。
   －以下の 3 つの力を身に着けること。
   ① 英語力：読解力（特に長文、難文の構文理解）、ヒアリング力
   ② 日本語表現力：" 言葉 " への感性を磨け。
   －字幕版：言葉をどうコンパクトにまとめるか
   （内容を原文の 3 分の 1 に凝縮）

―吹き替え版："聞いただけで分かる言葉"をいかにセリフに乗せられるか
　　（観客の耳に残りやすい単語をポイントにして訳をつける。同音異語にも注意）。
　③　メディアセンス：
　　　―好奇心：雑学に強くなれ。世界・日本のトレンド、世相にいつも注目。
　　　―情報収集力・取材力：インターネット検索のプロを目指せ
　　　―専門・得意分野を持て：コメディー、聖書・キリスト教（これは必須）、スポーツ等。
　　　―メカに強くなれ：ワープロ入力、メール電送、SST操作他（これで地方・海外などの距離的ハンディも解消できる。）
　　　―社交性：この世界、最後は"営業力"だ！
　そのためには、日々これ訓練！　金と時間の"自己投資"を惜しむな。それは必ず利子つきで自分に返ってくる。
＊本、新聞、映画、いい海外・日本ドラマ、言葉に関するメールマガジン、クイズ。
＊いい文章を、字数とキーワードを決めて要約してみる。

5）映像翻訳を志す人の心得：
　・20代の人は…　一人前になるには"10年早い"と思って、
　　　　　　　　　10年間は訓練のつもりで。
　・30、40代の人は…　"ここが勝負どころ"と思って全力投球。
　・50代の人は…　"まだ間に合う"と思って、人生経験と豊かな
　　　　　　　　　知識から来る「表現力」を武器に。
⇒果敢に"自分自身"に挑戦せよ。限界を見極めたら、潔く身を引くべし。（それでも、それからの人生はどこかが変わってくる。それを見つける楽しみが待っている！）

第 2 部　字幕翻訳考

映画会社が翻訳者に望むこと

1. 締め切り日厳守
   － 業界ではプリント到着から試写までどんどんスピードアップされている。
   － 締め切りを守れない仕事は受けるな。一度受けたら必ず守れ。さもなければ業界を干されると思え。

2. "アバウト"人間になるな
   － 同じことを何度も指摘されないように。
   　（用語、表記統一、文体の癖など）
   － 英文クレジットに字幕がダブらないよう細心の注意を。

3. メカに強くなれ
   － 字幕作業はどんどん機械化されている
   　翻訳のワープロ・パソコン入力→パソコン通信やＥメールによる映画会社や字幕会社への回線転送。

4. 翻訳用素材を大切に扱え（台本は映画会社の資産の一部）
   ×台本を折る（ポストイットを使え）。端折れ。ファスナー外したまま。
   ×消しゴムだらけの手書き翻訳原稿。ヤレ紙の裏に印刷したワープロ原稿。

5. 翻訳の"技術屋"になるな
   － 単に翻訳テクニックが上達しても、それが全てと思うな。
   － 映画を愛し、この芸術のクリエイティブワークに、「映像翻訳者・翻訳家」として、誇りと情熱を持って参加せよ。

6. 翻訳上の要望
   1) 一にも二にも分かりやすい翻訳を
      ×日本語として通じない／つじつまが合わない／常識に反している訳。
      ×誤解される訳、複数の解釈（時には全く逆の解釈）をされる訳。
      　→特に"主語"を明りょうにせよ。
      ○疲れて見た人、英語の全く分からない人でも分かる訳。

   2) 誤訳は翻訳者生命を縮めると思え
      －読み返してストーリーがつながらなかったり意味不明だったりしたら誤訳を疑え。

   3) 文章としての完成度を目指せ（できるだけ"完結文"に）
      －"体言止め"（…が／…を）は極力避けよ。
      －字数にこだわり接尾語を惜しむな（…わ／…ね／…ぞ　など）。
      －語尾重複（連続するセリフの語尾が同じ表現になる）を避けよ。

   4) 全体のスタイルをよく考えて翻訳日本語の会話スタイルを決めよ。
      －人物一人一人の性格／時代や状況変化によるその変化を考える。
      －配給会社にその映画や主人公の"売り"のコンセプトを確認する。

   5) 日本語に強くなれ
      －言葉は"生き物"（古すぎず、新しすぎない表現を）
      　　　　　　　　　　　　　　　　　　　　　　　　→新聞を読め
      －専門用語（特に女性が弱いのはスポーツ用語／ルール、軍隊用語）
      －"美しい"日本語を生かせ→小説を読め

6）ユーモアのセンスを磨け
　―外人が笑うところで日本人観客が笑わなかったら翻訳者の"恥"。
　―直訳でなくとも"意味"は変えずに笑わせろ。

7）キリスト教／聖書に強くなれ
　―洋画（西欧文化）の根底にあるこれを知らずに翻訳はできない。
　―神父か牧師か？　伝道師か伝導師か？

8）"こだわり"大歓迎
　―初号が終わったら翻訳終了ではない。（中間チェック→初号チェック→劇場でのチェック試写→ネガ焼き初号チェック→ビデオ用入力時のチェック）
　―その一言にこだわったおかげで全体が生きるときがある。

今、クライアントが求める映像翻訳者像

ワーナー・ブラザース映画製作室長　小川政弘

　映像翻訳を志す人にとって、究極の目標は劇場用映画の翻訳であろう。それは極めて"狭き門"である。他のメディア（ビデオ、テレビ等）に比べて需要が少ないということも理由の一つだが、それだけ高度の翻訳力を求められるということも事実である。そこで今回は、劇場用映画を配給する会社の製作担当者として、"こんな翻訳者が欲しい"という条件を、思いつくままに述べてみたい。但し、ここに書かれたことは、単に劇場用翻訳者だけでなく、また字幕・吹き替えの別を問わず、広く映像翻訳を志す人に求められている資質だろうと思う。

（1）まず翻訳者向きかどうかの自己診断を：

　人それぞれに持って生まれた性格があり、仕事にも向き不向きがある。これから映像翻訳を志す人は、それなりの自己投資をし、時間をかけ、一人前になるために苦労するわけだから、それが無駄な努力に終わらないように、自分が映像翻訳者に向いているかどうか、始める前にチェックしてみることも必要であろう。もちろんこれから述べることは、本人の努力しだいで、ある程度は克服できるものもあるから、はなから諦める必要はない。

①アバウト人間は要注意：自分の性格は大雑把なほうか、細かいことに気づくほうか。前者の場合、かなり苦労することになる。表記や翻訳上の約束事、締め切り期限などで受けた注意を守らず、何度も同じ間違いをする人は、早晩"干される"と思ってほしい。現在の映像翻訳業界は、供給過多気味である。そんな手のかかる翻訳者を、忍耐して使い続けるほどクライアントは甘くない。私個人の好みもあるだろうが、自分の翻訳に愛着と、いい意味での思い入れを持ち、一字一句

もおろそかにしない"こだわり"を持つ人は逆に大歓迎である。今、この業界の第一人者と言われる、さるプロの方も、一作品の何度かの訂正の過程で、直しの半分以上はまさに語尾などの一字一句なのである。

　かと言って、あんまり神経の細い人も、このシビアな業界には向かないかもしれない。映画がヒットすれば、映画そのものの強みと宣伝のよさが褒められ、外れると翻訳が悪いせいにされる世界である。かなり図太い神経が必要で、その度にシュンとなってるようでは到底勤まらない。

②うぬぼれの強い人もバツ：いわゆるプライドの高い人。プロの世界では、自分が全精力を注いだ翻訳が、ねらいが違うといって原型をとどめないほどに直されることもままある。そのときに、「やってらんない！」と言ってケツをまくるか、一歩退いて、"これも勉強のうち"と、会社の方針を理解してやり直すかで、その人の将来は大きく違ってくる。ある程度経験を積んで、それなりの実力がつき始めたときがむしろアブない。この世界、「自分はうまくなった」と思ったら最後、それは退化と業界を締め出される一歩だと考えて間違いない。

③目立ちたがり屋もご勘弁：いわゆる自意識過剰の人。翻訳の"スタンドプレー"は始末に負えない。言語の意味を何とか出そうとして苦闘するのはいい。だがそれが、自分の知識をひけらかし、その訳そのものを光らせようと、言葉に"金箔・銀箔"を塗りたくり、意表をついた表現を用い、果ては自分の解釈を前面に押し立てて原文では言ってもいないことを出すようになると、それはもはや"字幕の一人歩き"、翻訳ならぬ"創作"になる。翻訳はあくまでも二次著作物。"初めにオリジナルありき"なのだ。翻訳者は、このオリジナルの言葉の命を、何とかして日本語で表すことに徹する舞台裏の職人。それがな

され、観客が安心して映像を楽しんでくれることだけで満足する"黒子"の業だ。これに徹する謙虚さの持ち合わせがなかったら、最初から降りたほうがよろしい。

④ユーモアのセンスはあるか：日本人は総じてユーモア感覚に乏しい。勤勉で、"まじめ"の上に何かがつく。外人と話していて、向こうがジョークを言って笑っても、蛍光灯よろしく、何秒かたってから気づくのはまだいいほうで、通じないままのこともある。ジョークの達人のアメリカ人が作り、アメリカ人が演ずる洋画の中には、このユーモア、ジョークがわんさか出てくる。チャップリンやキートン映画のように、誰が見ても笑える動作によるものならいいが、その大部分は言葉遊びによるものだ。しかもそれが外国文化の背景を知って初めて分かるものだと、翻訳者はお手上げで、頭を抱えることになる。しかし、そんな中でも、彼らは最大限の努力はする。映画を見ていて、外人がどっと笑うところで、日本人がシーンとしていては、プロたるもの、恥だからだ。そのためのテクニックはおいおい学ぶとして、まずは自分にユーモアを解するセンスがあるか、問うてみるといい。日常生活の中で、人のジョークにパッと気づいて、ケラケラ笑えるか。それとも…？ はっきり言って、外国映画のジョークをうまく訳すのは至難の業、大部分は涙を飲んで割愛、というのが実際だ。それにしても、翻訳者が、原文のどこがユーモアか（しかも相手は日本語のようにはピンと来ない英語だ）分からないでは、お話にならないのだ。

(2) 一にも二にも分かりやすい翻訳を：

　と、まずはふるいにかけておいて、今度は「それでも自分はやれそう」と思う人へのご注文だ。特に字幕翻訳に言えることだが、映画字幕は、"一瞬の理解"が勝負である。ビデオやDVDなどと違い、繰り返しが利かない。一つでも分からない字幕があると、画面はどんどん

流れていくのに、観客の頭はそこでフリーズしてしまう。画面の進行に、ぴったりと観客の頭をついていかせるのは翻訳者の責任である。

　分かりにくい翻訳には、以下のような幾つかの要因がある。

①言葉そのもの：日本語として通じない言葉。誤解される表現。複数の解釈ができるあいまいな表現（時には全く逆の解釈ができるようなものもある）。

②文脈上、難解なもの：つじつまが合わない。常識に反する内容。これは、ストーリーそのものを理解していないときに起こる。いわゆる"木を見て森を見ない"翻訳である。

　映像翻訳者には、とりわけ「論理的な思考回路」と、「人間の心の動きを読み取る感性」が求められると言えよう。

（3）日本語の達人になれ：

　バイリンガルの人が即翻訳者になれるとは限らない。複数の言語を話せることと、ある言語内容を別の言語で言い表すこととは全く別のことだと言っても過言ではない。翻訳全般に言えることだが、とりわけ映像翻訳は、英語のせりふで成り立っている外国映画の世界を、日本人が日本映画を見て極めて自然に理解できるように、"日本語で話す世界"に移し替える作業だと言うことができよう。現在プロで活躍している人たちは、この面での達人であり、いわゆる"うまい"翻訳と、駆け出しの人の翻訳の差は、この日本語の駆使力で歴然と表れる。初心者は、とにかく言っていることを正確に翻訳しようとする。その結果、間違ってはいなくても、次のような訳が多くなる。

　　×表現が硬くて英語の構文のままの直訳調。
　　×目いっぱい原語情報を詰め込んだ疲れる訳。観客は読むだけで
　　　精一杯で、映像を見る余裕はない。

×その人物の話し方にそぐわない、違和感のある、あるいは無味乾燥な言い回し。
　×日本人には分からない、英語圏の文化背景にそのまま基づいた表現。
これがプロの手になると、このように変身する。
　○日本語の文章構造で、頭にスッと入る訳。
　○コアになる必要情報だけを取り出した訳。観客はゆとりを持って映像を追える。
　○いかにもその人物らしい生きた表現の訳。
　○日本人の文化背景で分かるように、意味は変えずに適宜、意訳・補訳の施された訳。

　この能力は、とりわけ"字数制限"のある字幕翻訳者に求められる。昨今、劇場用映画にも、吹き替え版の需要が増えてきた。そしてそれらが短期間の間にDVDになると、観客は字幕・吹き替えの両方を見られるので、字幕版の情報量の少なさ（原語の３分の１、吹き替え版の半分以下）に、比較しながら、じかに気づくことになる。そこでは、字数制限のハンデを負いながら、いかに原文のニュアンスを伝えているか、いないかが一目瞭然となるのだ。字幕翻訳者には、他の翻訳者にはさほど必要のない、「言い換え」「取捨選択」「凝縮」の力、そして必要なら、主人公の気持ちを"日本人"として代弁もできる「言葉の感性」が不可欠なのである。

　言葉は生き物であると言われる当たり前の話だが、それは言葉を使う人間が生きているからである。そして、その人の思想を最も的確に伝える内実を持った言葉、使うに便利な簡にして要を得た言葉、語るにも聞くにも美しい響きを持った言葉が、人間の遺産として生き残っていく。翻訳者の資質は、日ごろの研鑽の中で、そのような言葉を自分の"言葉の書庫"にいかに豊かに蓄えるか、また外国映画を"日本語で話す世界"に移し替える作業の中で、それをいかに的確に用い得

るかにかかっている。そのためには、映像翻訳を志す人は、"言葉"というものに限りない興味を持ち、それを用いて人に心を伝えることに情熱を抱き、そして何よりも「日本語」をこよなく愛する人であってほしい。

(4) 感情移入のできる人に：

　心理学に、Empathy（感情移入）という言葉がある。これはその分野の専門語ではなく、映像翻訳を志す人にも考えてほしい言葉だ。優れた脚本家のシナリオによる日本映画が、多くの人の心を打つように、優れた翻訳は、オリジナルの脚本に血と肉を与える。繰り返すが、一つ一つのせりふに、日本語として"命"を吹き込むのだ。そのカギは、翻訳者が、一人一人の登場人物に、感情移入のできる柔らかいハートを持っているかどうかにある。ありていに言えば、その語られた言葉の背後にある心のひだを感じ取る、みずみずしい想像力、同じ映画を何度見ても、感動して泣けるナイーブな心である。そのような心で訳された翻訳は、見る人の心の琴線に触れずにはおかない。「うまいなぁ。いいなぁ、あのセリフ」という言葉が、思わず口をついて出てくるのだ。映画の人物と、翻訳者と、観客の心が一つになった瞬間である。この醍醐味を知ったら、翻訳はやめられなくなる。確かにこの世界は、それで食べていくまではキビしい。しかしこのような翻訳者なら、クライアントは決して見捨てはしないし、きっと活躍の場を与えてくれるはずだ。

私の映像翻訳の学びは字幕製作の"現場"でした

（字幕翻訳学校 HP 寄稿）

小川政弘

字幕翻訳家　元ワーナー・ブラザース映画製作室長

　この学校で教えている映像翻訳者は、スクリーンやビデオでよく名前を見たことのある方々が圧倒的に多いですね。それは言葉を換えれば、ここで学ぶ人は、今、業界第一線にある先生方から、最高レベルの映像翻訳のノウハウを学べるということです。どの業界もそうでしょうが、その中には"変わり種"も結構います。元塾講師のH先生（どうりで教えるのもうまいわけです）、一級建築士の資格を持つO先生（その道に進んでいれば今ごろは…）等々ですが、その点では私も人後に落ちないと思います。ご紹介いただいた上記の肩書きが示すように、私の場合は、翻訳者と言うより、翻訳者に仕事をお願いする立場で、長年映像翻訳と関わってきました。従って、知名度という点では、私はまるで"無名"の存在ですが、三十余年という映像翻訳の経験の長さでは、"長老"の佐藤一公先生は別格として、誰にも引けは取りませんし、何よりも、この「講師からのメッセージ」のページで紹介されている翻訳者のほとんどの方々と、ひざを突き合わせてご一緒に仕事をしてきたという点では、大いに異色の存在だろうと思います。私が46年半いたワーナーの中で、直接映像翻訳と関わるようになった約30年前は、もちろん映像翻訳学校などはありませんでした。その中で、私が翻訳のノウハウを学び、体系的に字幕翻訳のルールを培ってきたのは、このようなプロの方々と一緒に仕事をした"現場"でした。このページに登場する翻訳者の方々はもちろん、それ以外にも、清水俊二さんと並んで戦後、長年にわたって劇場映画翻訳の重鎮だった高瀬鎮夫さんや、やがて戸田奈津子さん、菊地浩司さん、松浦美奈さん、石田泰子さん、太田直子さん、稲田嵯裕里さん…その他の方々（中

堅・新進気鋭、中国語、韓国語翻訳者など十余人）の名訳を味わいながら、言わばその"芸を盗んで"翻訳技術を身に着けていったのです。

　ただし、これから翻訳者を目指す立場の皆さんが"甘い夢"を見すぎないように、ひと言 言っておくなら、プロになれば、誰でもある一定の会社に使ってもらえるというわけではありません。映像翻訳の中でも、劇場用の翻訳ができるのは、ごく一握りのとびきり優れた才能とチャンスに恵まれた人です。その中でも、アメリカに本社を置くメイジャーでは、一社でお願いする翻訳者はせいぜい数人。ワーナーのように、私が製作担当として「これは」と思った人、優に30人以上がチャンスをつかめたというのは、むしろ例外中の例外と考えておいたほうがいいでしょう。それでも、コツコツと惜しまぬ努力で培われた才能と、良きクライアントに出会うチャンスに恵まれれば、いつか道は開かれます！

　そんな中で、私自身も、この学校の母体である東北新社とは長年仕事上のお付き合いがあり、そのご縁で、後進の育成にいささかなりともお役に立てばということで、講壇に立たせていただくことになったわけです。

　講師としての私の受け持ちは、通信講座、短期セミナー、研修クラスそれぞれの字幕講座、そして総合セミナーです。毎年、いろんなタイプの受講生に接します。「あ〜あ、こりゃダメだ」と思う生徒や、「おっ、センスあるぞ」とうれしがらせる生徒など様々ですが、彼らの習作を見ると、おおざっぱに言って3つのタイプに分かれます。

（1）原文で言ってないことまで織り交ぜて、ほとんど創作に近いセリフを作り上げるタイプ。

（2）ともかく忠実に直訳するのだが、およそ日本語としては態をなさないタイプ。

（3）極めて自然な話し言葉で、原文のエッセンスを伝えるすべを、

天賦の才として身に着けているタイプ。

言うまでもなく字幕としての完成度は、この順番どおりに高くなっていきます。(1)のタイプは、教える立場から言えば一番始末が悪い。「字幕ってこんな感じだろう」という自分なりの先入観に基づいた、独特の"言葉の一人歩き"のクセを直すことから始めなければならないからです。(2)のタイプの人には、字数制限という字幕翻訳の"壁"の中で、翻訳の正確さの上に求められる、日本語話し言葉の表現力をみっちり仕込まなければなりません。(3)のタイプの人は極めて少ないですが、これこそ"言葉のセンス"を持ち合わせた、大いにその能力を伸ばしてあげたい人たちです。そして事実、この人たちの中から、多くのプロが育っていきました。これからこの学校で学ぼうとする人は、まずはご自分のタイプをよく見極めて、教室に入られるといいでしょう。

多くの先生方も指摘しておられるように、映像翻訳の勘どころは、「日本語の表現力」です。"この学校で映像翻訳を学ぼう！"と心に決めた方々、またその願いかなって学び始めた方々に、この表現力を磨くために今日からでも始められる訓練方法として、私からは次の2つをお勧めしておきましょう。

● 良い日本映画・テレビドラマをご覧なさい：
　洋の東西を問わず、いい作品はいい脚本によって作られます。それが英語か日本語かの違いだけで、いい言葉、いい表現（伝えたいメッセージを的確に観客に届ける、巧みなセリフの言い回し）が人の心の琴線に触れ、感動を呼び起こすプロセスは同じなのです。私自身は、見たい映画、ドラマはまず脚本家で選びます。映画なら山田洋次、ドラマなら倉本聡、山田太一、岡田恵和、金子成人、清水有生、野島伸司、坂元裕二、女性では小山内美江子、向田邦子、井上由美子、金子

ありさ、吉田紀子、北川悦吏子…といった方々の作品は見逃しません。これらをじっくり味わうことによって得た豊かで美しい表現力が、正確な英文解釈力とマッチするとき、そこには見事に日本語化された英語のセリフが生み出されていくはずです。

● クイズ番組をご覧なさい：

　たかがクイズ、されどクイズ。バカにしちゃいけません。「Qさま！」、「くりいむクイズ」「連続クイズ　ホールドオン」…。私は今、クイズにハマっています。（そう言えば、講師のお一人 桜井裕子さんが訳した、私の退職間際の思い出の作品「**最高の人生の見つけ方**」で、モーガン・フリーマンが扮したカーターもクイズマニアでした）。漢字やことわざの知識、英語、現代社会、歴史、理科、数学などの質問に、毎回果敢に挑戦しても、満点を取ることのいかに難しいことか。それでもこれほど安上がりな雑学の勉強法はありません。大学の難しい講義を聞いたり、専門書を買って読んだりしなくとも、そこに極めてコンパクトに出題されるクイズ形式の知識は、いつの間にかあなたの"常識"を豊かにしてくれます。"映像翻訳を志す者は、すべからく雑学の大家になるべし"とは、この道の先達の言葉です。どんなたわいのない知識でも、それを知らないで翻訳に苦労することはあっても、知っていて損になることは一つもありません。次々に繰り出す難問に、瞬間的に適切な言葉を思い出し、正解をひねり出す作業は、あなたの記憶力と判断力、そして脳の活性化を促します。そしてこれで養われた常識が、いつの日か、正確な知識に裏打ちされた、生き生きとした翻訳に結び付いていくのです。

　専門的な映像翻訳の学びは、この学校にお任せなさい。お勧めした２つは、その前に、そしてそれと並行してできる"間接的""周辺的"学びであると共に、まだまだヒマのある、今のあなただからできる学びです。やがてプロになったら、締め切りに追われながら、仕事仕事

に明け暮れて、こんなお楽しみはまずできなくなります。自分を磨くためには、できるときに、せっせと"お金と時間の先行投資"をしておくのです。それは必ずあなた自身の益になって返ってきます。だまされたと思って、いいドラマを、そしてお役立ちクイズをご覧なさい。(かく言うこの講師も、決してヒマではないのですが、こうしてお勉強を怠りません。教えるほうも教わるほうも、人間、一つの道を究めようと思ったら、死ぬまでお勉強です。向上心を失ったら、それは退化の始まり。その人の翻訳が"死"に向かって歩み始めた時です)。

さて、そろそろ終わりにしますが、最後にもう一つ。映画が嫌いで映像翻訳を目指す人はまずいませんから、あなたもいろんな映画を見るだろうけど、どんなジャンルが好きですか? アクション? ファンタジー? ミステリー? ラブロマンス? もちろんどれでもいいのです。ただし、映像翻訳を仕事にしようと志すなら、「これは好きだけど、これは嫌い」は通用しません。プロはオールラウンドでなきゃならないから、「これはヨワいよなぁ」と思う分野は、初めからマークして、それなりに努力しなければいけません。だがその一方で、「これは任せて」という得意分野を持つことは、仕事をゲットする上では大いに役立ちます。首尾よく入学したら、まずは講師から演習で出されたいろいろなジャンルの作品を必死にこなしながら、ひそかに"このジャンルで強くなろう"と目標を定めるのも賢い勉強法でしょう。

そこで"クイズ"。プロ・アマを問わず、日本人翻訳者の多くがヨワい分野は何でしょう? それは「聖書・キリスト教」です。そして実は、この分野で最低限必要な知識をしっかり身に着けることは、映像翻訳者にとって何よりも必要なことなのです。それは、外国文化の底流には、この「聖書・キリスト教」思想が脈々と流れているからです。その文化の重要な一翼を担う映画はもちろんの話で、コメディー、アクションなど、およそ宗教とは無縁と思える内容の映画にも、それは必

ずと言っていいほどどこかに出てきます。この学校では、その分野も研修クラス、教養クラスで各1回、「聖書の世界」と題してしっかり教えてくれます。これが、恥ずかしながら神学校も出た変わり種、"聖書オタク"の私の売りでもあるのです。

　映画。観客に"夢を売る"この仕事に、自分の言葉の感性を生かし、翻訳を通して関わっていきたいと願っているあなた——。その夢をかなえるために、私もこの映像テクノアカデミアの講師の一員として、及ばずながら、全身全霊を挙げて鍛えてあげます。さあ、この学校に、そして私のクラスにいらっしゃい。待ってますからね！

第3部
思い出の
ワーナー映画
半世紀

思い出のワーナー映画 半世紀
―代表作 125 本　とっておきエピソード―

　この第 3 部では、別紙作品リストを資料として、私のワーナー映画 46 年半の、主要な公開作品の思い出を中心に、苦労した字幕のエピソードも交えながら、年ごとに書き進めていくことにしたいと思います。なお、シリーズの映画については、原則として、公開年を超えて、シリーズごとにまとめました。

◆ワーナー・ブラザースという会社
　私が 46 年半在職した会社の名前は、「ワーナー・ブラザース映画会社」といいました。46 年半の間には、他企業を傘下に入れて、「ワーナー・ブラザース・セブンアーツ」となった時もありましたし、タイム社の資本系列に入って、最後には「タイム・ワーナー・エンターテイメント株式会社」になりましたが、その映画部門としては「ワーナー・ブラザース映画」といい、一貫して「ワーナー・ブラザース」という名前は残りました。これは、企業統合の激しい外国企業の中では珍しいことです。

　この社名のいわれは、この会社が、文字どおり、4 人のワーナー兄弟によって設立されたからで、始まりは親族会社であったわけです。ポーランドで小作農をしていたベンジャミン・ワーナーは、1883 年、まずカナダに渡り、そこで詐欺に遭い、新天地アメリカに渡ります。妻との間には、上の 2 人が女、下の 4 人が男の 6 人きょうだいが生まれますが、その男の子たち 4 人兄弟、ハリー、アルバート、サミュエル、ジャックは、一家を支えるため、靴修理、毛皮商、食料品店など、小さい時から学校もろくに出ずに色々な仕事をして働きます。やがて、当時発明されて間もない「活動大写真」、今の「映画」に目を付け、1923 年、彼ら 4 人は、世界規模の映画製作・配給会社「ワー

ナー・ブラザーズ・ピクチャーズ」社を設立します。翌1924年（大正13年）4月には、早くも日本支社ができますが、その社名が、英社名をそのまま日本語にした「ワーナー・ブラザース映画」でした。余談ながら、ある人から「なぜ"ブラザーズ"じゃなく"ブラザース"なんですか？」と聞かれたことがありますが、これは当時の英語の日本語表記の習慣によります。ヘボン式ローマ字表記が定着しつつあった当時は、Brothersのように末尾に「S」があると、実際の発音には頓着せず、ローマ字式に「ス」と表記したのです。

　設立3年後の1927年10月には、本格的なパート・トーキー（部分有声映画）「ジャズ・シンガー」Jazz Singerが公開され、アル・ジョルスンの有名なセリフ、You ain't heard nothin' yet!「お楽しみはこれからだ！」が生まれます。ついでながら、今に語り継がれる名訳と言えば、これに加えて1931年のパラマウント映画「**市街**」City Streetsのゲイリー・クーパーのセリフ、No hard feelings, buddy「悪く思うなよ」がありますね。

　1941年（昭和16年）、太平洋戦争の勃発と共に、日本支社は閉鎖され、1945年（昭和20年）の敗戦と共に、再び外国映画が輸入されるようになりましたが、最初の7年間は、GHQ（占領軍総司令部）の統括の下に、CMPE（Central Motion Picture Exchange）という組織の中で、ワーナーを始め、パラマウント、MGM、20世紀フォックスなどのアメリカのメイジャー映画会社は、共同で配給業務を行っていました。やっと各自の配給活動が許され、ワーナー映画として事業を再開したのは1952年1月のことです。東京、大阪、福岡、名古屋、札幌の5大都市にオフィスが設けられ、東京は銀座の交詢社ビルでした。それから間もなく、銀座の松屋の裏、昭和通りに出た角に、6階建て、エレベーター付き、試写室完備の「東京フィルム・ビル」ができ、1・2階がワーナー、3・4階が20世紀フォックス、5・6階にはMGM（Metro Goldwin Mayer）が入りました。私が1961年に

入社した時には、のちに廃止されたエレベーター嬢がまだおり、各社には電話交換室があって、2人の女性オペレーターが社内、社外からの電話を取り次いでいました。それから25年ほどして1979年に、京橋の東曹京橋ビルに移転、さらに10年後の1989年に浜松町ビルに移転、さらに10年して現在の日比谷セントラルビルに移転したことは、前述のとおりです。

◆戦前のワーナー映画

1923年にワーナー・ブラザーズ・ピクチャーズを立ち上げた兄弟4人は、翌1924年に、記念すべき第1作を製作・公開します。「**義勇の猛火**」Find Your Man というサイレント映画で、監督がマルコム・セントクレア、脚本は、ワーナーの製作部長で（私の大先輩です！）、のちに20世紀フォックス社を立ち上げたダリル・F・ザナックが、グレゴリー・ロジャーズというペンネームで書き上げ、主演は、かの名犬リンチンチンでした！

1925年には、ライバルのMGMやパラマウントにいい劇場を押さえられて収益が伸びず、破産の危機に瀕しますが、なんとか持ちこたえて、翌1926年には、最初のサウンドトラック・テスト版の「**ドン・ファン**」Don Juan を公開、前述した1927年の「ジャズ・シンガー」につなげるわけです。

1929年には、ニューヨークのウォール街の株の大暴落から、大恐慌時代が到来。禁酒法の施行と相まって、アル・カポネなどのギャングが羽振りを利かせる時代になりましたが、映画のほうもその時代を反映して、ワーナーはギャング映画で活路を見いだします。それにうってつけの俳優たちがこぞってワーナー映画に登場したからです。まず一人は、日本なら、加藤武（文学座代表も務めた舞台出身の俳優）のような、ふてぶてしい面構えで暗黒街のドンを演じたエドワード・G・ロビンソン（1893～1973）で、主演作は1930年の「**犯罪王リコ**」

Little Caesar。次にあの小柄な体で情け容赦なく人をバンバン撃ち殺していく、ジェイムズ・キャグニー（1899〜1986）で、主演作は1931年の「**民衆の敵**」The Public Enemy、続いて1935年の「**G-メン**」G-Men（原作は、前述のザナックことグレゴリー・ロジャーズ）、1938年の「**汚れた顔の天使**」Angels With Dirty Faces、翌1939年の「**我れ暁に死す**」Each Dawn I Die、「**彼奴は顔役だ**」The Roaring Twenties と矢継ぎ早に代表作を世に送り出します。そして、忘れてならない3人目は、ハンフリー・ボガートで、前述の「汚れた顔の天使」「彼奴は顔役だ」の2本に、彼もまたキャグニーと競演しているのですが、ボガートと言えば、極めつけは、あの「**カサブランカ**」Casa Blanca でしょう。これについては、実際に公開された戦後の作品の紹介のときに、また触れます。ここで彼の名前について一言言っておきますと、彼のほうは「ボガート」（Humphrey Bogart　原音表記では「ボーガート」）ですから、最後がtで濁りません。それに対し、イギリス俳優のダーク・ボガード（Dirk Bogarde こちらも原音では「ボーガード」）のほうは、dなので濁るのです。これを間違える人が結構いて、「ラジオ深夜便」の映画音楽特集でも、「映画"カサブランカ"、主演はハンフリー・ボガード」と言っているのを聴いて、「やれやれ」と思ったものです。

このように、ワーナーと言えば、ギャング物、アクション物という会社カラーが付きましたが、もちろんそれだけではありません。1933年には、戦前のミュージカル映画の代表作の一つである「**四十二番街**」42nd Street が公開されました。ダリフ・F・ザナックがプロデューサー、ワーナー・バクスター主演ですが、のちにフレッド・アステアと組んで華麗なダンスで一世を風靡したミュージカル女優ジンジャー・ロジャーズも出ています。また、ギャングスターのキャグニーだって、"そろそろイメチェンを"と考えたのか、町の歯科医に扮して、二人の美女を相手にラブロマンスを演じた1941年の「**いちごブ**

ロンド」The Strawberry Bronde なんて作品もあったのです。その美女とは、1人は妖艶リタ・ヘイワース、もう1人は、姉妹女優で、ジョーン・フォンテーンの姉、オリヴィア・デ・ハビランドです。この 1941 年というのは、昭和 16 年、そう、太平洋戦争が始まった年（そして私の生まれた年）で、この「いちごブロンド」を最後に、ワーナーの日本支社は閉鎖。4年間の洋画の暗黒時代に入ります。従って、「カサブランカ」(1942 年製作) を始め、この4年間に製作、アメリカで公開された作品は、日本での公開は 1945 年（昭和 20 年）の敗戦を待たなければならなかったのです。

◆戦後のワーナー映画

それでは、戦後のワーナー作品のうち、いろいろな意味で私の思い出となっている 125 作のとっておきエピソードを、別表の公開リストにそって、語ってみたいと思います。

【1946 年】
〔1〕「カサブランカ」Casa Blanca

これが、前述のように、戦後 CMPE によって配給された、ワーナー映画第1号です。敗戦の翌年、1946 年（昭和 21 年）6月20日に公開されました。監督マイケル・カーティズ、主演ハンフリー・ボガートとイングリッド・バーグマン、主題曲は「時の過ぎ行くままに」As Time Goes By のモノクロ映画です。アメリカでは 1943 年の第 16 回アカデミー賞で、作品賞、監督賞、脚本賞（3人共作）をものにしました。第2次大戦中、親ドイツのヴィシー政権の支配下にあったフランス領モロッコのカサブランカを舞台にしたラブロマンス映画で、ボガートの扮するリックと、バーグマンの扮するイルザの、戦時下の悲しい恋の物語は、外国映画に飢え渇いていた日本人の心の中に、甘い主題歌と、恋する二人の男女の心のひだを表すシャレたセリフで、

強烈な印象を残しました。そのセリフの極め付けが、リックが別れのつらさに目を潤ませるイルザに言う、Here's looking at you, Kid で、前述したように、ワーナー作品を一手に引き受けていた高瀬鎮夫さんの手になるこの日本語字幕訳が、「君の瞳に乾杯」でした。この出だしの英語 Here's は、もともと乾杯のときの定型句で、「〜に乾杯」で、普通は to 〜「〜に」と続くのですが、このシーンでは looking at you ですから、さしずめ「君を見ながら乾杯」、もう少し熱く言うなら「君を見つめて乾杯」というところです。高瀬さんはそれを「君の瞳に」とやったわけです。リックの顔が映るほど大きく見開いて、今にもこぼれそうな涙をいっぱいたたえたイルザの"瞳"に乾杯、としたところが、天来の言葉の感性を持っておられた高瀬さんの名訳の一つとなって、いまだに語り継がれているのです。高瀬さんは、若い頃から英語の達人で、戦時中は軍の通訳として南方に派遣され、戦後はいち早くその英語力を買われて CMPE のもとで解禁となったアメリカ映画の字幕翻訳家としてデビューしたわけですが、早くもそのワーナー第 1 作で、この名訳をスクリーンに登場させました。この映画にはエピソードが 2 つあります。

　一つは、このセリフ Here's looking at you にまつわるお話。だいぶあとになって、この映画をビデオ発売することになり、その時は岡枝慎二さんが訳しました。字幕翻訳というのは面白いもので、元の英語のセリフは 1 つでも、10 人訳せば 10 のかなり異なった日本語訳が生まれます。同じ人が訳しても、違ってきます。岡枝さんも、当然ながら、全編を"岡枝慎二訳"として完成させましたが、どうしても訳せなかったのが、この Here's looking at you, Kid でした。訳す力がないというのではなく、ヘタにあの名訳と違った訳をして、ビデオ購入者から山のような文句が来るのがコワかったのだそうです。で、あそこだけは、「君の瞳に乾杯」が残ることになりました。

　もう 1 つのエピソードは、このモノクロ映画に、カラー版ができ

たというお話です。1980年代、WHVのビジネスが始まってから、ビデオ素材を中心とした映像技術が格段に進歩しましたが、その一つが、かつてモノクロで製作されたクラシック作品を、ビデオでカラー化することでした。昔のディズニー映画のアニメ制作が、少しずつ動きの違う一枚一枚のカラーの絵を何万枚と描き、それを撮影してカラー動画を作るという、信じられないような忍耐力が求められたのにも似て、このビデオ・カラー化も、ビデオに取り込んだモノクロ映像の上に、それぞれの映っている素材ごとに丹念に色を付けていく作業が必要でした。例えばそれぞれの登場人物の衣服、画面に描かれている道具や家具類、アウトドアのシーンなら、自然界の種類ごとに（木、草、空…）彩色していくのです。こうして、「**カサブランカ**」だけでなく、十数作がカラー化されましたが、オリジナルはモノクロですので、出来栄えは初期のカラー写真のように、全体が淡い着色で、まだ実験段階だな、という印象でした。

　もう一つの技術進歩は、"総天然色映画"と呼ばれた初期のカラー作品の、テクニカラー方式によるネガの保存方法の開発です。テクニカラー方式というのは、それまでのモノクロ映画のあとに開発されたカラー映画で、撮影されたオリジナルのカラーネガを三原色すなわちR（レッド赤）G（グリーン緑）B（ブルー青）に分解し、それぞれを1枚ずつ3枚のモノクロフィルムに焼き付けて、それを重ね合わせてカラーポジを作るやり方でした。でもこれだと、フィルムのコストが3倍もかかり、プリンター装置にも多額の費用がかかったのですが、のちにイーストマン・コダック社が、1枚のネガフィルムに、この3原色それぞれの層（レイヤーといいます）を持った3層式のネガフィルムを開発し、やがてそれが主流となりました。このアメリカのイーストマン・コダックに、日本の富士フィルム、ベルギーのアグファ・ゲバルトが続き、この三大フィルムメーカーが、映画製作会社に自社の生フィルムの華麗な売り込み作戦を繰り広げていきました。コダッ

クはベースが赤系の暖色、フジは青系の野外色、アグファはその中間の色調と漆黒の黒を出せることがセールスポイントでした。ところが、これらの1枚のネガフィルムには、その保管方法で問題が起きました。初期の頃のカラー映画は、現像技術もあまりよくなくて、どんなにいい環境においても、退色してしまうのです。そこでテクニカラー方式によるネガの保存法が再び日の目を見たのです。3枚のカラーネガにして、厳しく温度・湿度管理をした現像所に保管しておけば、退色も著しく少ないので、長い間の保管に耐え、もし特別映画祭などで、その古い作品の新しいカラープリントが必要になったときにも、オリジナルに近い自然色のプリントを再現することができるようになりました。しかし昨今の技術変化の波は恐ろしいものです。当時はまさに画期的なこれらの保存法も、今では全てディジタル化されて、「ディジタル・リマスター版」として、往年の名作が、上映当時そのままに、いえ、それ以上の鮮やかさを持って、よみがえることになりました。

　いずれにしても、モノクロ作品には、人物・自然の映像の光と影を、黒、白、グレイのハーフトーンだけで映し出したモノクロ独特の美しさがあります。やはり「**カサブランカ**」のような名作は、永遠にモノクロのままで、その映画を初めて見た時の、私たちの感動の思い出の中にとどめておくのが一番だと思ったものでした。

　もう一つ、この映画を語るときに欠かせないのは、主題曲です。As Time Goes By は、この映画の中で、カフェのピアノを弾きながら、ドゥーリー・ウィルソンという黒人俳優が扮するサムが歌うのですが、その日本語タイトル「時の過ぎゆくままに」が、タイトルだけ読むととても美しい言葉の響きはあるものの、歌詞のタイトルとしては、誤訳に近いものなのです。おそらくは歌詞全体を読んだことのない人が、タイトルだけを読んで訳したものなのでしょう。このタイトルの意味は、正しくは「時は過ぎゆくとしても」です。

　この曲は「**カサブランカ**」のために作られた曲のように思われが

ちですが、元々 1931 年の Everybody's Welcome というブロードウェイのショーのために書かれた曲です。それが、11 年後の 1942 年に、この「**カサブランカ**」で歌われて、一躍有名になりました。「AFI's 100 Years…100 Songs」(アメリカ映画協会が選んだ過去 100 年間のアメリカ映画主題曲ベスト 100)でも、「**オズの魔法使**」**The Wizard of Oz**(1959 年)で歌われた Over the Rainbow「虹の彼方に」に続いて第 2 位です。このようなことはよくあることで、例えばあの不朽のミュージカル「**雨に唄えば**」**Singin' in the Rain**(1952 年)の主題曲(同ベスト 100 第 3 位)も、あの映画の 23 年も前の映画のために作られた歌なのです。では、この作品の思い出を語る最後に、小川政弘訳で、この歌詞を残しておきましょう。

As Time Goes By	**時は過ぎゆくとも**
You must remember this	忘れちゃいけないよ
A kiss is still a kiss	キスはキス
A sigh is just a sigh	ため息は ため息
The fundamental things apply	恋の基本は変わらない
As time goes by	たとえ時は過ぎてもね
And when two lovers woo	恋人同士のキメ言葉は
They still say, I love you	やっぱり「愛してる」さ
On that you can rely	それを信じるんだ
No matter what the future brings	たとえ時が流れ
As time goes by	未来がどう変わろうとも

Moonlight and love songs never out of date
　　　　　　　　　月の光と恋歌は決して色あせない

Hearts full of passion, jealousy and hate
　　　　　　　　　情熱と嫉妬(しっと)と憎しみいっぱいの心も
Woman needs man and man must have his mate
　　　　　　　　　男あっての女　女あっての男なんだ
That no one can deny　　　　誰が違うと言える？

It's still the same old story　　昔から聞き古したお話さ
A fight for love and glory　　愛と栄光をかけた闘い
A case of do or die　　　　　やるかやられるかの正念場
The world will always welcome lovers
　　　　　　　　　この世は"恋人たち"を待ってるんだ
As time goes by　　　　　　たとえ時は過ぎてもね

『カサブランカ』
ブルーレイ￥2,381＋税
／DVD特別版￥1,429＋税
ワーナー・ブラザース
ホームエンターテイメント

Casablanca © 1942 Turner Entertainment Co. You Must Remember This © 2008 Warner Bros. Entertainment Inc. The Brothers Warner © 2008 Warner Sisters, Inc. Package Design & Supplementary Material Compilation © 2012 Turner Entertainment Co. & Warner Bros. Entertainment Inc. Distributed by Warner Home Video. All rights reserved.

【1950年】
〔2〕「ヨーク軍曹」Sergeant York

　これは1941年製作で日本では9年後の1950年、日本公開作品です。第1次世界大戦中に、ヨーロッパ戦線でドイツ軍兵士を132人も捕虜にして、連合軍を勝利に導いた実在の人物、アルヴィン・ヨークが主人公で、ゲイリー・クーパーが扮しました。ヨークは射撃の名手で、酒を愛し、自由奔放な生き方をしていましたが、ある時、教会の前を通りかかり、賛美歌を聞く中で、良心に目覚め、劇的な回心をして母親と同じクリスチャンになります。その彼の恋人グレイシーにはジョーン・レスリー、ヨークに信仰の手ほどきをし、"良心的兵役拒否"の道を勧めるパイル牧師に、ウォルター・ブレナンが扮しています。製作は前述したハル・B・ウォリス、監督はハワード・ホークス、共同脚本を書いた数人の中の一人は、のちに名監督となるジョン・ヒューストン、音楽はマックス・スタイナーです。ゲイリー・クーパーは私の大好きな俳優でしたが、この映画で、アカデミー主演男優賞に輝きました。(ちなみに、表記にうるさい私に言わせると、彼の名のスペルGaryの原音表記は"ゲアリー"ですが、いまさら直しようもありません。そんな誤った表記が、欧米人俳優の中には結構あります。それで私は、字幕翻訳学校では、いつも「みんな、人名、地名の表記には神経を使いなさいよ。皆さんの訳した表記が、そのまま定着することもあるんだから、責任重大ですよ」と声を大にして言っています)。当時、アメリカの若手俳優で人気を二分していたのは、このクーパーとジョン・ウェインですが、同じノッポ同士でも、このヨークのキャラクターは、絶対に、ひょうひょうとして、優しさのにじみ出ているクーパーで、硬派のジョン・ウェインでは無理でした。

　それにしても、1941年といえば、昭和16年、太平洋戦争の始まった年で、日本では"鬼畜米英"とばかり、盛んに戦意昂揚映画が作られていた時代なのに、このような、およそ戦争映画らしくない、平和

ムードに満ちた映画を作ったところが、アメリカという国の大きさで、しょせん勝てる相手ではなかったのです。

この作品は、劇場公開後30年以上を経て、前述のWHVでビデオ化することになりましたが、古い劇場用の字幕翻訳台本はほとんど残っていなかったため、私が新たに訳しました。冒頭からして平和ムードで、「映画化に協力して下さった実在の方々に深謝し、平和な世界の到来を信じる人々に本編をささげる」という献呈辞で始まるのです。そして、教会のシーンでは、クリスチャンの方々にはおなじみの、「はるかに仰ぎ見る」（旧讃美歌488）や「世の終わりのラッパ」（旧聖歌634）などの賛美歌も歌われます。また、軍隊に入った彼が、パイル牧師によって教えられた"良心的兵役拒否"の信念に従って、敵を殺す命令を下さねばならない伍長への昇進を断り、上官のバクストン少佐との間に、互いに聖書の言葉を引用して信仰問答を繰り広げるシーン、そのあと、神からの答えを得るために郷里の山に登って祈り、そこで心の中に響く人道的平和主義と、「祖国のために戦え」と説く愛国心という二つの相容れない思想の中で独り格闘した末、聖書的解決を見いだすシーンなど、すでに信仰者であった私としては、心を熱くして訳したものでした。"聖書メガネ"でこの作品を見れば、まさにこのシーンが中心的見せ場だったのです。

余談ですが、このヨーク軍曹を演じたゲイリー・クーパーは、この映画の15年後、1956年に製作された、ウィリアム・ワイラー監督の**「友情ある説得」**Friendly Persuasionでも、良心的兵役拒否を身上とするクエーカー教徒、ジェス・バードウェルに扮し、平和な我が家に攻め寄せてくる南軍兵士にどう対処すべきか悩む役柄を演じることになるのですが、彼は、このような心根の優しい男が何よりも似合う俳優でした。ジョン・ウェインはこうはいきません。彼は誰を演じても、国のために喜んで命を捨てる熱血漢でした。アメリカ映画史に永久に名を残す、柔と剛の二人のノッポ俳優を、ハリウッドは私たち

に残してくれました。

【1951 年】
〔3〕「ダラス」Dallas

　1951 年の正月に公開されたこの映画は、テキサス州ダラスを舞台にした、これもゲイリー・クーパーとお相手はルース・ローマンの西部劇でした。作品としては小品だったのですが、なぜ取り上げたかといえば、前述の CMPE が解体して、ワーナーとして配給を開始した第 1 作が、この映画だったからです。ルース・ローマンも、目鼻立ちの整った個性的な女優さんでした。カーク・ダグラスとの「**チャンピオン**」Champion、ヒッチコック監督、ファーリー・グレンジャー主演の「**見知らぬ乗客**」Strangers on a Train（WB）などが記憶に残っています。ここでまたぞろ人名表記ですが、彼女のオリジナルスペル Ruth Roman を、ローマ字式に「ルス・ロマン」とやらずに正しく「ルース・ローマン」と表記して定着させたのは、彼女を最初に紹介した映画会社の方が、正しい表記原則をご存じだったからでしょう。また脇役では、のちに「**エデンの東**」East of Eden（WB）でジェイムズ・ディーン扮するキャルの父親役を演じたレイモンド・マッシーも出ていました。また音楽は、〔2〕「ヨーク軍曹」のマックス・スタイナーです。

　それにしても、テキサス州ダラスは、もっぱら西部劇の舞台でしたが、それから 1 世紀を経て、まさか現代史の最大の悲劇の舞台になるとは、誰が予期したでしょうか？　このケネディー大統領暗殺事件の謎に、あの「**JFK**」（WB）よりも前に挑んだのが、「**ダラスの熱い日**」Executive Action（WB 1973 年 バート・ランカスター）でした。

【1953 年】
〔4〕「壮烈第七騎兵隊」They died with their boots on

　これは、1953 年公開の西部劇で、アメリカ西部開拓史上に名高い、

カスター将軍率いるアメリカ第7騎兵隊の、スー族に包囲されて全滅した"リトルビッグホーンの悲劇"を描いたもので、カスター将軍にエロール・フリン、その妻には、前述の姉妹女優でジョーン・フォンティーンの姉、オリヴィア・デ・ハビランド、そして彼を死に追いやるスー族の若きチーフ、"クレイジー・ホース"には、若き日のアンソニー・クインが扮しました。

　この映画の原題は、訳すと「彼らは長靴を履いたまま死んだ」となります。騎兵隊の隊士は、拍車の付いた長靴を履いていました。これは動きやすいように足にぴったりフィットしていたので、隙間がなく、履くのも脱ぐのも実は大変だったようです。あれは**「大いなる西部」** **The Big Country** だったでしょうか、チャールトン・ヘストンが、脱ぐ時に、靴のかかとをてこにして、まずその部分から足のかかとを抜き、そこから一気に引っ張ってもらって脱いでいたシーンを見て、「ああ、ああやって脱ぐのか。そのまま引っ張ってもゼッタイ抜けないだろうからな」と納得したものでした。ここで"男子の本懐"として、男の死に方の話になりますが、日本の武士は、戦場で死ぬか、さもなければ切腹することが、最上の死に方とされたわけです。一方アメリカの騎兵隊は、戦場で、長靴を履いたまま死ぬということが、いわば"名誉の戦死"ということで、最高の栄誉とされたのです。これはつまり、職務から引退して、過去の栄光を胸に死んでいくのではなく、"死ぬまで現役"であったということです。日本の外国映画のタイトルというのは、原題を訳したもの、そのままカタカナ表記したもの、あるいは原題とは全く別のタイトルをつけるものとか様々です。単純に考えると、原題を訳してタイトルにするのが一番よさそうですが、文化の違う国同士ですから、日本人にはぴんと来なかったりするものも結構あるのです。でもその中で、私には、このままではおよそ日本語のタイトルにはなりにくいこの原題が、その後、長く私の映画人生を支えることになりました。この本の最後で、もう一度触れたいと思います。

第３部　思い出のワーナー映画 半世紀

〔5〕「肉の蝋人形」House of Wax

　1953年公開映画をもう一本。原題は「蝋人形の館」というチャールズ・ベルデンの戯曲を基にしたホラー・サスペンス映画です。主人公は、いかにも狡猾そうな眼付きの悪漢俳優ヴィンセント・プライス、彼によって危うく蝋人形にされかかる女性はフィリス・カークでした。ベルデンを原作とするこの映画は、この20年前の1933年が最初の映画化、そしてこの1953年版から半世紀もたった2005年にもう一度映画化されています。この他にも、ガストン・ルルーの小説から1997年に映画化されています。本人そっくりの蝋人形というのは、観客に"生きながら蝋漬けにされたらどうなるか？"（⇒まさしく"肉の蝋人形"！）という猟奇的好奇心を与える、格好のホラー映画の題材なのです。なんでこんな映画を取り上げたかというと、これがワーナー初の3D立体映画だったからです。

　立体映画というのは、左右をほんのわずかズラした同一フィルムを一枚に焼き付け、それを赤と青の偏光眼鏡をかけて見ることによって、立体感を与える方式の映画を指します。この映画を筆頭に、1952～54年頃は、3Dの第1次ブームと言っていいでしょう。

　この映画では、立体映像の他に、音声でも従来のモノラルからステレオ化への実験がなされました。映画は昔は1巻が1,000フィートで、直径30センチくらいのアルミ缶に入っていて、それが1本2時間ぐらいの映画ですと、12巻になり、それを専用のコンテナーに詰め込んで、映画館に運んでいました。その小さな缶を"小巻き"と言いました。そのフィルムを、普通映画館や試写室では、映写機を左右に1台ずつ2台設置して、連続する巻を1巻ずつ掛けておき、上映が始まると、各巻の最後のチェンジマークに合わせて、映写機を切り替え、連続して1本の映画を上映したのです。それが、1回の上映で12回も架け替えるのは作業的に大変だし、保管上も手間がかかるので、のちにその倍の2,000フィート缶に変え、6巻（缶）で済むようになり

ました（これを"大巻き"と言いました）。映画館では、のちにプラッターといって、この6巻を1本につないだ大きな巻を載せる円形台を開発することによって、映写機が一台で済むようになりましたし、巻掛け替えの労力も1度で済むようになりました。試写室のほうも、私が辞める頃には、ぼちぼちこのプラッター方式に移行していましたが、映画館と違って、掛ける映画が毎回のように変わるので、プラッターを使うのは特別の場合で、普段は相変わらず映写機2台でした。なんでこんな長い説明になったかというと、この「肉の蝋人形」では、その2台の映写機のうち、1台には音声だけの3チャンネル（LCR＝左、中央、右）磁気テープを掛け、もう1台にサウンドトラック（モノラル1チャンネル）入りの3Dフィルムを掛け、それを同期させて音声も立体にしたのです。ただしこの方法だと、次の巻を掛けておくことができないので、プラッター設備のないところでは、音の立体化は無理でした。この35ミリ磁気テープというのは、そこからフィルムのサウンドトラックに焼き付ける音素材なのですが、その後も、字幕翻訳用に音声入りプリントが早急に必要なのに完成品が間に合わないときは、この音声だけの磁気テープと、サウンドトラックなしの絵だけのフィルムが送られてきて、それを同期映写して、字幕試写をしたものです。のちには、それをビデオテープに落とした音声入りの画像が送られてくるようになりました。

　映画は立派な映像芸術ですが、1世紀を超える歴史の中で、それなりに進化してきました。音ではサイレントからトーキーへ、モノラルから2チャンネルステレオを経て6.1チャンネル・ドルビーサラウンドへ、さらには椅子が揺れる振動音まで。色ではモノクロからカラーへ、サイズではスタンダードサイズからフラット（ビスタ）、シネマスコープ、70ミリサイズ、さらにはアトラクション用ですがシネラマ、360度球面映写へ。次元では2D（平面）から3D（立体）へ、そしてついには匂いまで──。字幕も長年のいわゆる"パチ打ち"時代か

らレーザー字幕に、そして私が第一線を退いた2008年の数年前からは、1世紀以上変わらなかったフィルムの時代から、ディジタルプロジェクターの時代に入りました。現場担当者の私も、そのたびに、新しい技術の習得にほんとに苦労したものです。

【1955年】
〔6〕「スタア誕生」A Star is born

　これは、女性の心を描かせたら天下一品と言われた、「**魅惑の巴里**」Les Girls や「**マイ・フェア・レデイ**」My Fair Lady のジョージ・キューカーが監督し、「**オズの魔法使**」The Wizard of Oz で抜群の歌唱力を披露したジュディー・ガーランドと、まゆ毛の濃い性格派俳優のジェイムズ・メイスンが主演しました。題名が、「スター」でなく「スタア」なのが、時代を感じさせます。映画評論家の南部圭之助さんが1933年（昭和8年）に創刊し、戦後も復活した映画雑誌「スタア」の影響もあったのかもしれません。

　この作品は、1937年の同名映画を、ジュディーを得てミュージカル版としてリメイクしたものです。コーラス・ガールのエスターが、ハリウッドの大スター、ノーマンに素質を見いだされ、彼の口利きによって、次第にスターの階段を登っていくにつれ、彼女は彼に、ただの大恩人としてだけではなく、深い愛情を覚えるようになります。だが、彼のほうは次第に落ちぶれて、酒に溺れるようになり、やがて彼女がオスカーを手にした時、彼は海に身を投げて自殺をしてしまうのです。この作品は、1976年に、同じワーナーで、表記も「**スター誕生**」A Star is Born と現代風にして、バーブラ・ストライサンド主演で2度目のリメイクをしますが、この1954年版と比べると、影が薄い印象でした。それというのも、このジュディーの「**スタア誕生**」は、1983年に、面白い試みですが、随所に1954年版にはなかったスチル写真をはめ込んで、再公開をしたので、余計この作品のほうの

印象が深まったせいもあります。その頃には、もう私も製作部の責任者となっていて、作品に応じてビデオも含めると30人を超える翻訳者に翻訳を依頼していたのですが、この再公開に当たっては、戸田奈津子さんにお願いしました。その時に、私はまたしても、"字幕翻訳とは文化をも翻訳すべきもの"という貴重な体験をさせていただきました。それは、この映画のラストシーンです。最愛の夫が何とか立ち直るために、彼女は多忙なスターのスケジュールをこなしながらも、献身的に夫に仕えるのですが、彼はそんな彼女の愛を知れば知るほど、かつての己の栄光の姿に比べ、今は落ちぶれ果てて、かつての弟子の世話になる自分に耐えきれず、ついには死を選びます。エスターは絶望し、スターの座を去ろうとしますが、亡き夫のためにも、もう一度立ち上がろうと決心し、スポットライトを浴びながら、舞台挨拶をします。その時、彼女は、大スターのエスター・ブロジェットとしてではなく、こう自らを紹介するのです。「This is Mrs. Norman Maine.」これを最初、戸田さんは、「私はノーマン・メイン夫人です」と訳しました。これで正解なのですが、字幕入り初号試写のあとの修正で、

『スタア誕生』
DVD ¥1,429＋税
ワーナー・ブラザース
ホームエンターテイメント

彼女はこう直したのです。「私はノーマン・メインの妻です」。それを見た私は、大げさでなく、内心うなりました。夫が落ちぶれてから死ぬまでの彼女の生き方は、まさしく、ダメな夫にとことん愛情の限りを尽くして仕える、"日本の妻"でした。そんな彼女に最もふさわしい自己紹介は、「今、ここに立っている私は、スターのエスターではありません。私は、愛する夫、ノーマンの妻なのです」しかありません。日本人の観客の心に沁みこむ翻訳、それは登場人物を、日本人の目線で見、字幕翻訳を通して、日本人の感性でセリフを言わせることだという大切な真理を、私はその時、学んだ思いでした。

〔7〕「エデンの東」East of Eden

1955年公開作品としては、断然、もう1本、この映画を取り上げなければなりません。たった3本の映画を残して、わずか24歳の若さで彗星のように地上から消えていった不世出の青春スター、ジェイムズ・ディーンの最初の作品です。私は中学2年生でした。

終章で触れますが、私はワーナーを退職して2年後の2010年に、私を信仰に導いてくれたキリスト教放送伝道団体のPBA（太平洋放送協会）の賛助会員増加支援団体PCF（PBA放送伝道同労者会）のメンバーとなり、その3年後の2013年に、同会で「聖書で読み解く映画カフェ」という活動を始めた時に、そのナビゲーターを担当することになりました。いろいろな映画の試写会をやり、その席上で、上映した映画をキリスト教・聖書の視点から解説する役目です。2013年、最初に取り上げた映画は、〔53〕「**カラー・パープル**」The Color Purple で、2番目に取り上げたのが、この「**エデンの東**」でした。では、その時の解説をここに抄録してみます。これはストレートに信仰者の視点からの解説ですので、この世界になじみのない方には、特に最後の《テーマ》などは少々難しいかもしれませんが、ご容赦ください。

《作品について》
　監督はエリア・カザンで、開発されて間もないシネマスコープの大画面で、原作のスケールの大きいドラマ性をスクリーンに再現しました。原作はジョン・スタインベック（1952年出版）、脚本はポール・オズボーン、音楽はレナード・ローゼンマンでした。第13回ゴールデングローブ賞作品賞（ドラマ部門）、第8回カンヌ国際映画祭劇映画賞を受賞。また出演者ではジョー・ヴァン・フリートが第28回アカデミー賞でアカデミー助演女優賞を受賞しました。

《テーマミュージック》
　映画の始めとエンディングにも流れますが、映画公開後、ヴィクター・ヤング楽団が、スロー・ストリングスのオーケストラ曲に美しく編曲し、これが大ヒットしました。当時、大人気だったラジオ音楽番組、文化放送の「ユア・ヒットパレード」で、なんと連続3年間、首位を守り続けたのです。この記録は、その後も破られることはありませんでした。日本語でも、雪村いずみさんが「♪涙ぐんで独り歩いた　暗い夜の楡（にれ）の森かげ」と歌いました。

《ジェイムズ・ディーン》
　父に溺愛される兄の陰で、いつしかひねくれてしまった弟キャルを演じたジェイムズ・ディーンの魅力は、あの何かを訴えるようなまなざしと鼻にかかった甘い声でした。映画冒頭、母を待っていて、通り過ぎる母の顔を見上げるあの上目遣いの瞳（ひとみ）で、彼は、愛をひたむきに求める孤独な青年像を見事にスクリーンに描き出しました。あのような瞳を持ったスターは、あとにも先にも彼以外にいません。この映画のキャルは、幼くして母を失ったジェイムズ・ディーンそのものだったのでしょう。彼は、天性の優れた演技力の持ち主でもありました。映画の後半で、彼は列車事故で野菜を腐らせ大損をした父を助けよう

と、豆を栽培してお金を儲け、父の誕生日に贈るのですが、冷たく拒否され、父の胸にすがって「わぁわぁ」泣き、そのまま出ていくシーンは、脚本になかった彼のアドリブです。この主人公の心に入り込んで演技のできた彼のみずみずしい感性が、この映画に初主演でアカデミー最優秀主演男優賞にノミネートされたゆえんでもあるでしょう。

《原作》

ジョン・スタインベックの原作は、19世紀後半から第一次世界大戦に至る時期のアメリカ合衆国カリフォルニア州サリナスを舞台に、創世記のカインとアベルの物語をモチーフとして、アイルランド移民であるサミュエル・ハミルトン家と、東部から来たアダム・トラスク家の2家族の歴史を描く大河ドラマ小説です。映画は、原作の後半(最終章)におけるキャルを軸にした、1917年のサリナスを舞台にしています。

《タイトル「エデンの東」のいわれとあらすじ》

保安官サムの最後の言葉から来ています。「『カインは弟アベルを殺した』(創世記 4:8)『それで、カインは、主の前から去って、エデンの東、ノデの地に住みついた』(創世記 4:16) お前も去れ。」最初の人間であるアダムとエバは、この楽園の管理を神から任されていましたが、罪を犯してこの園を追われます。この2人から生まれた兄弟、カインとアベルは、神にささげ物をしますが、なぜか神は弟アベルのささげ物を受け入れ、兄カインのものは拒まれます。怒った兄は、弟を野に誘い出して殺してしまうのです。これが殺人の事始め。かくしてカインは神のもとを更に遠くに追われ、「エデンの東」ノデの地に住み着くことになります。映画では、父が兄だけを溺愛し、自分が心血込めて作ったキャベツを売って得たお金も父に拒まれたことから、弟のキャルは復讐のため、"母は死んだ"と思っている兄に売春酒場

のおかみとして生きている母を見せます。半狂乱になった兄は死の戦地に出征してしまうのです。この父は、聖書の"神"を示していますが、この神に受け入れられずに弟アベルを殺してしまう兄カインの役どころを、映画では弟が演じているわけです。彼はアロンの行方をアダムに問われた際に「知らないね、僕は兄さんの子守りじゃないんだ」と返しています（創世記4:6）。カインは神の予言どおり、地上をさまようさすらい人になり、ノデの地で神なき文明を築いていくことになりますが、映画の方は、脳出血で死期の迫った父が、親に受け入れられない子の心の寂しさに初めて気づき、枕辺の弟息子を「今の私にはお前が一番役に立つ」と受け入れるところで終わっています。あの感動のラストシーンは、いみじくも聖書の告げる福音のメッセージそのものです。人間の罪のゆえに、ひとたびは閉じられたエデンの門が、キリストの十字架の贖罪によって回復され、信じる者がやがて再び「いのちの木」を食べる権利を与えられ、門を通って都にはいれるようになる（ヨハネの黙示録22:14）究極の救いの日、ご自身との和解の完成の日を、神は望んでおられるのです。愛なる神の存在する限り、"失楽園"の人間が、愛なき孤独と不毛の地「エデンの東」で一生を終わることはありません。「エデンの東」に住む私たちも、希望を持ちましょう！

《主なキャスト》
＊ケイレブ（聖書の"カレブ"。キャル）・トラスク（ジェイムズ・ディーン）：主人公。アダムの次男でアロンの双子の弟。アダムより聖書にちなんでケイレブと名付けられるが、劇中ではほとんど愛称のキャルと呼ばれている。粗暴でひねくれた性格で、父アダムから愛されず、父の愛に飢えている。
＊アブラ（ジュリー・ハリス）：アロンの恋人で、キャルやアダムへも気配りを忘れない優しい娘。実はキャルの抱える悩みと同じ思いを

したことがあるのだが、今は親との仲は良好。
＊アダム・トラスク（レイモンド・マッシー）：聖書で"アダム"は人類の祖。キャルとアロンの父。かつては東部で農場を経営していたが、1年前に東部からサリナスへと移住し、レタスの栽培と冷凍輸送を考え始める。敬虔（けいけん）なクリスチャンで、キャルが問題を起こしたときには聖書を取り出し、聖書の一節から教えを説く。
＊ケート（ジョー・ヴァン・フリート）：モントレーであいまい宿（いかがわしい酒場）を経営している。
＊アロン・トラスク（リチャード・ダヴァロス）："アロン"は出エジプト記のモーセの兄。アダムの長男でキャルの双子の兄。アダムに従順で礼儀正しい性格から、アダムの期待を一身に受けている。

《映画の見どころ》
★この映画のテーマ：「善と悪」
●「善」とは何か？「悪」とは何か？
　「善」は常に正しいのか？ 本当に人を幸せにできるのか？
　「悪」は常に間違っているのか？ 本当に人を不幸にするだけなのか？
●「善」を象徴する父親アダム：
　＊（保安官サム）「彼ほど親切で正しい人はいない。」善人。
　＊（元妻ケイト）「この世で一番の聖人。清さで私を縛りつけようとした。」
　＊家庭礼拝：キャルが、アロンとアブラの氷倉庫での愛に嫉妬して、氷を外に出した罪をいさめるため。読まれる聖書の箇所「幸いなことよ。そのそむきを赦され、罪をおおわれた人は。幸いなことよ。主が、咎をお認めにならない人、その霊に欺きのない人は。」（詩篇 32:1〜8）
●もう一人、その自慢の息子アロン：
　＊（恋人アブラ）「彼は口先と頭だけで愛を語る。」「アロンの語る

愛は清く正しい。」

＊父や恋人に対する彼の愛は、理想化された"純粋培養の愛"。全てに潔癖で、アブラのうちに理想的な女性像を求める一方、ひねくれて悪さばかりする弟を軽蔑し、憎む彼は、現実というものの厳しさと醜さを直視できない。

＊そんな彼は、新約聖書ルカの福音書 15 章の"放蕩息子"の兄。

- 「悪」を象徴するキャル：

    ＊父にことごとく反抗する。ひねくれた性格（聖書の節を読むなと言われても読む）。しかし彼の悪さは、"孤独"の裏返し。父の関心と愛を得たいばかりに、わざと悪者を演じては父の注目を得たい"悲しい悪"。

- 両者の「仲保者」として、その彼と心を通わせ、最後に父と彼の和解のためのとりなしをするアブラ：

    ＊アロンの前では、自分が悪く思えて頭が混乱する。

    ＊彼が愛しているのは、理想化された、本当の自分ではない女性。

★この映画の隠れた真のテーマは「愛」。そして「善と悪」の関わりのカギ：

- 愛は美しく、すばらしいものです。けれど、受け入れてもらえない愛ほどつらく、悲しく、心が痛むものはありません。
- この「善と悪」そして「報いられない愛」のテーマは、ラストシーンでぶつかり合い、頂点に達し、砕け、静かな終焉(しゅうえん)を迎えます。

    ＊アブラとの婚約を父に告げ、「聖(きよ)く美しい贈り物だ」と喜ばれるアロン。

    ＊父の損害の 5,000 ドルを取り返してあげようと豆栽培で儲けたお金を贈ったのに、父に「戦争で儲けた金（汚れた金）は絶対に受け取れない」と厳しく拒まれ、「私に喜ばれたかったら、善人として一生を送れ」と諭されるキャル。

    ＊キャル「僕は心のねじれたひねくれ者。パパは善人だ。常に正しい。

僕ら（母とキャル）は赦される側で、パパはいつも自分の正しさを押し付けようとする。僕を嫌いなのは母と似ているからだ。もうどんな愛も要らない。愛なんて損するだけだ。」（これほど悲しい言葉があるでしょうか？）

- 「善と悪」の問題は、「愛」を抜きにしては、どんなに正しさを説いても不毛です。父アロンの言うこと、行うことは全て正しかったのですが、彼は何よりも大事なことを忘れていました。それは、正しくあることのできない人の不安と、劣等感と、寂しさを、そのまま受け入れようとする「愛」の欠如でした。

- 聖書の語る「義」と「善」は、それ自体は神様のご性質でもあり、すばらしく、大切なものです。けれど、人がそれに生きようとするとき、無意識のうちに、弱い人、清く正しく歩めない人を拒絶します。壁を造ってしまいます。それは、いつも外側の己を飾ろうとする「偽善」と、自分さえ正しければという独りよがりの「独善」と隣り合わせており、他者を正しさで裁く「律法主義」と紙一重なのです。なぜでしょう？ それは、人間の義と善は、自己中心の「罪」の上に打ち建てられたものだからです。主にある兄弟姉妹に対して、まだ未信者の方々に対して、愛する伴侶や家族に対して、私はどうでしょうか？ 私の教会はどうでしょうか？

- 父は、最後にその誤りに気づきます。その誤りに気づかせたのは、アブラでした。

  彼女は、死にゆくキャルの父に涙ながらに訴えます。「愛されないことほどつらいことはない。愛されないと心がねじけます。あなたは彼に愛を与えず、愛を求めなかった。今、彼に愛を見せてください。彼の心の鎖を解かなければ、彼は一生罪びとです。何かを求めてあげてください。彼はあなたの愛を悟ります。」

  ある人が、この映画の隠れた主人公はアブラだと言いました。人間の不完全さと弱さを知り、自らも愛されない不安と傷を持ちなが

ら、いつもキャルに寄り添い、受け止め、最後には父へのとりなしをした彼女。そのような、母マリヤのような包容力のある存在が、魂の救済と回復には絶対に必要なのです。

- キャルは父への介護に無神経な看護婦に「出てけ！」とどなり、それを聞いていた、もう表情も出せないアロンの顔に満足の笑みが浮かびます。そして、アダムが最初で最後にキャルに求めたのは、「あの看護婦を代えてくれ」のひと言でした。この単純な求めは重要です。父はついに"善人"の衣を脱いで、人間的不平不満を息子の前で初めて見せたのです。"共同の敵"を排除することで、二人の心が通ったのです。そして父は「お前が私の面倒を見てくれ」と言います（実際には、最後の父の声は聞こえないのですが、それを彼の表情で見せる名匠エリア・カザンの演出がひときわ冴えます）。高みにいた父が、それまで求めても得られなかったキャルのもとに、降りてきた瞬間です。

- 人間の父の愛には限界があります。自分の立場と、己の義と善に固執するあまり、自分に対して寄せられた愛の純粋さ、ひたむきさ、払った犠牲の大きさ、それを拒んだときの取り返しえない損失の大きさに、気づくゆとりを持たないのです。でも「善にして義」なる神の愛は、へりくだって相手に「求め」、相手を"悪"のままで「受容」するときに、限りなく美しい光を放って完成します。それを可能にするのは、神のみ子イエス・キリストの十字架の愛です。父がキャルの心の中に下りてきたように、罪なきお方が、天の栄光の座から下られ、十字架の上で私たちの全ての罪を負われたのです。神の義が、神の愛によって満たされ、人は再び神のもとに帰ることを許されたのです。もはや人は楽園を去り、「エデンの東」に追いやられることはありません。キャルが父の部屋にとどまることができたように、私たちもまた、主の十字架を通して、今、置かれた日常生活の中で、神と共なる愛と喜びの「エデンの園」の中に永遠に憩

うことができるのです。(解説 完)

　この映画の字幕翻訳についても、思い出があります。1955年の映画公開の時の翻訳者は、言うまでもなく高瀬鎮夫さんですが、WHV初期の頃に、戸田奈津子さんがビデオ用に訳されました。それから十数年して、この映画が劇場でリバイバル公開されることになりました。こういう場合は、戸田さんにご自分のビデオ時代の原稿をお見せし、必要最小限の直しをしていただいて使用するのですが、彼女はその原稿を一読するなり、「いやぁね、こんなヘタクソな訳、とても使えないわ」と言って、なんと、ゼロから全編訳し直したのです。もちろん、「自分から言い出したことだから」と、わずかなリライト料しか受け取りませんでした。この時もまた、「おお、これぞプロ根性！」と心底、思ったものです。

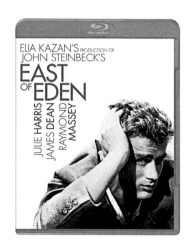

『エデンの東』
ブルーレイ ¥2,381 ＋税
／DVD ¥1,429 ＋税
ワーナー・ブラザース
ホームエンターテイメント

【1956年】
〔8〕「理由なき反抗」Rebel without a cause

「エデンの東」East of Edenで、一躍脚光を浴びたジェイムズ・ディーンが、ナタリー・ウッド、サル・ミネオと共に、厳格な父母に反抗しながら、大人への自我に目覚めてゆく高校生を演じた、ニコラス・レイ監督作品で、4月に公開されました。ジェイムズ・ディーンはジム、ナタリー・ウッドはジュディー、サル・ミネオはプレイトーに扮します。

冒頭の、警察の留置場で、酔っ払って、地面に四つん這(ば)いになり、ゼンマイ仕掛けのオモチャと戯れるジムを、両親が「またか」という顔で迎えに来るシーン、学校での、ジャックナイフを手にした"番長"との決闘のシーン、その彼と決着をつけるべく、その日の夜中に断崖のそばでチキンラン（並んで車を走らせ、崖の手前で車から飛び降り、どちらが最後まで残ったかで、肝っ玉を競うカーレース）などが今もよみがえります。その番長は、降りようとしてジャンパーの袖口(そでぐち)がドアハンドルに引っ掛かり、崖から墜落するのですが、その彼の目線で、目の前に白い波涛を上げる真っ青な海面が迫ってくるカメラワークと

『理由なき反抗』
ブルーレイ ¥2,381＋税
／DVD特別版 ¥1,429＋税
ワーナー・ブラザース
ホームエンターテイメント

彼の恐怖の絶叫は、私の脳裏に焼き付きました。でも何と言っても印象に残るのは、後半のプラネタリウムでの3人の語り合いのシーンと、不良グループに脅されて、復讐しようとして家から銃を持ち出したプレイトーが、彼を助けようと、ジムがこっそり弾を抜いたのも知らず、取り囲んだ警官によって射殺され、ジムが「弾は入ってなかったんだ！」と叫ぶ悲しいラストシーンでした。プレイトーの冷たくなった両足を包んでいたのは、家を飛び出す時に慌てて履いた違う靴下の片方ずつでした。

　ディーンの3本の主演作のうち、当時の私が年齢的に一番共感できたのは、この**理由なき反抗**でした。あの赤いジャンバーがかっこよくて、なけなしの小遣いをためて、赤ではなかったですが、緑色のジャンバーを買って、それからの数年、擦り切れるまで着ていたものです。

〔9〕「ジャイアンツ」Giant

　この作品は、同じ年の12月、クリスマス・お正月大作として公開されました。ジェイムズ・ディーン、3本目の遺作です。彼はこの映画の撮影が終わって間もなくの前年1955年9月30日の夕方5時45分頃、愛車の赤いポルシェに乗って田舎道を疾走し、分岐点（Y字路）前方から走ってきたフォードと正面衝突して首の骨を折り、亡くなったのです。24歳、早すぎる死でした。ほとんど即死で、かすかな最期の言葉は、「僕は、待たれている…」だったといいます。彼女に母の面影を求めたと言われるイタリア出身の美貌の女優、ピア・アンジェリが、いつまで待ってもプロポーズしない彼を待ちきれずに、歌手のヴィック・ダモンと結婚したことにショックを受けた彼の、自殺にも等しい暴走の結果だったと、当時のニュースは書き立てたものです。私がワーナーに入った時は、もう彼の死から5年たっていたのですが、それからも長年にわたって、彼の大ファンだった映画評論

家の小森和子さんは、命日にはケーキを持って宣伝部を訪れ、彼の思い出を分かち合っておられました。

　共演はロック・ハドソンとエリザベス・テイラー。原作者エドナ・ファーヴァーが、12年の歳月をかけて書き上げた、人種問題を底に秘めた、30年にわたる壮大なテキサス開拓史を、監督として3時間21分をかけて緻密に、丹念に映像に再現した巨匠ジョージ・スティーヴンズは、この作品で第29回アカデミー監督賞を受賞しました。その意味では、かのジョージア州アトランタを舞台にした「**風と共に去りぬ**」Gone With The Windに勝るとも劣らないスケールの作品でした。

　この映画で彼が扮したのは、ひねくれた性格の牧童ジェット・リンクです。彼は牧場主ジョーダン・ベネディクト二世（ロック・ハドソン）の妻であるレズリー（エリザベス・テイラー）をひそかに愛しながら、かなわずに、油田を掘り当てて億万長者になります。最後の祝賀パーティーの席で、息子をジェットに打ちのめされジョーダンは、彼にワインセラーで決着をつけることを申し出ます。しかし泥酔して足元もおぼつかない彼を見て、打ちのめす価値もない男と感じたジョーダンは、並んだワインの棚をドミノのように押し倒して去ります。しかしハイライトは、その帰路、ふと立ち寄った白人のテキサス男が経営するレストランで、メキシコ人を差別して追い出そうとする経営者と殴り合うラストシーンです。大男同士の激しい殴り合いの結果、ジョーダンは力尽きて打ちのめされてしまいます。しかしその闘いは、彼にとって大きな意味のあるものでした。その時、彼は初めて、それまで単なる"労働力"として何人も使ってきたメキシコ人のために、体を張って闘ったのです。そんな彼を妻は誇らしげに抱きかかえます。彼はその時、初めて真の"巨人（ジャイアント）"になったのだという、この作品のタイトルの意味を私は知ったのでした。日本のタイトルは「ジャイアンツ」と複数にしていますが、そこには、貧しさの中から、

死に物狂いで働いてこの世の成功者になったジェットも巨人なら、何よりそのような人物たちを生み育てたテキサスという大地も、"巨人"だったのだとの意味合いを込めたのかもしれません。

　かくして、ジェイムズ・ディーンのたった3本の主演映画が、全てワーナー映画だったことは、私にとって幸いでしたが、そのあこがれのワーナー・ブラザース映画に、やがて5年後、まさか自分が入社できるなんて、その時は夢にも思いませんでした。

【1958年】
〔10〕「**老人と海**」The Oldman and The Sea

　これはアメリカの作家、アーネスト・ヘミングウェイがこの作品でピューリッツァー賞を受賞した同名の代表作の映画化で、アカデミー俳優スペンサー・トレイシーが老漁師に、フェリッペ・パゾスが少年に扮し、ジョン・スタージェスが監督しました。聴いただけで、果てしない海が目の前に広がるようなダイナミックな音楽は、「**真昼の決闘**」High Noon（♪ハイヌーン 1952年）、「**紅の翼**」The High and The Mighty（WB）、（♪ハイ&マイティー 1954年）、（いずれもアカデミー作曲賞受賞）、〔9〕「**ジャイアンツ**」Giant（1956年）、「**友情ある説得**」Friendly Persuasion（1956年）、「**OK牧場の決斗**」Gunfight at The O.K. Corral（1957年）、〔11〕「**リオ・ブラボー**」Rio Bravo（1959年）、「**アラモ**」The Alamo（1960年）などで知られるディミトリ・ティオムキンでした。

　何日も魚が獲れず、やっとかかった大カジキを相手に死闘を繰り広げた老人が、やっと港にたどり着いた時、大カジキはサメにやられて骨だけになっていた。だが全身全霊を挙げて男の闘いをした老人は満足だった。彼には、結果など問題ではなかったのだ。――という結末は、人間の生き方にも通じるものがあって、心に響くものがありました。

字幕翻訳はもちろん高瀬鎮夫さんですが、のちに、16ミリ映画でこれを公開した時は、私が字幕をやりました。ナレーションは、ヘミングウェイの原作にほぼ忠実に流れます。原作と映画の最初と最後のナレーションを取り上げ、それぞれ原文と直訳と私の字幕訳を記念に掲げておきましょう。

《最初のナレーション》
（原文）
　　He was an old man who fished alone in a skiff in the Gulf Stream
（直訳）彼はメキシコ湾流で、小型ボートに乗って独りで漁をしている老人だった。
（字幕訳）老人は一人ぽっちの漁師だ。
（原文）and he had gone eighty-four days now without taking a fish.
（直訳）そして今や、一匹の魚もとれないまま84日間もたってしまった。
（字幕訳）もう84日間／一匹の魚もとれない。

《最後のナレーション》
（原文）The old man was dreaming about the lions.
（直訳）老人は、ライオンについての夢を見ていた。
（字幕訳）老人はライオンの夢を見ていた。

　どうでしょうか？　字幕訳が直訳の半分、3分の1ぐらいに短くなっているのがお分かりでしょう。それが字幕翻訳の苦労するところで、そのセリフの間に読み切れる長さで訳さなければならないので、初期の字幕揺籃（ようらん）時代に試行錯誤を繰り返した末、1フィートで3文字、のちのビデオでは1秒間に4文字という翻訳字数が定まりました。それは大体、本文の直訳の3分の1なのです。字幕翻訳は、これを"宿命"

第 3 部　思い出のワーナー映画 半世紀

として受け止め、この仕事にとどまる限り、この"字数制限"に泣かされながら、より観客に分かりやすい字幕を目指して、日夜労しているわけです。

　もう一つ、映画のフィルムは、35ミリ、16ミリを問わず、興行が終わるとジャンク（廃棄）処分をします。その方法もいろいろ変わりました。缶もろとも海中投棄して海底に沈める方法（さしずめ"フィルムの水葬"ですね）、シュレッダーで縦長に細かく切り刻み、なんと、旧防衛庁の武器輸送のパッキンにする方法（あの弾力性が、重い武器の梱包には最適だったのです！）、焼却してサウンドトラックから微量の銀を採集する方法、といろいろ変遷して、最後は、鉄鋼所で長さ数ミリの細かいチップに切り刻み、溶鉱炉の火力増加の触媒として使われるようになりました。これですと、灰すら残らない、環境汚染ゼロの理想的な処分法です。なんでこんな話をしたかというと、16ミリの場合は、普通はフィルム1本、ちょっと大作で数本〜十数本で商売をしていましたので、この「老人と海」のたった1本のフィルムも、処分され、台本資料も数年後にはなくなりました。のちに

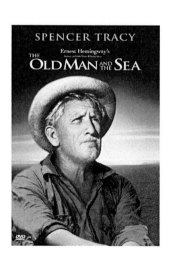

『老人と海』
DVD ￥1,429＋税
ワーナー・ブラザース
ホームエンターテイメント

DVD商品ができた時の字幕翻訳は宍戸正さんでしたので、私の訳は、この時にVHSに落とし、今はそこから変換したたった1枚のDVDに残るのみとなりました。上記の字幕紹介で"記念に"と言ったのはその理由です。

　ついでにこの16ミリフィルムはどこで使ったのかをお話ししておきましょう。映画業界では、もちろん映画館の興行がメインですが、他に業界用語で"お座敷"興行というのがあります。これは、常設映画館以外の非常設館での興行のことを言い、学校、図書館、公民館、ホールなどで1回〜数回の限られた回数で上映するものです。その場合は、映写機も35ミリでは重いし、前述のように2台要るしで大変なので、映画一本が丸々1巻でかかり、重さもさほど出ない16ミリ映写機を使ったのです。この業界にも最大手の新映さんなど、専門の業者さんが数社ありました。映画がディジタルに移行するに伴い、こちらも、DVD上映に代わりました。

【1959年】
〔11〕「リオ・ブラボー」Rio Bravo

　これは、荒っぽい男の世界を描かせたら並ぶ者がないと言われたハワード・ホークスが監督し、これも出世作「**駅馬車**」Stagecoach から、男の中の男をスクリーンで演じ続け、実生活でも、ロケ中に被爆して発病したがんと、何度かの手術に耐えながら最後まで戦い続けたジョン・ウェイン（本名マリオン・マイケル・モリソン）が主演した西部劇の傑作の一つです。彼が扮する保安官チャンスの部下である二人の相棒で、アル中のデュードにディーン・マーティン、早撃ちの若者コロラドにリッキー・ネルソン、チャンスを恋する女賭博師で踊り子フェザーズにアンジー・ディキンソンが扮しました。〔10〕「**老人と海**」The Oldman and The Sea で紹介したディミトリ・ティオムキンが作曲した、二人が歌う「ライフルと愛馬」、また「皆殺しの歌」は大ヒッ

トしましたし、操作の俊敏性を考えて、銃身を短くした特製のライフルを、まるで拳銃のように引き金部分を軸にくるくる回しながら、敵を撃ち飛ばすジョン・ウェインのカッコよさにしびれたものです。彼は、ゲイリー・クーパー、ジェイムズ・ステュアート、ロバート・ライアンなど並み居る西部劇スターの中で、唯一拳銃よりも銃の似合う俳優でした。拳銃では、あの大きな体にはオモチャみたいで似合わなかったのです。

　この映画の紅一点、アンジー・ディキンソンには、この映画の42年後に、再びスクリーンで出会いました。2001年公開の〔86〕「**ペイ・フォワード　可能の王国**」Pay It foward で、ヒロインのヘレン・ハントに迷惑が及ばないよう、彼女から離れて、ホームレスとして暮らすアル中の母親の"汚れ役"でした。駆け出しの頃に出会った俳優が、数年後に大スターになるのを見るのはうれしいものですが、若い頃に美貌で鳴らした女優さんと何十年後かにスクリーンで再会するのは、懐かしい半面、ちょっぴり悲しいことでもあります。

　もう一つ、字幕翻訳の面では、思い出があります。ひょうひょうとした役どころで定評のあったウォルター・ブレナンが、この映画もよき脇役で出演していますが、彼の役どころは片足の不自由な老牢獄番スタンピーでした。この映画の公開当時は、それほど差別語にうるさくなかったので、翻訳の高瀬鎮夫さんはそんな彼の身体を表すcrippledという言葉に字幕で「びっこ」と訳したのですが、それから20年ぐらいたって、この映画が再公開されたときは、製作は私の時代になっていました。高瀬さんの翻訳台本が残っていたので、それを使ったのですが、もうその頃は、「びっこ」は差別語で、そのままでは映倫審査に引っ掛かりました。かといって、ひょうひょうとした彼を表現するのに、「足の不自由な」では、まじめすぎ、一字を惜しむ字数も倍に増えてしまいます。そこで私が必死に考えたのは、"意地ワル"のノリで、「足ワル」でした。「足ワルじいさん」「足ワル スタ

ンピー」で通していただきました。

〔12〕「尼僧物語」The Nun's Story

　この作品は、永遠のヒロイン、オードリー・ヘップバーンがワーナー映画に出演した初めての作品です。ピーター・フィンチが共演し、社会派の巨匠フレッド・ジンネマンが監督しました。1953年に、あの「ローマの休日」Roman Holiday でアカデミー主演女優賞を獲得したあと、彼女は、立て続けにヒットを飛ばし、1950年代は、のちにモナコ王妃となったグレイス・ケリーと人気を二分し、1960年代まで、トップスターの座にありました。その出演作品前27本のうち、ワーナーでは、この「尼僧物語」のあと、1964年に〔15〕「マイ・フェア・レディ」My Fair Lady、1968年に〔21〕「暗くなるまで待って」Wait Until Dark と、3本の映画に出演しました。でも彼女が本当に愛され、慕われたのは、その後のユニセフ大使としての働きのゆえだったでしょう。彼女をその働きに導いたのは、ナチスドイツ支配下の故郷ベルギーでの、つらい幼少期の体験があったからに違いありません。この「尼僧物語」は、当時のベルギー領コンゴで看護婦を務める尼僧マリ＝ルイーズ・アベ（シスター・ルーク）の物語で、彼女は、神に仕える身で、時の政治的圧制者に抵抗しようとする自分の熱い思いを抑えきれずに、心の中で内面の葛藤を味わうのですが、父親がナチスに射殺されるに及んで、ついに僧職を捨ててナチに対決する決意をします。実は彼女は実在の人物で、ヘップバーンは、原作者のキャサリン・ヒュームとは友人でした。彼女の出演の動機も、主人公と同じ環境で、同じ苦しい時代を生きたこの幼少体験にあっただろうことは、想像に難くありません。

【1961年】

　この年の10月9日に、先に記した事情で、あこがれのワーナー・

ブラザース映画に入社しました。1か月前の9月8日、私は二十歳を迎えていました。翌1962年を迎える前の3か月間に、ワーナーでは2本の話題作が公開されていました。「草原の輝き」とミュージカル「ファニー」です。

〔13〕「草原の輝き」Splendor in The Grass

　この映画は、巨匠エリア・カザンが〔7〕「エデンの東」East of Eden に次いでメガフォンを取った作品で、1929年の世界大恐慌時代のアメリカが舞台です。愛し合いながらも無理解と偏見に満ちた両親のせいで自暴自棄になり、結局結ばれることのなかった高校3年生の二人が、年月を経て静かに再会するという物語を、ウォーレン・ベイティーとナタリー・ウッドが演じました。タイトルは映画にも出てくる、ワーズワースの詩の一節です。ナタリー・ウッドは、〔8〕「**理由なき反抗**」Rebel without a Cause、またこの1961年には、「**ウエストサイド物語**」West Side Story にも出演して、今や旬の売れっ子スターでしたが、それから20年後の1971年、わずか43歳の若さで、謎の水死を遂げました。ウォーレン・ベイティーは、その彼女とのこの映画での夢の共演で、俳優デビューを果たしたのですが、7年後の〔20〕「**俺たちに明日はない**」Bonnie and Clyde でブレイクします。ちなみに彼の姓のスペルは Beatty（本名は Beaty）で、日本の映画会社や雑誌は、ea は「イー」と表記するという一般原則に従って、当初は「ビーティー」と書いていました。でも彼は、有名人になってから、「私の姓は"ベイティー"と発音してほしい」と正式にアナウンスしたので、日本でもこの表記になりました。似たようなケースでは、大統領ロナルド・レーガン（レイガン）Ronald Reagan が、俳優時代の「リーガン」の発音を、大統領になって正式にこう訂正したことがありました。人名・地名は、原音表記（実際に発音される音声に準じて表記する）が原則ですが、たとえ間違えて表記しても、最初に

文字になった書き方が大体定着していきますので、映画会社の宣伝部や製作部の責任は重大です。

〔14〕「ファニー」Fanny

　フランスの港町、マルセイユを舞台にして、モーリス・シュヴァリエ、シャルル・ボワイエというフランス出身の渋い二枚目おじさんを相手に、レスリー・キャロンが若さいっぱいに歌って踊ったミュージカル。マルセル・パニョールの名作戯曲「ファニー」「マリウス」「セザール」3部作を映画化したもので、「ミスタア・パルバー」Ensign Pulver（WB）、「ピクニック」Picnic、「南太平洋」South Pacific など、アカデミー賞に輝く名作を世に送った、俳優出身のジョシュア・ローガンが製作・監督しました。今回はノミネートは幾つかあったものの、アカデミーは取れませんでした。まだ果たせていませんが、このマルセイユには、一度行ってみたいと思っています。私がワーナーに入社してすぐに公開された、思い出の映画の舞台ですから——。

【1964年】

　この年は、ワーナーの年間公開最低作品数の記録を作った年で、わずか10作でした（ちなみに私の在職中一番多かったのは、1991年の36作です）。しかもそのほとんどはB級作品で、収入も多くありませんでした。この年は、満を持して年末クリスマスに公開された、「マイ・フェア・レディ」と「シャイアン」という2本の70ミリ大作で、一年間を"食いつないだ"のでした！

〔15〕「マイ・フェア・レディ」My Fair Lady

　これは、有名なバーナード・ショーの戯曲「ピグマリオン」の映画化で、〔6〕「スタア誕生」A Star is Born のジョージ・キューカーが監督しました。ワーナー2作目の出演になるオードリー・ヘプバーンが、

『マイ・フェア・レディ』
DVD ¥1,429
Blue Ray ¥2,381
発売元：NBC ユニバーサル・エンターテイメント

ロンドンの貧しい花売り娘から華麗なレディーへと変身していくイライザ役で、彼女の人気は一気に頂点を極めた感がありました。お相手のヒギンズ教授役には、イギリス紳士の典型のようなレックス・ハリソンが扮し、長く歌い継がれる「君住む街角」「踊り明かそう」「運が良けりゃ」などのヒットナンバーの数々と共に、ミュージカル映画の歴史に確かな一ページを残しました。この映画は、この年のアカデミー作品賞、監督賞、主演男優賞など、8部門を総なめしましたが、オードリーだけは、たまたま強力なライバル「**メリー・ポピンズ**」Mary Poppins で、主演女優賞をジュリー・アンドルーズにさらわれてしまったのは惜しいことでした。どんなにいい演技を見せても、同じ年にライバル作品があるときは、不運としか言いようがありませんね。

〔16〕「シャイアン」Cheyenne Autumn

リチャード・ウィドマーク、キャロル・ベイカー主演、西部劇の巨匠ジョン・フォード監督の西部劇で、ワイアット・アープ役でジェイムズ・ステュアートが特別出演しています。それまでの西部劇と違う

ところは、1939年の「**駅馬車**」Stagecoach以来、もっぱらインディアンを悪玉として描いてきた彼が一転、アメリカ政府のインディアン政策に翻弄されるシャイアン族の悲劇を描いた作品だということです。原題のCheyenne Autumn「シャイアンの秋」に、冬が到来する直前の"秋"を用いることによって、没落直前のシャイアン族の運命を、いみじくも表しています。すなわちこれは、アメリカ原住民をアメリカ政府の白人至上主義による差別と迫害の犠牲者として捉えた初めての作品で、黒人差別撤廃運動と共に、この原住民に対する態度の変化にも、大きな時代の流れを感じさせることになりました。これ以降、この考え方がアメリカ西部劇の主流となり、やがて1990年のケヴィン・コスナー監督・主演の「**ダンス・ウィズ・ウルブズ**」Dances with Wolvesにおいて頂点に達するわけです。ジョン・フォードはこう語っています。「私はこの映画を何とかして撮りたかった。これまで多くの原住民を殺してきたからな」と。ピカソが、自分の本当に描きたいものを模索する中でキュービズム画法を編み出し、若い頃とは180度画風を変えたように、生涯で136本もの西部劇を撮り続け、"元祖・西部劇"とも呼べそうなジョン・フォードも、この最後の西部劇で、その視点を大きく変えました。それは時代の必然で、変わらなければならなかったのですね。

【1965年】
[17]「**グレートレース**」The Great Race

ちょっとした70ミリブームの中で、この年、どたばたコメディータッチのカーアドベンチャームービーが誕生しました。それが、トニー・カーティス（善玉で衣装はオール白）、ジャック・レモン（悪玉でオール黒）、ナタリー・ウッド（衣装は下着までピンク）主演、「**ティファニーで朝食を**」Breakfast at Tiffany'sのブレイク・エドワーズが監督した70ミリ大作「**グレートレース**」です。同年のアカデミー賞

音響効果賞を受賞しました。1908年に実際に行われたニューヨークからパリまでのカーレースをモチーフに、約35,000キロのコースとその時期を実話に合わせて撮影しました。5,000個のパイと3メートルのデコレーションケーキを使った映画史上最大のパイ投げ合戦シーンや、007顔負けの空飛ぶ自転車、特殊潜航艇、特殊魚雷、対空砲、そして今なら製作費は億を超える2台の特注クラシックカー（主役の善玉悪玉がこれでレースを競う）などの大道具が話題を呼びました。余談ですが、日本語映画題名の付け方は、配給会社の一存ですので、似たような題名でも、カタカナにするか、意味を日本語に出したものにするか、様々です。この作品の2年前に公開されたスティーヴ・マクイーンの痛快なアクション映画の原題は、この映画 The Great Race に似た The Great Escape でしたが、こちらの日本タイトルは「グレート エスケープ」ではなく日本語で「**大脱走**」でした。当時はまだ、"エスケープ"では分かりにくいと判断したんでしょうね。

【1966年】
〔18〕「バルジ大作戦」Battle of The Bulge

第二次世界大戦の終結まであと半年、ヒトラー率いる敗色濃いドイツ軍と、次第にベルリン目指して包囲網を狭めていた連合軍が、1944年12月から1945年1月の間、アルデンヌで戦車軍団同士を激突させて雌雄を決した戦いを描いた戦争映画でした。"バルジ"というのは"突出"という意味の言葉で、地名ではありません。これは、アルデンヌ地方にドイツ軍が張り巡らせた戦線がビールの樽のように中央部が突出していたので、こう呼ばれたものです。ケン・アナキン監督、ロバート・ライアン、ヘンリー・フォンダ主演で、東京の今はないテアトル東京と、大阪のOS劇場の2館で、シネラマ方式で上映されました。

シネラマ方式というのは、スクリーンサイズの中では最大です。規

格は縦 9m 以上、横 25m 以上の湾曲したスクリーンで、縦横比は実に約 1：2.88。これが開発された頃は、3 本のスタンダード 35 ミリフィルムで撮影したものを上映時にも 3 台の 35 ミリ映写機で同期させ、これを湾曲したスクリーンに上映して巨大画像を得ていました。日本では唯一東京の帝国劇場で、1955 年に「これがシネラマだ」で登場、1964 年まで 10 年ほど上映していましたが、設備も複雑、費用もかかるので、市場から撤退しました。その後は、スーパー（ウルトラとも言います）パナビジョン 70 のシステムを応用したものに代わりました。70 ミリの撮影機に、アナモルフィック・レンズを付けたスーパーパナビジョン 70 方式のカメラで撮影して左右を圧縮し、上映時に左右を伸長させて巨大横長画面を得るものでした。この後期シネラマの第 1 作は、スタンリー・クレイマー監督の「**おかしなおかしなおかしな世界**」It's a Mad, Mad, Mad, Mad World、代表作として、スタンリー・キューブリック監督の「**2001 年宇宙の旅**」2001：A Space Odyssey、ジョージ・スティーヴンズ監督の〔125〕「**偉大な生涯の物語**」**The Greatest Story Ever Told** があります（この 2 作は、後述のように、ビデオ時代になって、WHV が発売しました）。この「バルジ大作戦」は、ワーナーが後にも先にもこの方式で製作・配給した唯一の作品です。

【1967 年】
〔19〕「キャメロット」Camelot

　有名なアーサー王伝説に基づく作品で、リチャード・ハリス（アーサー王）、若きヴァネッサ・レッドグレイヴ（グィネヴィア）、フランコ・ネロ（ランスロット）主演、ジョシュア・ローガン監督の、ワーナーでは「**マイ・フェア・レデイ**」My Fair Lady に次ぐ 70 ミリミュージカル大作で、この年のクリスマスに、翌年のお正月映画として満を持して公開したのでしたが、残念ながら興行的には振るいませんでした。ジョシュア・ローガンが監督として最盛期だったのは 1950 年代

第3部　思い出のワーナー映画 半世紀

で、前述のように、「**ピクニック**」Picnic（キム・ノヴァク、ウィリアム・ホールデン）、「**バス停留所**」Bus Stop（マリリン・モンロー、ドン・マレー）、「**サヨナラ**」Sayonara（WB）（ナンシー・梅木、高美以子、マーロン・ブランド）、「**南太平洋**」South Pacific（ミッツィ・ゲイナー、ロッサノ・ブラッツィ）とヒットを飛ばしましたが、1960 年代に入ってからは、〔14〕「**ファニー**」Fanny、この「キャメロット」などに、往年の力はなく、この作品の2年後、1969年にメガフォンを取った「**ペンチャー・ワゴン**」Paint Your Wagonが監督最後の作品になりました。

【1968 年】
〔20〕「俺たちに明日はない」Bonny and Clyde

　1930 年代の世界恐慌時代の実在の銀行強盗であるボニー・パーカー（フェイ・ダナウェイ）とクライド・バロー（ウォーレン・ベイティー）の出会いと壮絶な死に至るまでを描いた犯罪映画で、セック

『**俺たちに明日はない**』
ブルーレイ ¥2,381 ＋税
／DVD ¥1,429 ＋税
ワーナー・ブラザース
ホームエンターテイメント

©2008 Warner Bors. Entertainment Inc. All rights reserved. "Academy Award(R)" is the registered trademark and servicemark of the Academy of Motion Picture Arts and Sciences.

ス描写や、最後に二人がわずか十数秒の間に 87 発もの銃弾を受け、その衝撃でまるでバレエダンスを踊るように飛び跳ねながら絶命するショッキングなシーンなどで、アメリカン・ニューシネマの先駆的作品として有名になりました。ウォーレン・ベイティーは、この映画のプロデューサーとしてもデビューしましたが、ワーナーは、最初これをほんの B 級作品としか考えておらず、彼に収益の 40 パーセントも支払う契約内容だったため、全世界的にヒットしたこの作品のおかげで、彼は俳優としてはもちろん、一躍金持ちにもなりました。フェイ・ダナウェイも、この映画で注目を浴び、のちの「**ネットワーク**」Network でアカデミー主演女優賞に輝きます。製作年の 1967 年度のアカデミー賞では作品賞を含む 10 部門にノミネート、そのうちエステル・パーソンズが助演女優賞を、バーネット・ガフィが撮影賞をそれぞれ受賞しました。なお、外国映画の日本タイトルは、主に宣伝部(マーケティング部)が付けるのですが、当時の日本のワーナー宣伝部には、佐藤正二さんという優れた宣伝部長がいらっしゃいました。ワーナー作品ヒットの陰には、この"佐藤宣伝"が力を発揮していたのですが、この実にキャッチーな日本タイトルも、彼のアイディアでした。

〔21〕「暗くなるまで待って」Wait Until Dark

　オードリー・ヘップバーンがワーナー映画に出た 3 本目、そして最後の作品です。俳優にとって、最も難しい演技は、盲目の人を演じることであると言われますが、オードリーは、まさにその役に挑戦しました。テレンス・ヤング監督のサスペンス映画で、写真家のサムがニューヨークの空港で、見知らぬ女から預かり、交通事故で盲目になった妻スージーの待つアパートに持ち帰った人形の中身は、実はヘロイン。彼の留守中、犯罪グループの 3 人組が、アパートを突き止めて人形を奪いにやってきます。そして、この目の不自由なたった一人の

女性と、冷酷な凶悪犯たち3人の間に、恐怖の戦いが始まるわけです。一味の一人に扮したアラン・アーキンの知能犯の不気味な怖さと、目は見えなくとも周囲の状況から自分の置かれた状況を的確に判断して、立ち向かってくオードリーの聡明さが光る作品で、彼女は第40回アカデミーの主演女優賞にノミネートされました。

〔22〕「ブリット」Bullitt

　ブリットというのは、スティーヴ・マクイーン扮するサンフランシスコ警察の警部の名前です。日本では、この年の12月28日に、お正月映画として公開され、大ヒットしました。イギリス出身のピーター・イェーツのハリウッド第1回監督作品で、元レーサーの彼のメガフォンのもと、現役レーサーだったマックイーンが運転する1968年型フォード・マスタングGT390と敵の1968年型ダッジ・チャージャーによる、サンフランシスコの急斜面を利用したカーアクションやクライマックスの空港での追跡劇はスリル満点。市電が走るあの坂道を、2台の車が、正面に据えたカメラに向かって全力で疾走してきて、坂を登り切って一瞬空中に飛び上がり、そのままドスーンと地上に文字どおり"落下"して、そのまま逃走と追跡を続けるシーンは、本当に映画のカーチェイス・シーンの"原点"みたいでした。

【1969年】
〔23〕「フィニアンの虹」Finian's Rainbow

　かの「地獄の黙示録」Apocalypse Nowで名をはせたフランシス・フォード・コッポラが、弱冠28歳の時に監督した、1947年初演のブロードウェイ舞台劇に基づくミュージカル。ミュージカルと言えばこの人、というほどの大スター、フレッド・アステアが、十数年ぶりに、そして最後に歌って踊った70ミリ大作で、コッポラ自身もブロードウェイの音楽一家の出で、出来栄えは大いに期待されたのです

が、20年前の脚本の現代に合わせた度々の手直し、予算のなさから来る、ロケーション撮影を削った新鮮味のないセット撮影、製作途中の振付師の交代、更には途中で次回作の撮影に入ったコッポラの手を経ない編集と、悪条件も重なってか、舞台では「マイ・フェア・レディ」My Fair Lady まで続演記録を破られなかったこの作品も、3月の春休みに公開されたのに、映画ではさっぱり当たりませんでした。俗に映画は"水商売"と言われるのですが、本当にふたを開けてみなければ分からず、ヘタをすると巨額の費用をかけた作品1本の失敗で、会社がつぶれることさえあるところが、映画商売のコワいところでもあります。

[24]「ワイルドバンチ」The Wild Bunch

　ウィリアム・ホールデン、アーネスト・ボーグナイン他、計4人のならず者の群れ（ワイルドバンチ）が、1913年のメキシコ国境のテキサスを舞台に、時代の波に取り残され、壮絶に死んでゆく滅びの美学、まさに"西部劇の挽歌"みたいな作品でした。ホールデンも、彼のかつての仲間で、のちに敵味方に分かれるロバート・ライアンも、もはや初老、時代も、翌年には第一次大戦が始まるという近代の幕開けで、かつて"西部劇の神様"ジョン・フォードが監督し、ゲイリー・クーパー、ジョン・ウェイン、ヘンリー・フォンダたちヒーローによって演じられ、アメリカ映画に確固とした一ジャンルを築いた西部劇に、これをもって引導を渡した"最後の西部劇"とも呼ばれるゆえんです。

　ペキンパーは本作品でスローモーション撮影を駆使し、アクション映画における暴力描写に新境地を切り開きました。特に6台の70ミリマルチカメラを用いて11日間ぶっ通しで撮影されたというラストの壮絶な大銃撃戦では、わずか4人で、200人を超えるメキシコ政府軍を相手に、空中に血潮をほとばしらせながら、満身創痍（そうい）でゆっくりと倒れていくすさまじいシーンが展開され、後続の映画製作者たち

に多大な影響を及ぼしました。このため、"アメリカン・ニューシネマ"とも呼ばれて、ペキンパーの最高傑作との呼び声が高い作品に仕上がりました。後年、ディレクターズカットで再公開され、私も字幕編集に携わりましたが、改めてその感を強くしました。

この映画に流れるメキシコ民謡、「ラ・ゴロンドリーナ（つばめ）」も忘れられない美しいメロディーです。

【1970年】
〔25〕「ウッドストック」愛と平和と音楽の三日間　Woodstock

これは、1969年8月15日から17日までの3日間、アメリカ・ニューヨーク州ベセル（ちなみにこの地名 Bethel は、「神の家」という意味で、旧約聖書「創世記」28:17〜19に出てきます）で開かれた、ロックを中心とした大規模な野外コンサート"ウッドストック・フェスティバル（Woodstock Music and Art Festival）"の模様を記録したドキュメンタリー映画です。マイケル・ウォドレーが監督し、複数いる撮影、編集スタッフの一人も務めました。編集スタッフには、のちに監督になるマーティン・スコセッシも名を連ねています。第43回アカデミー賞長編ドキュメンタリー映画賞を受賞したこの映画は、上映時間3時間4分、文字どおりの長編で、日本では、ベストシーズンの7月に公開されました。登場するのは、ジミヘンことジミ・ヘンドリックスやジョーン・バエズなど、今では伝説のロック歌手たち多数。ロックファンには垂涎の一編で、40年近くを経た2009年には、ブルーレイと DVD のディレクターズカット版が発売されたようですが、こちらは3時間45分、劇場版にはない貴重なフィルムも入っているそうです。

【1971 年】
〔26〕「おもいでの夏」Summer of '42

　ジェニファー・オニール、ゲイリー・グライムズ主演、ロバート・マリガン監督の青春映画で、脚本家ハーマン・ローチャーの回顧録に基づいており、思春期の少年のひと夏の経験を描いた作品でした。

　第二次世界大戦が勃発して 3 年目の 1942 年夏、戦火を避けてニューイングランドの沖合いのナンタケット島を一家で訪れた少年ハーミーと、現地でできた友達、オシー（オスキー）、ベンジーの 3 人。性に目覚めた思春期の彼らの中で、ハーミーはとりわけ、丘の上の一軒家に住む美しい人妻ドロシーの魅力に取り付かれ、ある夜、思い余って彼女の家を訪ねた彼は、夫の戦死を知って孤独に耐えられない彼女とベッドを共にし、性の手ほどきを受けます。翌日、再び訪ねると、既にドロシーはそこを去って、別れの手紙だけが残されていた——、という誰しもが持っている青春時代の、ひと夏の甘酸っぱい体験が、みずみずしく描かれていて、私は劇場公開時は見逃して、WHV のビデオ発売用の字幕制作に携わった時に見たのですが、遠い少年時代を思い出して、なぜか心に残る作品でした。劇中には、ミシェル・ルグランの美しいテーマミュージックが流れ、彼は第 44 回アカデミー賞作曲賞を受賞しました。

〔27〕「ベニスに死す」Death in Venice

　これは、ワーナーが出資したイタリア・フランス合作映画です。監督はイタリアの巨匠、ルキノ・ヴィスコンティです。トーマス・マン作の同名小説の映画化で**「地獄に堕ちた勇者ども」**The Damned (WB)、**「ルートヴィヒ」**Ludwig と並ぶ "ドイツ三部作" の第 2 作です。ワーナーは、この第 1 作の「地獄に落ちた勇者ども」も配給しました。

　余談ですが、映画業界には "委託上映" というシステムがありまして、ある特定の作品を、通常の劇場公開が終わったあと、ある限定し

た期間（1年とか2年とか。それでまだ利潤が出そうなら、期間を延長します）、専門業者にフィルムを委託して（プリント本数は普通1、2本から16ミリだと4、5本から最多で50本ぐらい）、彼らに常設劇場以外の上映会商売をしてもらい、売り上げをプリント費用（字幕代とか）を差し引いたあと、一定の比率で案分するというやり方でした。日本にも、このヴィスコンティの2作品の熱狂的なファンがいて、今は亡き江尻京子さんという方と委託上映契約を結び、2年更新契約をかれこれ4、5回更新しました。なんと10年近くもこの作品で商売をしたわけです。この委託契約も私の仕事でした。そのため、この2作も字幕チェックなどで何度か見たのですが、なんとも後味の暗いものでした。「ベニスに死す」は、静養のためヴェニスを訪れた老作曲家アッシェンバッハが、ふと出会ったポーランド貴族の少年タジオに理想の美を見いだし（彼に扮したのは、金髪のビョルン・アンドレセン、本当にアラン・ドロンの少年時代はこうだったろうと思わせるような美少年でした）、老いらくの恋に夢中になり、最後は町に疫病コレラがはやっても逃げ出さずにとうとう感染して、少年の面影を追いながら死んでいくという話ですし、「**地獄に落ちた勇者ども**」は、ナチスの青年将校が、自分の美しい母親に欲望を燃やして犯すという話で、私としてはどうにもやりきれないストーリーでした。この2作品の性格を一言で言うなら、"退廃主義""耽美主義"というところでしょうか。「ベニスに死す」の劇中に流れるのは、マーラーの交響曲第5番でした。

【1972年】
〔28〕「ダーティハリー」Dirty Harry

この年、クリント・イーストウッドがスゴ腕の刑事になって、悪者どもを情け容赦なく撃ち殺すアクション・スリラー映画「ダーティハリー」シリーズの第1作が生まれました。彼の本名はハリー・キャ

ラハンですが、組織と規律を無視して、犯人をやっつけるためにはどんな汚い手段も使うその強引で執拗なやり方が、いつしか"ダーティ（汚い、スゴい）・ハリー"と呼ばれるようになりました。彼の使う銃身の長いマグナム拳銃もその強力な殺傷力で銃マニアの話題になりました。このシリーズは、毎回監督を変えて1988年の第5作まで続き、第4作では、イーストウッド自身がメガフォンを取りました。彼はその頃から、監督としても才覚を表し、アカデミー賞では、主演はまだなのに、1993年〔72〕「許されざる者」The Unforgiven と 2005年「ミリオンダラー・ベイビー」Million Dollar Baby で2回も監督賞を手にすることになります。字幕翻訳者も、高瀬鎮夫さんからのちに岡枝慎二さんへと変わりましたが、第4作で、悪者を店の中に追い詰めたハリーに、敵が最後の反撃を加えようと銃を突きつけると、彼はこう言います。

Go ahead. Make my day. 直訳すれば、「やれよ。俺をいい気分で最高の一日にして、楽しませてくれ」という意味ですが、岡枝さんはこれを「撃たせてくれ」と訳しました。元の英語と共に、公開当時、ちょっとした流行語になったものです。でもこの訳は、かなりの意訳で、少々解説が要ります。ハリーの口から講釈してもらうなら、「俺を楽しませてくれよ。そのためには俺じゃなく、お前に死んでもらわなきゃならないんだ。だから、撃たせてくれ」というところでしょう。今、私が訳すなら、さしずめこうですね。「やれよ　笑うのは俺だ」。

〔29〕「11人のカウボーイ」The Cowboys

マイク・ライデルが監督した、ジョン・ウェイン主演の70ミリ西部劇ですが、さすがにこの頃は、彼も年老いていました。おまけに、なんと The End までまだ20分もあるのに殺されてしまうのです。かつては無敵だったジョン・ウェインのヒーローが殺されるという悲しい作品は、彼の遺作となった「ラスト・シューティスト」The

Shootist とこの２作品ぐらいではないでしょうか。ストーリーも珍しいもので、主人公は彼が扮する老カウボーイ、ウィルですが、そのお相手は、文字どおりの"牛少年"（カウボーイ）たちです。彼らは西部劇でおなじみのキャトル・ドライブ（牛の大移送）のためにウィルに雇われ、その移動旅行の中で、彼から西部の男の生きざまを教えてもらいます。ウィルはかつて、その頑固一徹な性格のゆえに、自分の子どもとうまく関われなかったのですが、まるで孫のような少年たちと寝食を共にするうちに、心の交流が生まれていくのです。そして彼らは、ウィルの遺志を継いで、牛の大移送を、立派にやり遂げます。西部劇でありながら、何やら教育の原点を教えられるような変わった映画でした。なお演技派女優のコリーン・デューハーストが、娼婦館のおかみで出演しています。後年、「赤毛のアン」Anne of Green Gables でマリラに扮した、あの女優さんです。

〔30〕「時計じかけのオレンジ」A Clockwork Orange

　スタンリー・キューブリックが製作・監督・脚本を手掛け、マルコム・マクダウェルが主演した作品です。近未来に生きる若者たち４人組と、そのリーダー格とも言うべきアレックスを通して、家庭の自由放任主義の中で成長すると、毎日のように暴力やセックスなど、欲望の限りを尽くす人間になるという警告が込められている一方、彼らを徹底的に管理して全体主義思想のもとに育てると、全く覇気のない、無気力な人間になってしまうというジレンマを描いた、風刺的、また前衛的作品です。キューブリックの大胆でありながら細部にこだわった繊細な演出によって、"若者の教育で最も大切なのは何か？"というテーマが突き付けられるような感じですが、残念ながら私には、あまり後味のいい作品ではありませんでした。その理由の一つは、有名なポピュラーミュージックやクラシックの代表のような「雨に唄えば」とベートーベンの「交響曲 第九」が、若者たちの輪姦の場と、アレックス

の性格改善の実験治療の場面に用いられているからでしょう。

　この作品が劇場公開された頃は、ヘアやセックス場面の規制が厳しく、私のような製作担当の人間は上映にこぎつけるまで、まず輸入時の税関、そして公開時の映倫の審査をパスするのに苦労したものでした。この映画の中でも、舞台を女性が全裸で端から端まで横断するシーンがあり、その時のヘアが引っ掛かったのですが、その事情を知ったキューブリックは、なんと、自ら修正を買って出ました。普通は、そのような要修正シーン（関税定率法第21条の輸入禁制図書に"該当"するので、「該当シーン」と呼びました）は、大体位置が固定されているのですが、この映画は対象が画面いっぱいに動きますので、彼はまず陰部を隠す黒くて丸いマットを作り、それを編集機上で、わずか数秒間に、小数点以下の秒数で移動していくフィルムのコマ（フレームのこと。1フィートに16コマ入っています）の上を1フレームごとに移動させて、何百枚とある全コマをマスキングしたプリントを作ったのです！　また、この映画の字幕翻訳は高瀬鎮夫さんでしたが、これをのちにビデオで発売する時には、〔54〕「**フルメタル・ジャケット**」Full Metal Jacketでキューブリックのお眼鏡にかなった映画監督の原田眞人氏が、改めて字幕翻訳をしました。

【1973年】
〔31〕「スケアクロウ」Scarecrow

　映画のジャンルの中に、"ロードムービー"というのがありますね。主人公たち（主に二人）が、一緒に旅をする行く先々で起こる出来事を描いた作品で、「**イージー・ライダー**」Easy Riderや「**レインマン**」Rain Man、日本では「**幸せの黄色いハンカチ**」などがこれに当たります。そしてこの「**スケアクロウ**」もロードムービーの名作のひとつで、第26回カンヌ国際映画祭においてパルム・ドールと国際カトリック映画事務局賞をダブル受賞しました。その二人を演ずるのは、ジー

ン・ハックマンとアル・パチーノ。監督は、ジェリー・シャッツバーグでした。

暴行傷害の罪で服役し、6年間の刑期を終えて、ランドリーを開業するためピッツバーグへ向かうマックス（ジーン・ハックマン）と、5年に及ぶ船乗り生活から足を洗い、一度も会ったことのない自分の子どもに会うためにデトロイトへ向かうライオン（アル・パチーノ）が、ヒッチハイクの途中で出会い、道中を共にするうちに、性格が全く違う二人なのに、いつしか堅い友情で結ばれます。ラストが見ていてつらいのですが、妻が再婚していたことを知り、しかもあれほど会いたがっていた子どもは死んだとウソを言われて、半狂乱のあと昏睡状態に陥り、そのまま死ぬかもしれないライオンに、マックスはとことん寄り添うのです。私は、次の聖書の一節を思い出していました。

「友はどんなときにも愛するものだ。兄弟は苦しみを分け合うために生まれる。」（旧約聖書 箴言 17:17）

〔32〕「**燃えよドラゴン**」Enter The Dragon

ご存じ、中国が生んだ不世出のカンフー俳優、ブルース・リー主演の元祖カンフー映画です。1970年代、ワーナーは、まずこの映画で"カンフー映画"のブームを作り、次いで〔33〕「**エクソシスト**」The Exorcist に始まる"オカルト映画"を、そして〔34〕「**タワーリング・インフェルノ**」The Towering Inferno に始まる"パニック映画"の仕掛け人になりました。

この映画は、少林寺拳法の達人でありながら、野心家で心のよこしまなミスター・ハンが破門になり、香港沖合の国のある島に岩の地下要塞を作り、世界制覇をもくろみます。そして自らのガードを固めるために武道大会を開いて、世界中から武道の達人を招いて試合をさせ、上位の者を自分の配下にしようとします。その彼に立ち向かったのが、ブルース・リーとジョン・サクソン、そして黒人のジム・ケリーの3

人。ジムは殺されますが、残った二人が、宿敵ハンに立ち向かうのです。最後の鏡の間でのハンとリーとの対決がクライマックスです。

　この作品の完成間もなく、ブルース・リーは33歳の若さで謎の死を遂げるのですが（一説には筋肉増強剤の飲みすぎによる心臓麻痺とも言われました）、その彼の没後25周年記念特別版が、1998年に劇場公開され、そのDVD特別版も発売されました。この作品の字幕翻訳は、オリジナル公開の時は高瀬鎮夫さん。その後WHVが日本で営業を始める前に、姉妹会社のワーナーパイオニアでビデオ発売した時に別の人が訳したのですが、この訳は少々雑で、頂けませんでした。この没後25周年版では、杉山緑さんが訳しましたが、これには1973年版にはなかった3分ほどの特典映像が加えられており、その部分を私が訳し、その際に、全体を見直して要所に手を入れました。その時、ちょっとしたエピソードがありました。ビデオ部門の制作担当者は、杉山さんの訳でDVD制作を進めていたのですが、私の修正訳を見て、こちらのほうが風格があり、この映画にふさわしいので、ぜひ使わせてほしいということになったのです。またこの映画には、

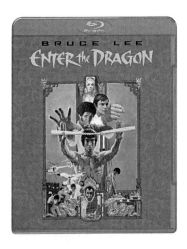

『燃えよドラゴン』
ブルーレイ ¥2,381＋税
／DVDディレクターズカット 特別版
¥1,429＋税
ワーナー・ブラザース
ホームエンターテイメント

第3部　思い出のワーナー映画 半世紀

ハンがジョン・サクソンの心の非情さを試すために、愛猫の白猫の首をギロチンに置き、刃を落下させるヒモを放すことができるかと試すシーンがあるのですが、そこでは Man of little faith（信仰の薄い者）という、イエス・キリストが弟子たちを叱る時の決まり文句も使われていて、聖書オタクの私の出番となり、ここはしっかり「不信仰」と訳しました。

　これらの翻訳のさわりの部分を、リストにして掲げておきます。これは、映画の内容にふさわしい翻訳スタイルや、どんなジャンルの映画にも、どこかに出てくる聖書・キリスト教用語の訳し方の良い例として、字幕翻訳学校でも教材に用いています。翻訳の心得のある方なら、大いに興味深いところだと思います。（164,165 ページ参照）

ブルース・リー没後25周年劇場版　ENTER THE DRAGON（補遺）
小川政弘訳

＜ Reel　1 ＞
 1　師よ
 2　お前は今や"体"の技を超えた
 3　"心"の洞察力も ついてきた
 4　尋ねよう
 5　どの技を極めたい？
 6　"無"の技を
 7　よろしい
 8　敵に出会った時は？
 9　敵はない
10　なぜだ？
11　"己(おのれ)"を持たぬから
12　説明してみよ

13	よき戦いは—	
14+15	"ゲーム"です	
	楽しいが真剣に遊ぶ	〈杉山緑訳〉
16	達人は緊張せず相手に備える	拳法の達人は
		緊張することなく身構える
17	無念無想の境地で—	心の中に雑念は一切ない
18	敵を読む	冷静に展開を待つ
19	敵の攻めには身を固め—	防御では体をグッと締め—
20	守る敵には攻める	攻撃では反対に反応する
21	機が来れば—	一瞬のチャンス
22	無意識で—	頭ではなく—
23	相手を倒します	体が自然に反応する
24	忘れるな　敵は見せかけの	
	"像"の姿で現れる	
25	野心は背後に隠してな	
26	"像"を打て　敵は倒れる	
27	お前の言った"無意識"は	
	強力な武器だが—	
28	ある男が誓いを破り	
	悪しきことに使った	
29	少林寺の掟は	
	何世紀も守られてきた	
30	同門の名誉は	
	保たれてきたのだ	
31	掟の第13条を申せ	
32	"門下生は	
	己の行為に責任を持ち—"	
33	"その結果を自ら負え"	

第3部 思い出のワーナー映画 半世紀

34　恥を言うが—
35　我が門下生の中に—
36　その知識と技を
　　己の野望に用いた者がおる
37　やつは"聖なるもの"を汚した
38　名は"ハン"だ
39　我らの信念に背き—
40　少林寺の名を辱めた
41　今こそ お前が
　　失われた名誉を取り戻せ
42　分かりました
43　ある人を呼んだ　会え

【1974年】
〔33〕「エクソシスト」The Exorcist

　ワーナーが仕掛け人になった第二のブーム、"オカルト映画"の代表作が日本公開の前年1973年に製作されたこの**「エクソシスト」**（悪魔祓い師）です。少女リーガン（リンダ・ブレア）に憑りついた悪魔とメリン神父（マックス・フォン・シドー）の戦いを描いたホラー映画で、アメリカではその年の興行収入1位を記録し、第46回アカデミー賞の脚色賞と音響賞を受賞しました。"怖いもの見たさ"で、7月、8月の暑い夏の日、当時、有楽町にあった上映館の丸の内ピカデリーに、入場を待つ観客の列が、延々と4丁目の角の服部時計店から並んで、さらに話題を盛り上げました。サタンの乗り移った少女リーガンの顔が青白く恐ろしい形相に変わり、卑猥な言葉を連発し、首を"ギリギリ"と音をさせて180度回転させて、首だけ後ろ向きになってニタリと笑うシーンのコワさは、強烈なインパクトを残したものでした。
　この作品は、実際にあったとされる1949年の事件を基に、ウィリ

燃えよドラゴン　　　ENTER THE DRAGON

	原　文	高瀬訳	
168	What's your style?	流儀は？	
169	You can call it the art of fighting without fighting.	戦わずに戦う流儀だ	
170	The art of fighting without fighting?	戦わずに戦う？	
334	A guillotine. No, thanks. This is the only angle I care to see it from.	ギロチンは ここから見るに限る	
335	If you please, Mr. Roper.	どうぞ	
336	You mean you want me to put my head on that thing?	首を載せるのか？	
337	An act of faith.	要は信念だ	
338	I'm a man of little faith, Mr. Han.	信念はないんでね	
339	Very few people can be totally ruthless. It isn't easy.	完全に冷血になり切れる人は少ない	
340	It takes more strength than you might believe.	よほど強い人間でないと	
341	Now you've got eight more.	死んだところだぞ	

?訳（× 不可訳）	小川訳
流儀は？	流儀は？
戦わずに戦う芸術さ ×	言うなら"無闘流"だ
何だって？	"無闘流"だと？
ギロチンは どこから見ても＊感じ悪い	ギロチンは ここから見てる方がいい
そうか	そう言わずに
おれの首を載せる気か？	（同左）
誠意の問題だ ×	信じることだ
そんなものは＊ないね	至って不信仰でね
非情な人間は ごく少ない	完全に非情には なり切れないものだ
よほど強くないと なれん	（高瀬訳に同じ）
死に損ないめ ×	長生きしろよ

アム・ピーター・ブラティーが 1971 年に書いた原作の映画化です。3 年後の 1977 年に続編「2」(Exorcist 2：The Heretic) が作られましたが、結構内容が地味だったため、13 年後の 1990 年に、原作者のブラティーが自ら監督、製作、脚本を担当し、内容的にはこちらが続編だとして「3」を公開、さらに 14 年後の 2004 年に「4 ビギニング」(Exorcist 4：The Beginning) が公開されました。製作は 4 作ともワーナーですが、公開は、最初の 3 作をワーナーが、4 作目はギャガさんでした。

　4 作目の前に、2000 年、エクソシスト公開 25 周年を記念して、公開時にラッシュ版からカットされた 15 分ほどのシーンを追加した「**エクソシスト ディレクターズカット版**」(The Exorcist：The Version You've Never Seen) が公開されました。リーガンがブリッジ姿勢で歩く蜘蛛歩きのシーンが一部復活し、話題を呼びました。この時には、私が追加 15 分の部分の翻訳をすると共に、1973 年初公開時の高瀬鎮夫さんの翻訳原稿にも改めて目を通し、聖書・キリスト教の観点から、必要な修正を加えました。その資料も採録しておきます (168-181 ページ参照)。

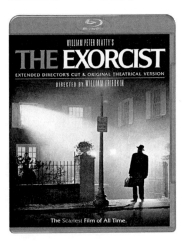

『エクソシスト』
ブルーレイディレクターズカット版 &
オリジナル劇場版 ￥2,381 ＋税
／ DVD ディレクターズカット版
￥1,429 ＋税
ワーナー・ブラザース
ホームエンターテイメント

【1975 年】
〔34〕「タワーリング・インフェルノ」The Towering Inferno

　他社の「ポセイドン・アドベンチャー」The Poseidon Adventure、「大地震」Earthquake に続いて、ワーナーが仕掛けた第3のブームが、この映画での"パニック映画ブーム"でした。実際には、同じメイジャー洋画会社の二十世紀フォックス社との共同製作で、大予算によるスケールの大きい作品を作り、公開用のプリント数も 100 本を超えて、短期間で高収入を挙げようという興行方式は、当時はほとんど"走り"と言っていいほど珍しいものでした。タイトルの意味は"そびえる地獄"で、サンフランシスコの 138 階建ての高層ビルの落成記念パーティーが 135 階で行われている中、建設費を節約しようとして規格以下の材料で配線した電気系統のショートで、何フロアかに、小火災が同時発生し、ビルの安全性を過信した上層部の判断で避難が遅れ、次第に延焼が広がり、ついにビル全体が紅蓮の炎に包まれる恐怖。エレベーターもダメ、ヘリコプターも熱気でダメ、隣のビルへのケーブルカー式の脱出もこれ以上はダメ、という絶望的な状況の中で、最後の手段として、ビル屋上の大貯水槽を爆破して、その水力で鎮火しようとするラストシーンの迫力は、強烈なインパクトを残しました。

　そんな状況の中で、パニック状態における、はっきりと分かれる悪と善の二面性、すなわち我先にルールを無視して逃げようとする人間の自己中心性と、一方では、一人でも助けようとする勇気ある人々の人道性も描かれます。この映画の公開後もますます増え、また高さを増してきた高層ビルにおける火災や地震対策が、人命よりも経済性を優先した結果どんなに大きな災禍をもたらすかは、数々の悲惨な事故のニュースで証明されています。その意味でも、この映画は、高層化時代への警鐘と言えるでしょう。

　俳優陣も豪華でした。この大火災に命懸けで挑んでいく消防隊員に扮したのが、スティーヴ・マクィーン、ビルの設計者で、何よりも人

エクソシスト ディレクターズカット版

	Cast	English	高瀬鎮夫訳	
269	Dyer	That's an insult. I got a vow of poverty.	清貧の誓いは立てたぞ	
287	Karras	Remember also, O Lord, thy servant Mary Karras…	しもべ マリア・カラスは―	
288		who has gone before us with the sign of faith and sleeps the sleep of peace.	いま永遠の眠り 永遠の平和につきます	
289		Lord, I am not worthy to receive you,	私は主を受けるに 足りぬ身です	
290		but only say the word and I shall be healed.	お言葉ひとつで心は癒えます	
291		May the body of Christ bring me to everlasting life.	キリストの聖体が 私に永遠の生命を	
463	Karras	Incidentally, I mention it only in passing - I could always tell the judge it was a matter of confession.	告解(ざんげ)の秘密だと言えば 判事も なっとくする	
478	Karras	The Dominicans. Go pick on them.	ドミニコ教団だ	
500	Clinic director	the Rabbi or the Priest try to drive out this so-called invading spirit, uh.	人の体内に侵入した 悪霊を追放します	
619	Chris	And, uh, how do you go about getting an exorcism?	では悪魔祓いを求められたら？	

Exorcist: The Version You've Never Seen

小川訳	備　考
清貧の誓いは守ってる	
しもべ メアリー・カラスは―	有名オペラ歌手との混同を避ける
今 永遠の眠り 永遠の平和に就きます	#287 〜 291 Funeral Mass 葬儀ミサ
私は主を受けるに 足りぬ身です	
お言葉一つで心は癒えます	マタイ 8：8 他。
キリストの聖体により 永遠の命をたまえ	
告白の秘跡だと言えば 判事も納得する	Confession の現代表記
ドミニコ修道会だ	
人の体内に侵入した 悪霊を追放します	invading spirit 悪霊
では悪魔祓いを求められたら？	

625	Karras	Well, it just doesn't happen anymore, Mrs. MacNeil.	もう存在しない
628	Karras	Mrs. MacNeil, since the day I joined the Jesuits,	私どもイエズス会でも―
687	Karras	Look, your daughter doesn't say she's a demon, she says she's the devil himself.	娘さんは悪霊ではなく自分は悪魔だと言った
705	Karras	He broke the bread, gave it to his disciples and said…	彼は使徒にパンを与え―
706		"Take this, all of you, and eat it…	「これを食べなさい」
707		for this is my body."	「私の肉だ」
708		When the supper was ended he took the cup.	食事が終ると 彼は杯(さかずき)をあげ―
709		Again he gave you thanks and praise,	神を祝福して―
710		gave the cup to his disciples and said "Take this, all of you, and drink from it.	使徒たちに言った 「この酒を飲みなさい」
711		This is the cup of my blood-	「これは私の血」
712		the blood of the new and everlasting covenant, the mystery of faith."	「神との契約 信仰の神秘な血だ」
727	Regan/Demon	(Latin)Ego te absolvo.	「なんじに免罪を与える」

もう悪霊はいない	
私どもイエズス会でも—	
娘さんは悪霊ではなく "自分は悪魔だ"と言った	demon　悪霊　devil　悪魔
主は使徒にパンを与え—	#705〜712　聖さん式/聖体拝領の式文
"これを食べなさい"	Iコリント 11:23-29
"私の肉だ"	
食事が終わると 彼は杯を上げ—	杯＝常用漢字
神に感謝して—	人が神を祝福はしない
使徒たちに言った "これを飲みなさい"	キリストは酒飲み⁉　No!　英文にもなし
"これは 私の血"	
"神との新しい契約 信仰の奥義だ"	「新約」のいわれ
"なんじを赦免する"	

807	Father Merrin	Especially important is the warning to avoid conversations with the demon.	絶対に悪霊と 会話をしてはならぬ	
809	Merrin	He's a liar. The demon is a liar.	悪魔はウソつきだ	
814/ 815	Karras	I think it might be helpful if I gave you some background on the different personalities Regan has manifested.	リーガンに憑いた怨霊(おんりょう)の事を ご説明します	
820	Merrin	Our Father, who art in heaven …	天にいます父よ	
821		hallowed be thy name. Thy kingdom come, thy will be done,…	御名のあがめられ 御国が地に来—	
822		on earth as it is in heaven. Give us this day…	御心が行われますように	
823		our daily bread. And forgive us our trespasses	日々の糧を与え 我らの罪を許し—	
824		as we forgive those who trespass against us.	負い目を許したまえ	
825		And lead us not into temptation…	試みにあわせず—	
826	Karras	But deliver us from the evil one.	悪から救いたまえ	
827		Save me, Oh God, by thy name. By they might defend my cause.	御名により わが戦いを助けたまえ	

絶対に悪霊と 会話をしてはならぬ	demon　悪霊
悪魔はウソつきだ	demon　悪魔
リーガンに憑いた霊の事を ご説明します	"怨霊"不可（仏教用語＝死者の霊）
"天にいます父よ"	#820〜826　主の祈り
"み名があがめられ み国が訪れ―"	全て典礼書の式文なので引用符""
"み心の天地に成らん事を"	
"日々の糧を与え 人を赦（ゆる）すごとく―"	許しの箇所、正確に。原訳2行目は誤訳
"我らの罪も赦したまえ"	
"試みに遭わせず―"	
"悪から救いたまえ"	
"み力により 我が戦いを助けたまえ"	

828		Proud men have risen up against me. Men of violence seek my life.	心のおごった暴力の徒が 私の命を狙う
829		But God is my helper, and the Lord sustains my life.	だが神は私を救い 命をのべたまい―
830		In every need he has delivered me. Glory be to the Father and to the Son and to the Holy Spirit.	解放したまう 父と子と聖霊に栄光あれ
831	Karras	As it was in the beginning, is now and ever shall be, world without end. Amen.	初めのごとく 世に終りはない
840	Merrin	Holy Lord, Almighty Father, everlasting God	聖なる主　全能の父 永遠の神よ
841		and Father of our Lord Jesus Christ,	主キリストの父よ
842		who once and for all consigned that fallen tyrant to the flames of hell,…	悪の暴君を 地獄の炎に落し―
843		who sent your only begotten Son into the world to crush that roaring lion,	怒りの獅子(しし)を下し ひとり子を送り―
844		hasten to our call for help,…	悩める我らを―
845		and snatch from ruination and from the clutches of the noon-day devil,	破滅と白昼の悪魔の手から 放ちたもうた父
846		this human being, made in your image and likeness.	神になぞらえて作られた人を

"心のおごった暴徒らが 私の命を狙う"	
"だが神は私を救い 私の命を守り—"	
"解放したまう 父と子と聖霊に栄光あれ"	
"世の初めより 今も 永遠に　アーメン"	原訳は誤訳
聖なる主　全能の父 永遠の神よ	
主キリストの父—	
悪の暴君を地獄の炎に焼き—	
怒りの獅子(しし)を撃つため 一人子を送りし方よ	原訳「下す」は"天から遣わす"と誤解される
この叫びを聞き—	
神のかたちなる この娘を 破滅と白昼の悪魔から—	原訳 #843 ～ 846 は誤訳。
速やかに解き放ちたまえ	

847		Strike terror, Lord, into the beast now laying waste your vineyard.	ぶどう畑を荒らす者に恐怖の稲妻をくだし
848		Let your mighty hand cast him out of your servant, Regan Theresa MacNeil,	この悪霊をリーガン・マクニールから放ち—
849		so he may no longer hold captive this person,	虜囚の苦しみから救いたまえ
850		whom it pleased you to make in your image,…	この神になぞらえた—
851		and to redeem through your Son, who lives and reigns with you…	あなたのしもべを守護したまえ
852		in the unity of the Holy Spirit, God, forever and ever.	父と子と聖霊の永遠の恵みを与えたまえ
853		Oh, Lord, hear my prayer.	祈りを聞こしめし—
854		Father Karras.	カラス神父
855		Damien. The response please, Damien!	デミアン　応誦(おうしょう)を
856	Karras	And let my cry come unto thee.	この叫びを御前に
857	Merrin	Almighty Lord, Word of God the Father, Jesus Christ,	全能の主 父なる神の言葉　キリスト
858		God the Lord of all creation …	全ての創造主

ぶどう園を荒らす者を 恐怖で打ちのめし―	雅歌 2:15
この悪霊をリーガン・テリーザ・ マクニールから放ち―	
虜囚の苦しみから救いたまえ	
彼女は神のかたちにして―	
生けるみ子に あがなわれし者なり	原訳は誤訳
父と子と聖霊なる神は 永遠に統べ治めたもう	原訳は誤訳
祈りを聞きたまえ	
カラス神父	
デミアン 唱和を	
この叫びをみ前に	
全能の主 父の神の言葉なるキリスト	原訳は文字どおりの「言葉」と取られ、 キリストを指す事が不明
全ての創造主	

859		who gave to your holy apostles the power to tramp underfoot serpents and scorpions,	御力により毒蛇とサソリを踏みにじり―
860		grant me your, unworthy servant pardon for all my sins…	いやしい　しもべに罪からの赦免を与え―
861		and the power to confront this cruel demon.	狂暴な悪霊と戦う力を授けたまえ
862		See the cross of the Lord. Be gone, you hostile power.	見ろ　主の十字架がなんじを滅ぼす
863		Oh Lord, hear my prayer.	祈りを聞こしめし―
864	Karras	And let my cry come unto thee.	この叫びを御前に
865	Merrin	The Lord be with you	主と共に
866		I cast you out, unclean spirit!	なんじけがれたる悪霊よ　去れ
874		By this sign of the Holy Cross of our Lord Jesus Christ,	この十字は主キリストの聖印
875		who lives and reigns with the Father and the Holy Spirit.	主は父と聖霊とともに君臨したもう
882		It's the power of Christ that compels you.	キリストの力がなんじを追う
891		The mystery of the cross commands you.	十字の印の命令
897		It's the Lord who expels you.	主がなんじを追放する

み力により毒蛇とサソリを踏みにじり―	
いやしい しもべの全ての罪を許し―	
狂暴な悪霊と戦う力を授けたまえ	
見よ　主の十字架がなんじを滅ぼす	
祈りを聞きたまえ	
この叫びをみ前に	
主が共に	主語は「主」
なんじ 汚れたる悪霊よ去れ！	
これは主キリストの聖十字架	
主は父と聖霊と共に統べ治めたもう	cf　#852
キリストの力が なんじを追う	compels　追う
十字架の奥義の命令	cf　#712
主が＊なんじを追放する	expels　追放する

899		He who is coming to judge both the living and the dead and the world by fire.	神は炎にて生者と死者と現世を裁きたもう
915		Our Father who art in heaven, hallowed be thy name.	天にいます父よ 御名のあがめられ―
916	Chris	Is it over?	終りました？
917		Is she gonna die?	死ぬのですか
918	Karras	You son of a bitch!	くさった鬼め
919		Take me! Come into me!	おれの体内に　はいれ
920		God damn you, take me! Take me!	畜生め　おれの体内に はいってみろ
925	Dyer	Do you want to make a confession?	告解（ざんげ）をするか
926		Are you sorry,	後悔―
927		are you sorry for having offended God and for all the sins of your past life?	神の怒りを受けた過去の罪を悔いるか
928		Ego te absolvo…in nomine Patris	なんじに免罪を
929		et Filli, et Spiritus Sancti. Amen.	父と子と聖霊の名において

主は火にて 生者と死者と世を裁きたもう	黙示録 20 章
"天にいます父よ み名があがめられ…"	主の祈り　cf　#820、821
終わりました？	
娘は死ぬの？	
腐った淫霊(いん)め！	「鬼」は欧米にはない
おれの体内に入れ	cf　マタイ 8：28 〜 34
クソ！　おれの体内に 入ってみろ	
告白をするか？	cf　#463
なんじ…	cf　マタイ 9：28 〜 34
神に背きし過去の罪を 全て悔いるか？	秘跡⑦病者の塗油
なんじに赦免を	cf　#727
父と子と聖霊の名において	

命を重視して人々の避難を誘導しようとする人物にポール・ニューマン、ビルのオーナーにウィリアム・ホールデン、その他にも、フレッド・アステア、ロバート・ワグナー、フェイ・ダナウェイ、ジェニファー・ジョーンズなど、当時、よく名の知られた有名俳優たちが名を連ねました。製作はアーウィン・アレン、監督はジョン・ギラーミンでした。

【1976年】
〔35〕「狼たちの午後」Dog Day Afternoon

　ニューヨークで実際に起こった銀行強盗事件を基に、社会派の巨匠シドニー・ルメット監督が作った犯罪映画で、その犯人に容貌が似ていたアル・パチーノが、迫真の演技を見せて話題になりました。ルメットは役者に徹底したリハーサルを強いる監督として知られていますが、この映画では、ほとんどのシーンを役者たちのアドリブ演技に任せたため、よりドキュメンタリータッチになって、自然さが増したと言われています。それもあってか、同年度のアカデミー賞で作品賞を含む６部門にノミネートされ、そのうち脚本賞を受賞しました。

　なお原題の"Dog Day"は"盛夏"という意味なので、犯人たち二人を、犬の先祖で更にどう猛な"狼"に見立てた邦題は、誤訳と言ってしまえばそれまでですが、原題の意味など無視すれば、それなりにかっこいい題名とも言えます。余談ながら、日本語の「犬」は、忠実なペットであると共に、"幕府の犬"などというように、臆病で強いほうについて自己保身を図る人間の形容にも使われ、あまりいいイメージではありませんが、英語のほうは、この"盛夏"のように、猛烈に激しいことを表し、Dog fightと言えば、犬のケンカではなく"空中戦"という意味になるから、面白いものです。でも、元々は犬が互いに相手の尻尾に食いつこうと、くるくる追い回す様を例えたものですから、言いえてますね。

第 3 部　思い出のワーナー映画 半世紀

〔36〕「エンテベの勝利」Victory at Entebbe

　これは、この年の 6 月 7 日に起こったアラブゲリラによるエンテベ空港でのエールフランス機ハイジャック事件を題材にしたもので、イスラエル軍が人質奪取に成功しましたので、世界中の人々はその人命重視の勇敢な行動をたたえました。ワーナーのアメリカ本社は、これは映画化したら、十分に成功すると踏んだのでしょう。なんと、事件解決後、すぐ映画化に着手しました。元々はテレビ映画として製作に入ったのですが、日本では、その年の 12 月、事件の半年後に、クリスマス・お正月映画で公開することにしました！　さぁ、宣伝と製作の現場は大変です。12 巻あるプリントが、アメリカで 1 巻出来上がるごとに、日本に空輸され、それを輸入しては、すぐ字幕翻訳にかかり、できた巻から現像所に回してプリント現像にかかる、という、おそらくそれまで一度もやったことのない超過密スケジュールで、公開に何とか間に合わせました。この時の渉外部長は金井義雄さんでしたが、その、毎日が"戦場"のような様子は、すぐ隣のデスクにいた私にも、ひしひしと伝わってきました。金井さんは、その無理がたたったのか、体調を壊されたこともあって、翌年 2 月に定年退職されることになりました。そこで、後任を誰にするかということになり、前述したように、彼の一番近くにいた私に白羽の矢が立ったのでしたが、この映画公開のための大騒ぎの最中には、2 か月後の私の運命など、知るよしもありませんでした。

　けれども、これほど頑張ったのに、いかんせん、十分な宣伝期間も置かず、試写もほとんどする時間もないまま公開しても、お客さんが来るわけはありません。クリスマスに公開すると、とてもお正月まで持たない散々な成績で、加えてアラブ諸国からの上映に対する抗議もあったため、哀れ 1 週間で打ち切られてしまいました。首脳陣には、痛い教訓になったと思います。

　俳優陣は、主人公のイスラエル軍将校に、カーク・ダグラス（2016

年12月100歳！）、その妻にエリザベス・テイラー、娘に「エクソシスト」のリンダ・ブレア、他にイスラエルのラビン首相にアンソニー・ホプキンス、とペレス国防相（のちに首相）にバート・ランカスターという、結構豪華な俳優陣だったのですが、残念なことです。

【1977年】
〔37〕「スター誕生」A Star is Born

これは1955年版の〔6〕「スタア誕生」A Star is Bornの22年ぶりのリメイク、1937年版からでは3度目のリメイクで、最初の2作の「スタア」という古めかしい邦題も、「スター」という現代表記になりました。1955年版のジュディー・ガーランドはバーブラ・ストライサンドに、ジェイムズ・メイスンはクリス・クリストファーソンに代わり、舞台も映画俳優と歌手の話から、レーサーとロック歌手の話になり、〔35〕「狼たちの午後」Dog Day Afternoonの脚本を書いたフランク・ピアソンが監督し、70ミリの大画面になりました。1976年第49回アカデミー賞で4部門にノミネートされ、歌曲賞を受賞しました。けれども、私には、なんといっても1955年版のほうが、心に残っています。

【1978年】
〔38〕「グッバイガール」The Goodbye Girl

リチャード・ドレイファスとマーシャ・メイソン主演、ハートウォーミングな作品を作らせたらちょっと太刀打ちできないハーバート・ロスが監督した、ロマンティック・コメディー作品でした。マンハッタンを舞台に、貧乏役者と子連れのダンサーが結ばれるまでのお話ですが、主演のリチャード・ドレイファスはこの作品でアカデミー主演男優賞を受賞し、マーシャも主演女優賞にノミネイトされました。もう一人、大事な人を忘れていました。脚本を書いた著名な劇作家のニー

ル・サイモンで、彼もアカデミーにノミネイトされましたが、私に言わせれば、この３人、それに娘役を演じ、同じく助演女優賞にノミネイトされたクィン・カミングズの４人全て、受賞してもよかったほどのいい出来栄えだったのですが、アカデミー賞というのは、その時にたまたま強力なライバル作品があったり、あるいは人間的な思惑が絡んだりして、必ずしも正しく評価されるとは限らないところが問題ですね。

【1979年】
〔39〕「ビッグ・ウェンズデー」Big Wednesday

　タイトルは、直訳すれば"大きな水曜日"ですが、これは曜日の話ではなく、伝説的に、いつかの水曜日に起こる世界最大の大波のことで、サーフィン愛好家には、この波を何年も待ち続け、この波の上でサーフボードを乗りこなして"征服"することが、本物のサーファーの証しになるのです。ジョン・ミリアスが自ら脚本を書いて、メガフォンを取り、ジャン・マイケル・ヴィンセント（マット）、ウィリアム・カット（ジャック）、ゲイリー・ビジー（リロイ）の三人の若者が、このサーファーに扮して、青春真っただ中の若きサーファーを演じました。

　物語の始まりは1960年代の初め、カリフォルニアの海辺ですが、やがてアメリカは、自国の歴史上、若者たちにとって最も暗黒と言える大義なき戦争、ヴェトナム戦争の泥沼に突入します。この映画のいわゆる"男の友情"がいいのは、三人の中で、ただ一人、自らの愛国心の証しとしてこの戦争に参加したジャックの帰還を待って、三人で初めてビッグ・ウェンズデー征服の誓いを立ててから、実に十数年後に、その誓いを果たすところです。ラストのクライマックス、いよいよ今日はそのビッグ・ウェンズデーがやってくるという日、サーフボードを抱えて集まった三人が、互いに顔を見合わせ、にやりと笑って、海に向かっていくシーンには、サーフィンファンならぬ私も、シビれ

たものです。

［40］「スーパーマン」Superman The Movie

　あの勇壮なテーマミュージックと共に始まる、劇場用シリーズ4作の第1作。ハンサムなクリストファー・リーブがスーパーマンこと、クラーク・ケントに、マーゴット・キダーがその恋人に、そしてスーパーマンの父にマーロン・ブランドが扮しました。この年は、それまで30年近く務めた戦後初代日本代表のあとを受けて、アメリカから若い日本代表のリチャード・フォックスさんが赴任し、最初の社内試写会のあと、「よし、この作品を赴任初の大ヒットにするぞ。皆さん、頑張ろう！」と意気込んでいたのを思い出しますが、本国のアメリカでの人気も大きく、映画を見た男の子が、自分も飛べると思って窓から飛び出した、という笑えない事件も起こりました。クリストファー・リーブは、第4作までスーパーマンを演じたあと、不幸にも好きな乗馬中に落馬して半身不随になり、まだ若くして亡くなりました。字

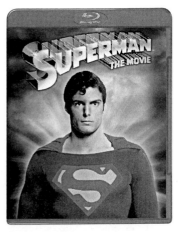

『スーパーマン　劇場版』
ブルーレイ ¥2,381 ＋税
／DVD ¥1,429 ＋税
ワーナー・ブラザース
ホームエンターテイメント

SUPERMAN and all related characters and elements are trademarks of and © DC Comics.
© 2011 Warner Bros. Entertainment Inc. All rights reserved.

幕翻訳は高瀬鎮夫さんでしたが、当時としては最新のCGを駆使して映画製作に時間をかけすぎ、公開まで時間がなかったため、高瀬さんは字幕タイトルネガの校正に、アメリカの本社に飛びました。

〔41〕「マッドマックス」Mad Max

　この映画は、この1979年の第1作を皮切りに、2年後の1981年に第2作、更に4年後の1985年に第3作まで作られましたが（正確には、なんと32年ぶりになる「マッドマックス」シリーズ第4作**「怒りのデス・ロード」**Mad Max: Fury Road が先頃公開されましたが、当然ながら主演俳優も交代しました）、この第1作を見た時の衝撃は、今も忘れません。この映画を作ったジョージ・ミュラーは、この映画が監督デビューで、低予算でセットを組まず、既存の建物と砂漠ロケで、ひたすら究極のカーバイオレンスを追求しました。この作品を見終わった時は、後年、〔84〕**「マトリックス」**The Matrix（何やら語呂も似ていますが）を見た時の衝撃にも似ていて、「スゴい映画ができたもんだ」という感じで、何か"新時代"の映像感覚の幕開けを思わせました。

　暴走カーによる犯罪がエスカレートの一途をたどる近未来のオーストラリアの荒涼とした砂漠で、暴走族専門の特殊警察「M.F.P.（Main Force Patrol）」所属の警官で、愛する息子を殺され、妻も重傷を負わせられた暴走族のリーダーを追い詰める男、マックス・ロカタンスキー、人呼んで"マッドマックス"（イカれたマックス）。これが、俳優メル・ギブソンをスクリーンで見た始まりでした。てっきりこの俳優は、現地でスカウトした無名のオーストラリア人俳優だと思っていたのですが（この映画のオーディションに合格して採用されたのは事実ですが）、いやいやどうして、アメリカの地元で演技をしっかり学んだ本物のニューヨークっ子でした。当然ながら、こんな汚れたアクション映画俳優で終わるはずはなく（"汚さ"という点では、この映

画、回を追うごとに、その度合いを増し、第3作「サンダードーム」Mad Max Beyond Thunderdome ではメタンガス収集のために大量に飼育されている豚の糞まみれの中で戦ったりするのです！）私の在職中にも、「リーサル・ウェポン」Lethal Weapon シリーズで代表的アクション映画俳優の基盤を揺るがぬものにしたと思ったら、シェークスピア劇の「ハムレット」Hamlet を演じて驚かせ、「ブレイブハート」Braveheart では演ずる傍ら自らメガフォンもとって、アカデミー作品、監督賞受賞、やがて自らのキリスト教信仰の証しとして究極のキリスト映画「パッション」The Passion of the Christ を製作、今また、第二次大戦中の実在の非暴力クリスチャン衛生兵を主人公にした「ハクソーリッジ」Hacksaw Ridge を製作しています。

この映画の字幕は、新感覚で作られた映画だから、翻訳者も新しい人にお願いしてみようということで、初めて野中重雄さんに依頼しました。この頃には、長年字幕翻訳をお願いしていた高瀬鎮夫さんも、新旧交代の時期に来ていました。第2作は岡枝慎二さん、そして第3作は戸田奈津子さんでした。

【1980年】
〔42〕「あきれたあきれた大作戦」In Laws

この作品の字幕翻訳は、それまではほとんど100パーセント、高瀬鎮夫さんの翻訳だったのですが、たまには後進にチャンスをあげようということになって、彼が戦後立ち上げ、しばらく営業していた字幕翻訳会社「セントラルプロダクション」生え抜きのお弟子さんのKさんにお願いすることになりました。ところが、その字幕ではどうにも笑えない。そこで結局師匠の高瀬さんに、「もっとお客さんに笑ってもらえるよう、少し手を入れてください」とお願いしたら、「やれやれ、しょうがないね」と言いながらも（おそらく心の中では「だから最初から私に頼めばいいのに」と思われたかもしれませんが）、引

き受けてくださって、やがて帰って来た原稿を見たら、半分以上直しの赤が入り、俄然(がぜん)面白くなっていました。その経験を通し、私は、翻訳のプロになるには、コメディーセンスが必須なのだということを実感しました。ユーモアとウィットは、心のゆとりから生まれます。そのゆとりから、主人公と心を通わせる生きた日本語のセリフが生まれてくるからです。

〔43〕「シャイニング」The Shining

　これは、"ホラー小説のキング"とも言うべきスティーヴン・キングの原作を基に製作された、スタンリー・キューブリックのオカルト映画の傑作です。

　物語は、コロラド州のロッキー山上にあるオーバールック・ホテル。小説家志望のジャック・トランス（ジャック・ニコルソン）が、雪深く冬期には閉鎖されるこのホテルへ、管理人としての職を求め、妻ウェンディーと一人息子ダニーを引き連れて訪れます。このホテルは以前の管理人であるチャールズ・グレイディーが、孤独に心を蝕まれた挙げ句、家族を斧(おの)で惨殺し、自分も自殺したといういわく付きの物件。親子３人で住み込むうちに、次々に不思議な事件が起こり、不思議な能力である"輝き（Shining）"を持つ少年ダニーは、様々な超常現象を目撃します。そのうちに、このジャックの心に、まるで亡くなったグレイディーの狂気が乗り移ったように、彼は同じ凶器の斧を持って、妻と子どもを殺そうと、吹雪で外界との接触を一切閉ざされたホテルの中を追いかけ回すのです。このジャック・ニコルソンの"狂気"ぶりが秀逸で、ほんとにぞっとするほどです。映画は、"ホテル"そのものに潜む魔の力、という原作のテーマはほとんど背後に押しやって、キューブリック好みに、映像力を駆使した視覚による恐怖感の増幅に力を入れていますが、ダニーの見ている寝室の中から血があふれ出て、まるで洪水のように廊下を流れていくシーンや、浴室に横たわ

る美しい女の誘惑に負け、ジャックが思わず彼女を抱擁すると、鏡に映るくだんの美女がみるみる醜い老女に変わっていくシーン、そして最後の、斧で部屋のドアを壊しながら、中に入ろうとするジャックの殺意にギラギラ燃えた笑い声など、これは鬼才キューブリックが計算し尽くした"映像美による究極の恐怖"とも言うべき怖さでした。

この浴室のシーンでは、またもやヘア修正の課題がありました。今回はその局部を"ぼかし"という技術でヘアが見えないようにグレイにぼかすのですが、日本の現像所には（この映画の時は東洋現像所、現在のIMAGICAでしたが）、ぼかしのプロがいまして、それを見たキューブリックがその技術の高さに満足し、修正プリントで上映することを許可したのみか（言葉でも映像でも、表現の自由に固執する彼としては、普通なら頑としてオリジナルのままでの上映を主張し、こちらを困らせるところですが）、日本だけでなく、台湾や香港版の修正も依頼してきました。この両国とも、税関の通関基準が高くて、局部はもちろん、女性の乳房もダメなのです。どうしたか？ なんと、老女に、CGで青と肌色のストライプの水着を合成して着せたのです！

また、これはもう語りぐさですが、キューブリックは、まさに映画作りの"職人"、大変な凝り性で、世界各国で公開される自分の映画は、配給条件の吟味から、宣伝方法の詳細、果ては、監督は普通、まずそこまではタッチしない、訳された字幕翻訳も監修しました。そのやり方は、知る人ぞ知る"4-column checking 4列チェック法"。横長のA4紙に、左から右に以下の4列を作ります。

① JAPANESE TRANSCRIPTION：日本語訳を最小の品詞に分割してローマ字表記したもの。

② WORD-FOR-WORD TRANSLATION：逐語英語翻訳。その分割した品詞ごとの英語変換訳。

③ ENGLISH TRANSLATION：英語訳。日本語字幕訳を英語に再翻訳。

④ ENGLISH ORIGINAL DIALOGUE：英語のセリフ。英台本上の実

際の英語。

 これを全てのセリフにわたって、やるのです。通常の日本語訳に加えて、①〜④の作業をやるのですから（④はオリジナル台本からのコピペ（コピー＆ペイスト）作業で済みますが）、作業量は、ほぼ 4 倍になります！ この悪夢のようなチェック方法は、〔30〕「**時計じかけのオレンジ**」Crockwork Orange の時はまだなく、この「シャイニング」が最初でした。この作業も、"言葉の職人"の高瀬鎮夫さんが全部自分でやりましたが、彼のあとの人には手に負えません。〔54〕「**フル・メタル・ジャケット**」Full Metal Jacket と〔84〕「**アイズ・ワイド・シャット**」Eyes Wide Shut の時は、イアン・マクドゥーガルさんというバイリンガルのトランスクライバー（英文台本ヒアリング作成者）が、見事にやってくれました。「フル・メタル・ジャケット」の記事のときに、実例をご披露しましょう。

【1982 年】
〔44〕「ブレードランナー」Blade Runner

 これは、監督リドリー・スコットの代表作、そしてキューブリックの「2001 年 宇宙の旅」2001：A Space Odyssey と双璧をなす、SF 映画の最高傑作とも言われています。フィリップ・K・ディックの SF 小説「アンドロイドは電気羊の夢を見るか？」が原作です。私自身も、未来の話ながら、「この世界はやがて実現する」とリアリティーを実感した 2 本の SF 映画の 1 本でした（もう 1 本は〔80〕「**コンタクト**」Contact です）。映画に設定された 2019 年は、公開時には、37 年後、近未来だったのですが、今はもう 2 年後です。現実の科学は、まだまだ遅れています。

 2019 年、環境破壊により人類の大半は宇宙に移住し、地球はもう空中でさえ路上と同じように交通過密状態になっています。そんな中、宇宙開拓のために開発された複製人間レプリカントが、作成後 4 年

で寿命が尽きるように設計されている半面、その4年目には感情が芽生えるという特性のゆえに（この、人造人間に"感情"が芽生えるという想定は、のちの〔87〕「A.I.」A.I. でも生かされています）、人間に反抗しだす者たちが続出し、ついに殺人まで犯し、地球に逃走します。そのため、彼らを捜し出して"解任"（廃棄）するために、一度は退職した専任捜査官（ブレードランナー）のリック・デカードが招集されます。彼は、早速、逃亡して地球に潜伏中の4人（男でリーダーのバッティー、男リオン、女ゾーラ、女プリス）を見つけ出すため、追跡を開始しますが、ただの追跡と違って難しいのは、何しろ彼らは複製人間なので、誰が人間で誰がレプリカントなのか分からないところにありました。

　――とここまで書くと、「あ、この映画は、あの〔84〕「**マトリックス**」The Matrix の原型だ！」ということに誰しもが気づきます。こうして、知的にも体力的にも人間以上の能力を持つ4人のレプリとの間に、死闘が繰り広げられ、まずゾーラ、次いでリオン、終盤近くにやっと追い詰めたプリスを倒し、最後に、最強のバッティーと、ビルの屋上で対決します。危機一髪のリックを助けて、2番目のリオンを射殺したのは、同じレプリカントで、リックに対して初めて恋愛感情の芽生えた（ということは死期の近い）レプリカント製造会社タイレル社の秘書レイチェルでした。また、バッティーとのあの壮絶な死闘は、ここに書かずもがな、ご覧になった皆さんの記憶に焼き付いていることでしょう。

　この映画に漂う何とも言えない"哀愁"感は、上述したように、"愛の始まりは命の終わり"というレプリカントの持つ宿命にあります。バッティーの最期も、敵ながら、なんともやるせないものでしたが、もっと悲しいのは、リックのレイチェルとの永遠の別れです。でも、その死を惜しむ私のような声が、世界中から殺到したのでしょう。1993年に再公開されたディレクターズ・カット版では、リックは彼

女と共に宇宙への逃避行に旅立ちました。日進月歩の科学の前に、「彼女の命があとどれほどなのか、誰が知ろう」というリックのセリフと共に――。

　私がこの映画を"聖書眼鏡"で見てみると、レプリカントの人間への反乱は、被造物である人間が、創造者である神の戒めに背いた原罪の記事を思い起こしますし（旧約聖書 創世記 3 章）、4 年間の寿命は、神に背いた人間に神様が"寿命"を与えられたという聖書の記事を思い起こさせます（同 6:3）。しかし、このディレクターズ・カット版のラストを見た時に、私の心に響いてきたのは、次の聖書の一節でした。

　「愛には恐れがありません。全き愛は恐れを締め出します。なぜなら恐れには刑罰が伴っているからです。恐れる者の愛は、全きものとなっていないのです。」（新約聖書ヨハネの手紙Ⅰ 4:18）

【1984 年】
〔45〕「卒業白書」Risky Business

　これは、トム・クルーズのワーナー映画出演第 1 作で、彼の出世作です。ポール・ブリックマン監督・脚本の青春映画で、シカゴの高校 3 年生のジョエルが、両親不在の間に巻き起こす騒動を描いています。1962 年生まれのトム・クルーズはこの時、弱冠 21 歳で、18 歳のジョエルを演じました。その時 42 歳の私は（彼の実年齢のちょうど倍でした）、スクリーンで初めて彼に出会い、特に、一躍有名になったあの、ワイシャツにブリーフ姿のまま、ギターの演奏スタイルで画面の端から中央にスッと出てきて踊るシーンを見て、「なんてかっこいい若者だ！」と思ったものです。

　両親の期待を一身に担い、大学受験を控えながら、若さを持て余してセックス願望に捉われたジョエルは、売春婦のラナ（レベッカ・デ・モーネイ。同じく初めて会った彼女も美人でした）に恋してしまいます。でも、言葉で傷つけてしまった彼女に親の高級車を湖に沈められ、

修理代を賄うために、彼女と組んで自宅を売春パーティーの場にして一儲けしたり、彼女のヒモに盗まれた家具一式を、両親の帰る直前に一計を案じて取り返したりと、将来の大事業家の片鱗をうかがわせる"危険なビジネス"（原題）をやってのけて、折しも志望校のプリンストン大学から面接に訪問した面接官をも満足させて、無事に志望大学に合格するという、なんともしたたかなアメリカの若者像を見せてくれました。

　なお、原題そのままの片仮名タイトルは、この頃からはやり出しましたが、この映画では、もし「リスキー・ビジネス」とやっていたら、何やら犯罪映画と取られて、頂けないところでした。その点、宣伝部の考えだしたこの日本タイトルは、実にいいと思いますね。

[46]「カメレオンマン」Zelig

　まぁ、俳優の中で、一番しゃべりまくる人、と言ったら、まずウディー・アレンでしょう。ユダヤ系アメリカ人の彼は、俳優、脚本家、小説家、クラリネット奏者というマルチタレントの持ち主。60本の監督・出演作品で、アカデミー賞に史上最多の24回ノミネートされ、監督賞を1度、脚本賞を3度受賞しています。身長160センチで小柄ながら、独特の雰囲気を持った人で、60本を超える多作な作品中、ワーナーでも7、8作を配給していますが、どの作品も…セリフが多すぎて翻訳者泣かせでした！　そのうちの一本がこれ。どんな性格にも即変えられ、それと共に容姿まで変えられる"カメレオン"みたいな人間がいたら、どうなるかという発想がいかにも彼らしく、この映画ではそんな主人公ゼリグ（原題）に扮して、彼が歴史上、いろいろな有名人物の近くに出没するのを、ドキュメンタリータッチで追い、その非現実的な言動が大いに笑わせました。ちなみにどんな人物と一緒にいたかというと、ルー・ゲーリッグ、ベーブ・ルース、クーリッジとフーバーの両大統領、作家のスコット・フィッツジェラルド、新

聞王ハーストとその愛人、戯曲家ユージン・オニール、ローマ法皇、ヒトラーなどなどです！ そのいわゆるフェイク・フィルムがよくできていて、その面でも、今はやりのVR（ヴァーチャル・リアリティー）的面白さがありました。お相手は、彼の映画には最も多く出ていて、事実上の恋人だったミア・ファーローです。

さて、この映画、前述の彼の饒舌と、のべつ幕なしにナレーションが流れるため、字幕制作上の大問題がありました。後述の〔63〕「ロジャー・ラビット」Roger Rabbit 同様、字幕が追い付かないのです！ そこでまたいろいろ知恵を絞って考えたのは、これもワーナー初の"字幕・吹き替え折衷案"！ ナレーションを吹き替えで、アレンのセリフを字幕でやるというものでした。これは、折衷案が初めてであっただけでなく、私の知る限り、ワーナー劇場用吹き替え版も初めてでした。言葉を変えれば、ワーナー初の吹き替え版は字幕折衷だった、ということです。この時は、高瀬鎮夫さんの一番弟子、金田文夫さんが、字幕翻訳だけでなく、吹き替え翻訳も、その演出もできるという器用さが大いに役立ちました。それと、まだビデオ素材が出てくる前の最後の吹き替え版製作でもありました。つまり、声優さんがアフレコ（これは日本の言い方で、海外ではダビング）をするときに、映像素材としてフィルムを使ったのです。アフレコというのは、アフター・レコーディング（撮影後録音）、音入れとも言い、音声なし、あるいは外国語音声の映像に、日本語でセリフやナレーションを録音してピッタリ口の動きに合わせてはめ込んでいくことで、アテレコとも言います。これは、映画の俳優たちの口の動きや話している長さに、うまく"当てはめて"日本語を入れていくことです。今はビデオ映像をスクリーンに映し出し、原音の英語のセリフを小さなボリュームで聴かせながら、吹き込んでいきますが、ビデオのない時代は、一本の映像だけの吹き替え作業用フィルムを場面ごとに何十カットかに切断し、それぞれの始めと終わりをつないでループ状にし、それを映写機にかけて映

し出された映像を見ながら、ダビングをしたのです。映写機を備えてこれを専門にできるスタジオは極めて少なく、この作品も、スタジオ・エコーというところで作りました。

〔47〕「ライトスタッフ」Right Stuff

アメリカの有人宇宙飛行計画"マーキュリー計画"に従事した、戦闘機のパイロット上がりの7人の宇宙飛行士の実話を基に描いた作品で、フィリップ・カウフマンが自ら脚本を書き、監督しました。1979年に出版されたトム・ウルフによる同名のドキュメンタリー小説が原作で、第56回アカデミー賞で、作曲賞(ドラマ)、編集賞、音響効果賞、録音賞の4部門を受賞しました。タイトルは、"正しい資質"という意味で、国家の期待の重圧に耐え、家族の犠牲を受け止めながら、人類初の宇宙への夢を果たすために、それぞれに異なる自分の資質を全て用い尽くした、実在の男たちの生きざまは、見る者の心を熱くしました。

1947年のアメリカ、エドワーズ空軍基地での、テストパイロットのチャック・イェーガー(サム・シェパード)の音速の壁突破、ソ連の世界初の人工衛星スプートニク1号打ち上げ成功に対抗するため、国家の威信をかけて創設されたNASA(アメリカ航空宇宙局)で、厳しい検査を経て7人(ザ・マーキュリー セブン)が選ばれ、血のにじむような厳しい訓練が始まります。その実在の面々は、アラン・シェパード(スコット・グレン)、ヴァージル(ガス)・グリソム(フレッド・ウォード)、ジョン・グレン(エド・ハリス)、ゴードン・クーパー(デニス・クエイド)、ウォルター・シラー(ランス・ヘンリクセン)、スコット・カーペンター(チャールズ・フランク)、ディーク・スレイトン(スコット・ポーリン)でした。彼らは、ライバル国ソ連のユーリ・ガガーリンの世界初の有人宇宙飛行の成功にもひるむことなく、ついに、宇宙へと飛び立っていきますが、一方、大卒でないために7

人に選ばれなかったイェーガーは、ソ連が持つ高度記録に独りで挑み、最高高度記録を達成したところで機体制御不能に陥るも、九死に一生を得て無事地上に帰還します。そして、「ライトスタッフ」の7人の中で取り残されていたゴードン・クーパーが宇宙へ飛び立ち、"アメリカ人最後の宇宙単独飛行"の記録を成し遂げ、マーキュリー計画は、役目を終えて、次のアポロ計画（初の有人月面到着）にバトンタッチするのでした。

　チャック・イェーガーに扮したサム・シェパードが、学歴のゆえに7人に入れない悲哀を胸に秘め、独り自分のライトスタッフに挑戦し続ける男を渋く演じて最高の演技を見せましたし、アラン・シェパードのスコット・グレンも、ジョン・グレンのエド・ハリスも、持ち味を生かしたいい演技でしたが、私は、デニス・クエイドに初めて出会い、仲間と相乗りのコンパーチブルで、カーラジオから流れるポップスに、あごで拍子を取りながら仲間と興じる、いかにもアメリカの若者らしい姿が印象的でした。また、1940年代、1950年代の時代考証の効いたシーンにも、大いに共感しました。バックに、あのパテイ・ページの「テネシーワルツ」が流れ出すと、懐かしさにもうたまりませんでした。

　字幕翻訳には、初めて、戸田奈津子さんをお願いしました。男っぽい映画であり、宇宙飛行の専門用語も頻出する映画でしたが、一方ではこの空の男たちを、いろいろな不満や不安を抱えながらも、しっかりと支えるそれぞれの家庭の妻たち、子どもたちも登場しました。彼女は、その人たちのセリフも含めて、私の期待によく応えてくださり、以後、高瀬さんを引き継ぐワーナー作品の字幕翻訳になくてはならない人になりました。

[48]「ポリスアカデミー」Police Academy

　タイトルは、日本語で言えば「警察学校」です。ジャンルはコメディー

で、翻訳は〔47〕「ライトスタッフ」Right Stuff に続いて戸田奈津子さん。全くジャンルの違う映画でしたが、彼女にはコメディーセンスもあることを、この映画で証明してくださいました。この映画がそこそこヒットしたものですから、シリーズとして第6作まで作られましたが、この第1作が結局一番面白く、続編は作るほどに、マンネリ化してつまらなくなりました。それというのも、映画が面白くなるストーリーとしては、どうしようもないダメ男どもが、厳しい訓練を経て、汗と涙のうちにやがてりりしい警官や兵士になっていくというのが第一に挙げられますが、邦画では「**海猿**」、洋画では「**愛と青春の旅立ち**」An Office and A Gentleman などを思い起こせば、それが事実であることに納得なさると思います。この第1作も、まさにそれにうってつけの作品だったのです。映画では、敵には恐れられ、市民には信頼される優秀な警官になろうとして、アメリカ全土から多くの若者が試験を受けにやってきます。そして合格した者は、今度は一人前の警官になるため、お決まり"鬼の指導教官"によってしごきにしごかれるのですが、この映画を成功させたもう一つの要素は、コメディーでした。怖いのにどこか抜けた教官と、どこかとぼけた老校長、そしてダメながらも何かしらの"特技"を持ったルーキーたちの巻き起こすどたばた騒動も手伝って、金のかかっていない小品ながら、なかなか面白かったのですが、彼らが一人前の警官になったあとの第2作以降は、この面白要素がなくなってしまったので、成績が尻つぼみになるのも当然の成り行きでした。

　この作品はこの年の10月劇場公開でしたが、戸田さんには、その1か月前の9月公開の「ライトスタッフ」で初めてワーナー作品をやっていただき、これが2作目、そしてこれから2か月後の12月、正月映画としてこの年一押しだった「グーニーズ」The Goonies も戸田さんで、わずか4か月の間に、しかもワーナーだけで3作品をやっていただいたわけです。もちろん他社からも売れっ子でしたから、おそ

らくこの頃は、週に 1 作のペースで仕事をなさっていたのではないでしょうか。

そんなわけで、彼女の翻訳と映画自体で十分に面白かったのですが、なんと会社は、さらに芸能ニュースの話題に挙げて観客動員を図るべく、いわゆる"言語アドバイザー"を付けようということになり、当時売れっ子の放送作家だった、影山民夫（故人）、高田文夫の両氏にお願いすることになりました。他社ではすでにこのやり方を採用していたのですが、ワーナーではこれが最初でした。その狙い目は、人々に、「あいつがアドバイザーやるんなら、セリフで笑わせてくれるだろう」という期待を抱かせて、劇場に足を運んでもらうことにあるわけです。

他にも翻訳者を補佐する存在としては、"監修者"という方々もいて、映画が例えば航空物、戦争物（〔54〕「**フルメタル・ジャケット**」Full Metal Jacket）、宗教物など、専門的な要素の濃いものですと、翻訳に誤りがないように、監修をお願いするのはそれなりに意義がありますし、新人や力量不足の翻訳者の翻訳を、ベテランが手を入れて完成度を高くするのも（〔42〕「**あきれたあきれた大作戦**」In Laws、「**サルバドル 遥かなる日々**」Salvador）、必要性がありますが、この"言語アドバイザー"というのは、これまた製作担当者泣かせの存在でした。確かに言葉を面白くする才能はお持ちなのですが、字幕翻訳についてはズブの素人ですから、字数制限については、一応の説明はしても、それよりも"面白さ"優先で、原翻訳者の苦心のオリジナルに、どんどん赤（直し）を入れてくるわけです。それをまた、面白さはできるだけ残しながら、字数内に収める"裏方苦労"をするのはいつも私でした。

これで味を占めたのか（？）、このシリーズ、全て翻訳は戸田さんにお願いしながら、1986 年の第 3 作では小堺一幾・関根勤の両氏、1988 年の第 5 作ではコント赤信号、1989 年の第 6 作では、ちびっこギャングにお願いしました。小堺・関根コンビには、1988 年の

〔62〕「グッドモーニング・ベトナム」Good Morning Vietnam でも再度お願いしています。その他にも、1986年の「ワイルドキャッツ」Wildcats では兵藤ゆきさん、1987年の〔55〕「サボテン・ブラザーズ」Three Amigos ではシティ・ボーイズ、同年の〔58〕「インナー・スペース」Inner Space ではビートたけし氏、1988年の「ビートルジュース」Beetlejuice では所ジョージ氏をお願いしましたが、これも一種の流行(はやり)だったのでしょう。彼らの起用がどれほどの興行成績アップにつながったのかは知る人ぞ知るで、「とにかく裏方の苦労は大変なので、もうそろそろやめにしませんか？ こちらは本来の字幕翻訳者の力量で勝負しますので」という日本代表への私の直訴（？）もあって、1989年の「ポリスアカデミー6」Police Acadmy を最後に、幸いにも（！）このやり方は、少なくとも私の在職中は影をひそめることになりました。

〔49〕「グレムリン」Gremlins

ジョー・ダンテ監督、スティーヴン・スピルバーグ製作総指揮、クリス・コロンバス脚本のSFブラック・コメディー作品です。クリスマスに贈られた珍しいペットのモグワイ、"ギズモ"の飼育方法にまつわる騒動を描いた娯楽作品でした（6年後の1990年、ダンテはスピンオフ続編「グレムリン2 新・種・誕・生」Gremlins 2: The New Batch も製作しました）。この映画は、まだ大学生だったクリス・コロンバスが書いていたストーリーがスピルバーグに見いだされ、本格的に脚本にしたことで誕生しました。コロンバスはのちに、「ハリー・ポッター」Harry Potter シリーズの1、2作の監督を務めて大ヒットさせましたが、このようなファミリー向けのSFは、"子どものような"心を持ったスタッフが手を組むことによって生まれることを改めて証明してくれました。

このモグワイはもともと遠い宇宙のかなたから送り込まれた体長

30センチの生物なのです。耳が大きく、目がくりくりしていて、「ヤンミーヤンミー」と解読不能語を話す愛らしいキャラクターですが、取り扱いを誤ると、体調が倍以上の70センチになり、形相も一変して悪さを働く"グレムリン"に変貌するのです。それは、飼育に当たってゼッタイに守らなければならない次の3つのルールを破ったときに起こります。

① 光に当ててはいけない（光が苦手で、特に太陽光に長い間当たると死んでしまいます）。
② 水をかけたり、濡らしてはいけない（水がかかると細胞分裂を起こし、急激に繁殖します）。
③ 真夜中（12時過ぎ）に食べ物を与えてはいけない。

　ラストでは、もう数十匹に増え、町の劇場を占拠したグレムリンたちが、CGを駆使して、スクリーン狭しと暴れ回りますが、最後はこのルールの①によって、一掃されます。字幕翻訳は戸田奈津子さんでした。

【1985年】
〔50〕「ターミネーター」The Terminator

　のちに、「**タイタニック**」Titanic、「**アバター**」Avatar などの超大作を手掛けることになる、娯楽SF作品の巨匠、カナダ出身のジェイムズ・キャメロンの監督になる、近未来のSF作品で、オライオンという新しい製作会社が社運をかけて製作し、そちらと配給契約を結んだワーナーが配給して、大ヒットさせた作品です。このヒットを受け、6年後の1991年に「**ターミネーター2**」、さらに12年後の2003年に「**ターミネーター3**」、その6年後の2009年に「**ターミネーター4**」が製作されます。また、直接的なつながりはありませんが、2015年に、この第1作のリブート（リメイクと違い、シリーズにおける連続性を捨て、新たに一から仕切り直して製作された作品）として「**ター

ミネーター：新起動 / ジェニシス」も製作されましたので、「**スター・ウォーズ**」Star Wars にも匹敵する、30 年をかけた"ドル箱"作品だったと言えるでしょう。残念ながら、ワーナー配給はこの第 1 作のみで、以降は他社に譲りました。

　ロボットが人間に復讐するという筋書きは、もはや SF 映画の一つの普遍的テーマになっていますが、この映画では、その悪に特化した強力殺人アンドロイド"ターミネーター（"絶滅者"の意）・サイバーダインシステム・モデル 101"(アーノルド・シュワルツェネッガー)が、未来世界から地球に乗り込んで、主人公ジョン・コナーの母サラ（リンダ・ハミルトン）を殺すことによって、主人公そのものの地上の存在を亡き者にするという、タイムスリップ要素が加わったので、面白くはなった半面、単純思考の私のような者には、理解に苦労する作品になりました。面白いのは、悪役はいくら強くても、早晩殺される運命にあるのですが、この第 1 作のシュワちゃんのアンドロイドが強すぎたので、第 2 作以降は、何と"善玉"に変身して、大活躍するの

『ターミネーター』
ブルーレイ発売中
20 世紀フォックス
ホーム エンターテイメント ジャパン

©2014 Twentieth Century Fox Home Entertainment LLC. All Rights Reserved.

です。そしてその最期は、本体バラバラ、一介の鉛の塊になっても、そこからまたよみがえるという、あきれるほどのしぶとさ、タフさが、このキャラクターの魅力でしょう。なお字幕翻訳は、アクション物では定評のあった岡枝慎二さん。この方は、「字幕翻訳の極意は、"アウト"（字幕を読まなくとも聴けば分かるセリフ、本筋には関係のないセリフは翻訳しないこと）にあり」という持論を持っておられたので、専ら動きを楽しむアクション映画では、一時期、大いに活躍されました（第2部「よい字幕とは」参照）。

〔51〕「キリング・フィールド」The Killing Fields

　監督はローランド・ジョフィ、出演はサム・ウォーターストンとハイン・S・ニョールによる、イギリス映画です。ニューヨーク・タイムズ記者としてカンボジア内戦を取材し、のちにピューリッツァー賞を受賞したシドニー・シャンバーグ（サム・ウォーターストン）の体験に基づく実話を映画化したもので、1984年のアカデミー賞助演男優賞・編集賞・撮影賞の3部門を受賞しました。このシャンバーグが、取材旅行中に助手として雇ったのが、現地カンボジア人新聞記者であり通訳でもあったディス・プランでしたが、二人はカンボジア内戦で大虐殺を行ったクメール・ルージュに追われる身となり、離れ離れに。こののち、シャンバーグは無事国外に逃れますが、現地人のブランは捕らわれの身となり、大変な苦労をします。しかし、なんとか彼を助けようとしたシャンバーグは現地に戻り、最後に劇的な再会を果たすところで終わっています。彼の命がけの友情が、見る人の感動を呼びますが、この映画の卓越したドキュメンタリー性は、このディス・ブランを演じたハイン・S・ニョールの功績によるところ大と言えるでしょう。彼はカンボジア出身の医師で、実際に4年の間、クメール・ルージュのもとで強制労働に就かされた経験を持っていました。演技経験の全くない素人でしたが、彼は自らの経験も踏まえて、最後まで

自然体でこの役を"等身大"に演じ、アカデミー助演男優賞を受賞したのです。

　それにしても、人間の狂気というのは、本当に恐ろしいと思います。第二次大戦のヒトラー率いるナチスのユダヤ人ホロコースト、このカンボジア内戦のポル・ポト政権下の大虐殺、アミン大統領によって引き起こされたルワンダと、さらにその後に再び起こった同地での大虐殺…。ひとたび虐殺の嵐が巻き起こると、人間が本来持っているはずの良心も、あわれみの心も、全て消え去って、人間は、血を分けた親兄弟にまで、憎しみの刃を振り下ろすのです。この映画で、プランが命からがら脱出して逃亡するカンボジアの田んぼの土手に、むき出しのまま累々と積み上げられている白骨の波が、脳裏に焼き付いています（余談ですが、私のような製作担当者は、仕事の性質上、同じ映画を最低でも2回、大作になるとさらに数回、公開後に、大量生産したプリントに不良品があると、その不良の巻を何十本とチェックすることになります。好きな映画なら苦になりませんが、このような作品のときは苦痛以外の何ものでもありません）。

　そんなわけで、この映画が優れたドキュメンタリータッチの秀作であることに異論はありませんが、"この内戦の原因となったものは何か。なぜこのような大虐殺が起こるのか。それを未然に防ぐことはできないのか"などについて、もう少し掘り下げられていたら、単に歴史の事実としてだけではなく、人類の未来のために、善き教訓を残せたのでは、とも思わせられました。字幕翻訳は、岡枝慎二さんで、2年後の中米を舞台にした同じような虐殺映画「**サルバドル 遙かなる日々**」Salvador につながりました。

〔52〕「グーニーズ」Goonies

　1985年のクリスマスに公開された正月作品で、前年公開された〔49〕「グレムリン」Gremlins と同じく、スティーヴン・スピルバー

グが製作総指揮をし、こちらはリチャード・ドナーが監督、また前述のクリス・コロンバスが脚本を書きました。

　伝説の海賊"片目のウィリー"が隠した財宝を狙う悪の一味フラテリー一家（その親分は、こわもて、太っちょ、脱獄歴ありで、敵の二人の兄弟の母親！）を向こうに回して闘いながら、最後には宝を発見する四人組少年たち"グーニーズ"の冒険を描いたSFアドベンチャー映画でした。「グーニーズ」とは、少年たちが勉強はほどほどに遊びが専門の自分たちを呼んだもので、"間抜け"という本来の意味と、海賊の伝説が残る海辺の田舎町"グーンドック"をかけたものです。四人の面々はマイキー（ショーン・アスティン）、マウス（コリー・フェルドマン）、チャンク（ジェフ・コーエン）、データ（キー・ホイ・クァン）でした。

　なお、この映画は、ファミリー映画のお正月作品なので、劇場用の吹き替え版も作ることになり、それまでは吹き替え版の制作は、専ら東北新社さんだったのですが、この映画は、初めてACクリエイトさんにお願いしました。この会社は、字幕翻訳者の菊地浩司さんが起こされたもので、字幕制作請負と共に、この頃から吹き替え版制作にもビジネスを広げていましたので、思い切ってこの大作をお任せすることにしたのです。このアフレコは楽しいものでした。字幕版と共にこの吹替版も翻訳した菊地さんと、私もプロデューサーとして現場に立ち会いましたが、記念すべきACクリエイトのワーナー作品劇場用吹替版制作第1作ということで、なんと、演出の福永莞爾さんに頼み込んで、二人で悪役の一人として声の出演をしたのです！（DVDなどの出演者には、一番最後のその他大勢に、私も名を連ねています）。なお、この時のACさんはまだ自社のスタジオを持っていなかったので、ニュージャパン・スタジオを借りましたが、その後、ワーナーのオフィスが浜松町にあった時に、そこから徒歩5分のところに立派な自社スタジを立ち上げ、今も最新鋭の機材をそろえて、良い仕事

をされています。

【1986年】
〔53〕「カラーパープル」Color Purple

　これは1985年製作、1986年公開作品です。スティーヴン・スピルバーグ監督の初めてのシリアスドラマで、第58回アカデミー賞で、作品賞、助演女優賞（2人）など、10部門（11人）で候補に挙がったのに、結果的には無冠に終わったという珍しい記録を持っています。娯楽映画を一貫して作り続けていたスピルバーグが賞狙いに走ったことに対するアカデミー会員の拒否反応とも言われています。

　ウーピー・ゴールドバーグを原作者アリス・ウォーカー自身が主役のセリー役に抜擢し、ウーピーはこの映画デビュー作でいきなりアカデミー主演女優賞候補になり、第43回（1985年）ゴールデン・グローブ賞では主演女優賞（ドラマ部門）に輝きました。助演女優賞2人（このダブルも珍しい！）は、シャグ役のマーガレット・エイヴリー（歌手・女優）とソフィア役のオープラ・ウィンフリーが獲りましたが、甲乙つけがたい名演です。

　それでは、〔7〕「エデンの東」East of Eden に続いて、第1回「聖書で読み解く映画カフェ」の時のナビゲーション解説から抄録してみます。

《1900年代初頭のアメリカ南部。そこに根強く横たわる4種類の人間差別の構図》
①性差別：男⇒女 (性の暴力。DV) セリーの父親（実は育ての親）⇒セリーへの近親相姦と出産（40年後の子どもたち2人との再会）。嫁いだ相手の"ミスター"による人格無視とDV。

「わたしは、あなたのうめきと苦しみを大いに増す。あなたは、苦しんで子を産まなければならない。しかも、あなたは夫を恋い慕うが、

彼は、あなたを支配することになる。」(創世記 3:16)
②人種差別：白人市長夫人ミリー⇒黒人たちへの恐怖感、反抗者への虐待（ソフィーへの長期懲役）。
③律法主義差別：義人・聖人（シャグの父親・牧師）⇒罪人（娘シャグ＝ミスターの愛人、酒場の歌手）。

　この、父の愛を求めて得られず酒場のシンガーになった娘シャギーと、その謹厳さと善良さのゆえに、娘を受け入れられない牧師の父との関係は、〔7〕**「エデンの東」**East of Eden の父と息子の関係に似ています。
④ステータス差別：強者（アフリカの鉄道会社）⇒弱者（ネティーたち）の貧困者診療施設の強制撤去。

《弱者たちの抵抗と脱出》
　40 年にわたる強者⇒弱者の差別・抑圧（権力、暴力による）が、セリー、ソフィア、スクィークの抵抗と脱出によって終わりを迎えます。セリーを人間性に目覚めさせたのは、シャグのセリーに対する愛と友情（美しいキス。美しい歌「シスター」）でした。「お前は醜い女だ」（ミスター）⇒「あなたは美しいわ」（シャグ）。

《ラスト 30 分のカタルシス：》
★ここで「神の愛」がテーマとして前面に出てきます。
①牧師と娘シャグの和解：
　　教会（聖の世界）の礼拝で：
　　　　賛美「神の話を聞こう God tries to tell you」
　　酒場（俗・罪の世界）で：
　　　　恋愛歌「あたしの言葉を聞いて Let me tell you something」
　この 2 つの歌の群れが、神の教会の中で 1 つになって、牧師の父（神）と放蕩娘シャグ（人）は 40 年ぶりにハグし合い、シャグは泣きなが

ら父に訴えるのです。
「Hey, Daddy, sinners have soul, too.　パパ、罪人にも魂はあるのよ。」（この映画のキーセリフの一つです。）
②セリーと妹ネティーの40年ぶりの再会。出産時に取り上げられた子どもたちオリヴィア、アダムとの初めての再会。⇒これは天国の前味です。
★それを可能にしたのが、悔い改めたミスターの、移民局で渡航費用を用立てての妹一家のアメリカ招待でした。彼は、姉妹の喜ぶ姿を遠くから眺め、立ち去ります。これが、彼なりの"償い"の仕方だったのです。

《原題「カラーパープル」のいわれ》
　ラスト、シャグとセリーの"紫の野"（コスモスでしょうか？）での対話。姉妹の濃淡の「紫」の衣装。「パープル＝紫」は高貴な色です。長い間、2人にとって"高嶺の花"だったカラー＝色が、ついに今、自分のものになりました。黒い肌は変わらなくても、人は"カラーパープル"に（高貴な魂を持って）生きられるのです。以後エンドクレディットまで、画面は全てパープル一色に染まります！

≪結び≫
「苦しみに会ったことは、私にとってしあわせでした。私はそれであなたのおきてを学びました。」（詩篇119:71）
「これらすべての上に、愛を着けなさい。愛は結びの帯として完全なものです。」（コロサイ3:14）
「神を愛する人々、すなわち、神のご計画に従って召された人々のためには、神がすべてのことを働かせて益としてくださることを、私たちは知っています。」（ローマ8:28）
★神の最高の被造物である人間の自由と人格は、人間の罪のゆえに、

いっときは抑圧されていても、やがて必ず回復の時が来ます。それを可能にするのは、無条件の"神の愛"です。この愛なくして、人は生きられないのです。（解説 完）

　最後に、この映画の字幕では、心に深く残っている思い出があります。初号試写の終わった時でした。女性のすすり泣きが聞こえるのです。そっとその声のほうをのぞき見ると、目頭を押さえてすすり泣いていたのは翻訳の戸田奈津子さんでした。翻訳者は、どの映画でも、最初にオリジナル英語版で見て、そこで翻訳番号を付けるためのハコ切り作業をやり、２度目の中間チェック試写では、自分が訳した完成原稿と映像を対照しながらチェックし、３度目に、その字幕の入ったプリントで初号チェック試写をしますので、それは３度目の試写ということになります。それでも感動して泣けるというのは、本当に心が感受性に富んでいなければ、なかなかできないことです。私は、内心、「よい字幕を翻訳するには、映画と登場人物に、見るたびに感情移入できるこの感性が何よりも大切なのだ」と心に刻み込んだのでした。

『カラーパープル』
DVD ￥1,429 ＋税
ワーナー・ブラザース
ホームエンターテイメント

【1987年】
〔54〕「フルメタル・ジャケット」Full Metal Jacket

　私のワーナー製作室31年の間で、苦労した映画ワースト5に間違いなくトップクラスで入るのが、この「フルメタル・ジャケット」でした。ちなみにこの一般人には耳慣れないタイトルは、軍隊で使用する拳銃や小銃の弾の種類で、日本語では"完全被甲弾""フルメタル・ジャケット弾"と言い、弾の鉛を銅など他の硬い金属でほぼ完全に覆った銃弾です。鉛むき出しの弾（リード弾）は人体に当たると被害が大きいので国際条約で使用を禁止されており、また、フルメタル・ジャケット弾のほうが貫通力が高く、銃腔も鉛で汚れないので、戦争ではこの弾を通常弾として使用します。

　出演者ではマシュー・モディーンが本格的にデビューしました。監督は言わずと知れたスタンリー・キューブリック。アメリカ人なのにアメリカを嫌ってイギリスに本拠を置いて製作していました（というより飛行機が嫌いで一度イギリスに渡ったら、そこから帰りたくなかったのだとか）。その自分の作品に対する営業・宣伝・製作全てにわたるこだわりぶりは、〔43〕「シャイニング」The Shining で紹介しましたが、その時お話しした"4列チェック法"の実例をご覧に入れましょう。セリフの冒頭のNo.1です。

　日本語字幕訳「アメリカは／進軍ラッパを聞いた」
　① JAPANESE TRANSCRIPTION：America wa shingun rappa wo kiita
　② WORD-FOR-WORD TRANSLATION：America/march/bugle/heard
　③ ENGLISH TRANSLATION：America has heard the bugle to march.
　④ ENGLISH ORIGINAL DIALOGUE：America has heard the bugle call.

　ここで、③と④が限りなく近いことが要求されるわけです。日本語字幕翻訳には、"字数の壁"というものがあって、原文の3分の1し

第3部　思い出のワーナー映画 半世紀

か訳出できないので、④のように訳すのはとても無理ですといくら説明しても、キューブリックは聞く耳を持ちません。そこへ更に難題だったのが、ヴェトナム戦争時におけるアメリカの軍隊が、いかに人間性を破壊していったか、その実態を出すために、彼らが実際に使っていた卑猥（ひわい）な四文字語を、そのまま字幕に出せというきついお達しです。これは言うまでもなく、映倫コードに反します。ワーナーとしては、今や押しも押されもしない字幕翻訳の一人者だった戸田奈津子さんにお願いして、これも「シャイニング」でご紹介したイアン・マクドゥーガルさんにこの4列チェック対照訳を作成してもらって、キューブリックのもとに送ったのですが、案の定、"短すぎる。上品すぎる"で却下です。頭を抱えていたところへ、彼のほうから翻訳者を指定してきました。今では世界に誇る日本の映画監督の一人、原田眞人氏です。字幕翻訳の経験はなかったのですが、キューブリックはたまたま20世紀フォックス社の「**スター・ウォーズ**」Star Wars の吹き替え版を見て、そのクオリティーの高さを認め、その演出者だった彼に白羽の矢を立てたのでした。英語も堪能の原田氏は、キューブリックと直接電話で話し合い、彼の製作意図と、それを日本語字幕でも可能な限り忠実に再現してほしいという要望も理解して、この大役を引き受けました。さぁそれからが大変。氏は、何しろキューブリックの特命ミッションを帯びていますから、卑猥語も"忠実"に字幕にし、かつ1フィート3文字の字数の鉄則も、もはやあってなきがごとし、その2、3割増し、時には5割増しの字数で翻訳原稿を上げてきました。でもそれでは、意図は理解できても、観客に読み切れないのは分かっていますから、製作責任者の私がそのまま通すわけにはいかない。一方では、映倫さんを説得して、彼らの立場や社会的評価に泥を塗らないようにしながら、"政治的"解決をしなければならない。原田氏の原稿が1巻ごとに上がってくると、こちらはそれを制限字数との間を取って、1字でも少なくするように、修正を入れて、1,000枚を超えるセ

リフ一つ一つに、彼と話し合って、ぎりぎりの落としどころを探しながら"調整"をしていく。一方では、映倫さんには、「これは、あのキューブリック監督の製作意図を表現するためには、絶対に欠かせないことなので、何とか特例として認めてほしい」と何度も頭を下げ、やっと認めていただきました。これはちょっとした映画界の話題になり、当時、高瀬鎮夫さんと共に映倫審査員を務めておられた清水俊二さんの、「映画字幕50年」にも、1章を成しています。なおこの作品では、ヴェトナム戦争研究者で知られた生井英考氏に、監修をお願いしました。

この映画には、もう一つ、"幻の吹き替え版"のエピソードがあります。こうして劇場公開にこぎつけた「フルメタル・ジャケット」を、今度は吹き替え版を作って、まずはテレビ放映、あわよくば劇場の凱旋興行、そしてビデオで販売しようということになりました。演出は当然ながら（？）、キューブリックの絶大な信頼を勝ち取った原田眞人氏です。ただし彼からの条件としては、「いいものを作るから、金に糸目は付けないでほしい」の一言（実際にこう言ったわけではありませんが）。こうして一流の映画俳優も起用しての、吹き替え版のアフレコが始まりました。これも、俳優たちの忙しいスケジュールを調整しながら、原田氏もじっくり腰を据えて演出するものですから、普通は3日もあれば終わるレコーディングが、確か2週間近くもかかりました。でも、私もプロデューサーとして同席して、彼と語り合った様々な映画談義は、今も懐かしい思い出です。しかし私の仕事はそれだけではありませんでした。出来上がった日本語ダビング音声のクオリティーを、キューブリックのお眼鏡にかなうように録音することが、またまた大変な作業でした。何しろ彼の映像、音に関する最新技術の知識は相当のもので、それを維持するよう日本の吹き替え版制作会社（業界屈指の大手映像会社の東北新社）にも要求してきました。彼の右腕のアシスタントで、レオン・ヴィターレという人がいて、ほとんど連日、イギリスから電話がかかってきて、細部に至るまで打ち

合わせるのですが、話の内容は音の専門語ばかり。こちらは聞き取るのがやっとで、いつも「言ってることは分かった。業者と相談して返事をする」と言って電話を切っては、新社の担当者で今はもう引退された河合敦之氏と打ち合わせ、翌日の電話でこちらのスタンスを伝える、という日々が、1か月以上にわたって続きました。毎日オフィスに行って、"定刻"になると、「Hi, Masahiro, how are you?」とかかってくる彼の声に、半ば観念して、「I'm fine, thank you. Now…」と応じたものでした。こうして苦労して出来上がった日本語吹き替え版の総コストは、当時は1,000万円もかければ相当クォリティーの高い、ぜいたくな作品ができたのに、その倍の2,000万近く。いよいよテレビ局に売り込みにかかったのですが、テレビはお茶の間で誰でも見られる分、倫理コードが映画と比べてはるかに厳しく、どこもあえて、卑猥語の飛び交うこの作品を買うところは現れません。おまけに、この製作コストです。これをカバーしても視聴率で元を取ろうという冒険をするところもおいそれとはありません。長い間、この日本語吹き替え版は、"幻の一作"となり、この度やっとブルーレイで発売されました。キューブリックならではのエピソードです。

〔55〕「サボテン・ブラザーズ」Three Amigos

この映画は、ジョン・ランディス監督、スティーヴ・マーティン、チェビー・チェイス、マーティン・ショート主演の、メキシコを舞台にしたコメディー現代西部劇です。3人の中では、チェビー・チェイスがコメディー俳優としてはそこそこ有名でしたが（私も、彼が主演した「ナショナル・ランプーンのクリスマス・バケーション」National Lampoon's Christmas Vacation を字幕翻訳しました）、この3人では、さほどの観客動員は望めそうもありません。そこで、菊地浩司さんの翻訳に、〔48〕「ポリスアカデミー」Police Academy で触れたように、"シティ・ボーイズ"という当時人気のあった3人のコメディアン・

グループを言語アドバイザーに付けることになりました。でも、しょせん効果のほどは、たかが知れていますが、ともかく彼らを使用して、どれほど観客が受けたかを劇場でチェックすることになりました。製作の私と、菊地さんの二人で、3人が手を入れたところでどれくらい笑いを取っているかを見ますが、もともと日本人は遠慮深いので、「寅さん」ならまだしも、この程度のジョークではまず笑いません。そこで、暗い場内で、彼らが直したセリフの反応を見て、どのくらい笑ったか、耳をそばだてます。「笑え、笑ってくれよ。…よし、ここは笑った。でもこっちはイマイチだ」という具合で悪戦苦闘。2つか3つのセリフに再度手を入れては、結局4、5回は劇場に足を運び、なかなか笑ってくれない観客を笑わせるため、裏方は心で泣いたのでした。

〔56〕「プラトーン」Platoon

ヴェトナム戦争の実態を赤裸々に描いた戦争映画と言えば、1970年代には、「ディア・ハンター」The Deer Hunter と「**地獄の黙示録**」Apocalypse Now という2本の秀作がありますが、この「プラトーン」は1980年代を代表するヴェトナム戦争映画の一本となりました。映画のタイトル「プラトーン」(正確な原音表記は「プラトゥーン」)は30〜60人編成の"歩兵小隊"の意味で、この映画の主役たちのことです。製作会社はオライオン・ピクチャーズで、監督・脚本は、自らもヴェトナム戦争に従軍したオリヴァー・ストーン。出演はチャーリー・シーン(彼のナレーションでストーリーが進行します)、トム・ベレンジャー、ウィレム・デフォー、ジョニー・デップたち。チャーリー・シーンもジョニー・デップもほとんど無名でしたが、監督オリヴァー・ストーンの抜擢で、その後の俳優としての地位を不動のものにするスプリングボード(跳躍台)的作品になりました。ストーンは、この作品で並々ならぬ手腕を見せ、この作品は、第59回アカデミー賞作品賞、監督賞、編集賞、録音賞の4部門で受賞しましたが、ストー

第3部　思い出のワーナー映画 半世紀

ンは更にこのあとの、同じヴェトナム戦の帰還傷痍軍人（トム・クルーズ）を主人公にした「七月四日に生まれて」Born on the Fourth of July でも、監督賞を受賞しました。これら 2 本の映画に描かれた、ヴェトナム戦争の悲惨さには、身をもって体験した者でなければ再現できないリアリティーがあり、それは、自らもアメリカ陸軍の偵察隊員として従軍し、アメリカ軍による無抵抗のヴェトナム民間人に対する虐待・放火、米兵たちの間で広がる麻薬汚染、仲間内での殺人、誤爆、同士討ち、敵兵に対する死体損壊などをつぶさに見てきた彼にして、初めて映像に再現できた戦争の真実と言えるでしょう。彼は、その後に監督した〔70〕「JFK」JFK もそうですが、プロローグやエピローグで、著名な人物や聖書の言葉を引用して、印象を深めるという方法を用いていますが、この映画も、次の旧約聖書の一節で始まります。

「若い男よ。若いうちに楽しめ。」―伝道者の書（コヘレトの言葉）11 章 9 節

だがこの言葉の後半は、こう書かれています。「若い日にあなたの心を喜ばせよ。あなたの心のおもむくまま、あなたの目の望むままに歩め。しかし、これらすべての事において、あなたは神のさばきを受けることを知っておけ。」

この後半も含めて、私はここに、オリヴァー・ストーンがこの映画を作った意図が隠されているように思えてなりません。

〔57〕「リーサル・ウェポン」Lethal Weapon

同じくこの年、ワーナーにはまたまた痛快なアクション映画「リーサル・ウェポン」が登場し、第 4 作までの "ドル箱" シリーズになりました。原題そのままのカタカナ表記の日本タイトルが、結構幅を利かせる時代になって、この映画も、その一つです。このタイトルの意味が分かる方は（特に前半の「リーサル」）、相当英語に強い方です。直訳すれば「致命的な武器」という意味で通常「凶器」と訳されます。

第1作の中で、格闘技に精通しているリッグズに、マータフが「生身の人間でも凶器になりうる」と皮肉を言うセリフがあるので、具体的にはリッグズの全身これ"凶器"のような強靭さを指していますが、第4作では、その彼が、敵の格闘技の達人ジェット・リーと、陸上から海中に潜って、文字どおりの"死闘"を演じます。年配の方からは、「そんな意味も分からない片仮名題名を付けてどうすんだ。昔はよかったぞ。漢字2文字で、ほんとに美しい邦題がいっぱいあった。「哀愁」「旅情」「旅愁」「慕情」…。全く嘆かわしいよ」という声が聞こえてきそうですが（私もその一人です！）、今は映画を見る層は十代が主流で、彼らは、極端に言えば、意味を正確に知らなくてもいいのです。その言葉の響きで、「なんかカッコよさそ。見てみようかな」となるわけですね。

　このシリーズでは、メル・ギブソンとダニー・グローヴァーが、肌の色は違うけどピタリと息の合った相棒刑事、マーティン・リッグズとロジャー・マータフに扮して、毎回、命の危機に瀕しながらも、固い友情でピンチを脱していきます。監督は、エンターテインメント映画作りでは当代随一と言われたリチャード・ドナーが、回を追うごとにドハデなアクションシーンを用意して、ファンを楽しませてくれました。

　この映画の第1作、第2作の字幕翻訳者は岡枝慎二さんでした。アクション物では、一時期、"売れっ子"の翻訳者として活躍されましたが、この映画のように、片や大マジメ男のマータフと、片やひょうきん者のリッグズの間で飛び交う噛み合わないユーモアやジョークの面白さを出すには、イマイチ乗り切れないところがあって、宣伝部から「もっとセリフを面白くして」という注文が強くなり、第2作の「炎の約束」では、この私が少々手を入れることになりました。外国映画会社の製作担当は、翻訳者の"パートナー"です。二人で協働して、いい字幕を作り上げていくのです。さらに言うと、宣伝部（マーケティ

ング部）との協力も大切です。その映画のキャッチコピーも、キメとなる字幕の中から選ばれることもしばしばありますし、ワーナーでは、最良の字幕を作るために、宣伝部員のバイリンガルの女性お二人に字幕を見てもらって、アドバイスや改訳案などを出してもらっていました。そのようなチェックシステムがしっかりしている環境の中から、良い字幕が生まれていくわけです。では、私の手がけた修正訳の中から、2つほどご紹介しておきます。

①南アフリカからの麻薬密輸に絡む敵の一人リオ・ゲッツ（ジョー・ペシ）が捕まり、重要参考人として、ホテルにかくまわれているところへ、二人が顔合わせに行きます。そのリオが、自分の名字の発音がゲット（得る）と同じことから、それを初対面のジョークにして二人の笑いを取ろうとするセリフです。

　Whatever you need, Leo gets.（原意：あなたが必要なものは何でも、リオがご用立て（ゲット）します）

　（岡枝訳）「何でも承知のリオ・ゲッツ」

　残念ながら、これでは掛け言葉のジョークが出ていませんし、「承知」では原意が不明瞭です。

　（小川改訳）「ご入り用はリオにお任せ（ゲッツ）」

　これで劇場公開したのですが、これを教材に字幕学校で教えることになって、さらに簡潔でリズミカルにしてみました。

　「何でもリオがご調達（ゲッツ）」

　でも、言葉は生き物です。そのうち、若い人を中心に、例の「ゲット」をそのままで使うようになったので、さらに字幕も"進化"させました。

　「ご入り用ならリオ・ゲッツ」

　ルビ点処理だけで、「ゲット」のままで意味が通る時代になったわけです。

②マータフの家のトイレに、強力な窒素爆弾が仕掛けられます。マー

タフはお尻丸出しで便座に座ったまま、動けません。立ち上がったら爆発するのです。早速リッグズが駆け付け、爆弾の仕掛けられた場所を特定するために、しゃがみこんで便器の裏をのぞき込んでいるところへ、署内の女性精神科医がやってきて、二人は"ホモだちか？"と疑われそうな場面を見てしまいます。その時の彼女のセリフ。

I should've known. Where there was one, there's the other.（原意：知っておくべきだったわ。一人がいるところには、もう一人も必ずいるのね。）

（岡枝訳）　　「あんたたち コンビだったわね」

（小川改訳）「二人はトイレも一緒の仲だったのね」

少々クサいですが、笑っていただけますでしょうか？

そんな次第で、後半の第3、第4作の翻訳は、菊地浩司さんが担当することになりました。

『リーサル・ウェポン』
ブルーレイ ￥2,381 ＋税
／DVD ￥1,429 ＋税
ワーナー・ブラザース
ホームエンターテイメント

〔58〕「インナー・スペース」Inner Space

　タイトルは"内部宇宙"ということで、体内の病原を突き止めるために開発された、縮小人間たちの乗った体内ボートが、人間の体の中を遊泳するという、この年のクリスマスに公開されたSFコメディーでした。〔47〕「**ライトスタッフ**」Right Stuffでデビューしたデニス・クエイドと〔55〕「**サボテン・ブラザース**」Three Amigosのスティーヴ・マーティンが主演、監督はジョー・ダンテです。

　この作品には、〔54〕「**フルメタル・ジャケット**」Full Metal Jacketに次いで2度目の"高くついた吹き替え版"エピソードがあります。親子、家族で楽しめるお正月映画、ということで、字幕版と共に、ワーナーとして当時は珍しい日本語吹き替え版を、名の通った有名なタレントを使って作ることになりました。この頃から、公開前に、おおよその興行収入を予測して、宣伝経費を予算立てするために、そのための専門会社を通してマーケット・リサーチ（市場調査）をしました。この作品は、吹き替え版で公開しますから、当然リサーチも吹き替え版ですが、有名人を使って作っていると、アメリカ本社から指定されたマーケット・リサーチの日までの完成は到底無理ということが分かりました。いろいろ考えた末、どうしたか？　後日じっくり作る公開用吹き替え版の他に、なんと、リサーチ用の吹き替え版を作ることになったのです！　製作スタッフのあの時の忙しさと言ったら！　劇場版吹き替え版の製作そのものが慣れていないのに、同じ時期に全く違う声優たちを用いて、同一映画で2本の吹き替え版を作るというんですからね。でもリサーチ用でも、決してちゃちなものは作りませんでした。主人公のジャックには天田俊明氏という実力派の声優を用いました。公開版のその役は、野田秀樹氏、監督には、あの「**フルメタル・ジャケット**」の原田眞人氏、そして字幕版の言語アドバイザーには、〔48〕「**ポリスアカデミー**」Police Academyで触れたように、ビートたけし氏を起用しました。それにしても前代未聞、マーケット・リサー

チにたった1回使用しただけで"お蔵入り"（業界用語で、公開されずに倉庫にしまい込まれること）とは、もったいない話でした。ちなみにこの吹き替え版の製作費は、普通は800万〜1,000万のところ、2本で締めて2,400万円、なんとも高いものにつきました。

【1988年】
〔59〕「ロボコップ」RoboCop

　これは、殉職した警官アレックス・マーフィー（ピーター・ウェラー）の遺体を利用したサイボーグ警官"ロボコップ"が活躍するSFアクション映画です。サイボーグというのは、人体の一部が、機械装置によって代行されている人間や生物体を指し、この主人公はまさにそうなので、本当は「ロボコップ」（ロボット警官）と言うのは当たらないのですが、物語上、開発した会社があくまで新型ロボットを作成するのが意図で、人間はあくまで死亡直後にロボットの一部の生体として利用するだけ、という思惑があり、このタイトルになりました。

　この映画は、〔50〕「ターミネーター」The Terminator同様、低予算で作られながらも、製作費の4倍の収益を上げる世界的な大ヒット作となり、「ロボコップ2」（1990年）、「ロボコップ3」（1994年）が製作され、2014年には、この第1作のリブート版も作られましたが、オライオン社の作品だったので、ワーナーは第2作まで配給し、配給契約の切れた第3作は、他社の配給となりました。字幕翻訳は、菊地浩司さんです。

　私がこの映画を見ていて面白かったのは、やはり当時はまだなじみのなかった、主人公の"サイボーグ"的性格でした。警官アレックス本人は、人間として蘇生したわけではなく、単にまだ細胞死を迎えていない新鮮な生体部分を、ロボットの部品として利用されている存在なわけで、全く感情を持たずに"機械"として無敵の強さを発揮するのですが、そのうち、眠っていた脳細胞の一部が復活して、様々な"人

間時代"の記憶がフラッシュバックして思い出されるようになり、ついには自分の本当の正体を知ってしまう、というところが、妙にリアルで新鮮でした。

〔60〕「フランティック」Frantic

これはパリを舞台に、ローマン・ポランスキーが自ら脚本を書き、久しぶりに監督した作品で、ハリソン・フォードが主演したサスペンス映画です。原題は"狂乱の"という意味ですが、突然誘拐劇に巻き込まれてしまった主人公が、最後にやっと妻を取り戻すまでの、常軌を逸したストーリー展開を指しています。

パリの学会に出席するため、妻サンドラと共にパリを訪れたリチャード・ウォーカー医師（ハリソン・フォード）がホテルに落ち着き、シャワーを浴びていると電話が。代わりに電話に出たサンドラが、そのまま消息不明になってしまい、妻を愛する夫リチャードは、言葉の通じないパリ中を、犯人たちを追って必死の捜索を始めるが…。というストーリーで、事件のカギを握る謎の女ミシェル（エマニュエル・セイナー）がリチャードに近づき、彼とダンスを踊る妖艶な美しさも、ポランスキーらしい演出でしたし、エンニオ・モリコーネのサスペンスに満ちた音楽も、心に響きました。そしてこの映画で流れたのが、のちに大ヒットしたあの「リベルタンゴ」です。

何よりも、この町を２度ほど訪れ、この足でシャンゼリゼ界隈(かいわい)を歩き回った私には、あの観光船の明かりが水面(みなも)に映えるセーヌ川の夜景を見ただけで、そぞろ郷愁に駆られました。そんな個人的思い入れもあって、興行的にはイマイチだったのですが、忘れられない作品の一つです。字幕翻訳は、これもパリをよく知る菊地浩司さんでした。

〔61〕「さよならゲーム」Bull Durham

ケヴィン・コスナーのワーナー初登場作品（正確にはオライオン映

画ですが)、かつ彼の初の野球選手映画でした。この映画の翌年、彼はあの「フィールド・オブ・ドリームス」The Field of Dreams に主演、その 10 年後には「ラブ・オブ・ザ・ゲーム」For Love of The Game にも出演するのですが、この「さよならゲーム」では、ダラム・ブルス（原題）球団のさえないキャッチャーで、ティム・ロビンズの若手剛腕ピッチャーとバッテリーを組みます。間に入るのが、神様よりも野球を信じ（セリフの中で、「私の信じるのは野球教」と言うくらいに！)、「こいつは伸びる」と目をつけた選手に、身も心も入れあげるのが生きがいの高校英語教師を演じるスーザン・サランドンです。

　この映画で忘れないエピソードは、あのケネディー大統領の暗殺のニュースが教室にも流れて、女子高校生たちが一斉に泣き出すシーンがあるのですが、そのニュースで凶弾が発射された場所の字幕に誤訳がありました。それが〔70〕「JFK」JFK の時の字幕翻訳者の選出につながるのですが、そのお話は、「JFK」の時にしましょう。

〔62〕「グッドモーニング・ベトナム」Good Morning, Vietnam

　これは、バリー・レヴィンソンが監督し、ロビン・ウィリアムズが主演したヴェトナム戦争映画です。レヴィンソンは、この翌年、自閉症の兄と弟の友情を描いた佳作「レインマン」Rainman を作りましたが、この「グッドモーニング・ベトナム」でも、まさに脂の乗り切った演出ぶりでした。また、ワーナーは、オライオン映画に次いで、かのウォルト・ディズニー映画の劇場用実写映画部門であるタッチストーン・ピクチャーズと 2 年間の配給委託契約を結び、その一作として、この映画をロビンファンに送ることができました。

　一人の実在の人物を主人公に、戦場で芽生えたアメリカ人とヴェトナム人の友情、淡い恋、そして別れなどを通して、人間が"敵"という立場のゆえに、戦い、憎み、殺し合い、だまし合わなければならない非情さを赤裸々に描いた、他のヴェトナム戦争映画とは一味違う作

品になりました。タイトルは、AFN（アメリカ放送網）のDJである
エイドリアン・クロンナウワ（ロビン・ウィリアムズ）が、朝一番、
「グッモーニング、ヴィエトナ〜〜〜〜ム！」と呼びかけて放送を始
める、威勢のいい第一声から来ています。彼はわずか5か月間のサイ
ゴン（現ホーチミン市）滞在の中で、兵士たちを笑いとロックで癒
やし、現地人に分け隔てなく接し、その善意がなかなか通じないどこ
ろか、上層部ににらまれて、次第に孤独感に陥っていくのですが、な
んといっても彼の存在を魅力あるものにしているのは、とんでもない
早口で、時事的ジョークをふんだんに取り入れながら、まくし立てる
話術の巧みさで、ロビン・ウィリアムズのキャラにぴったりのはまり
役とも言うべき演技でした。彼はこの作品の演技で、アカデミー主演
男優賞にもノミネートされますが、残念ながらそちらはダメだったも
のの、アカデミーに次ぐ権威のある賞、ゴールデングローブ賞で主演
男優賞を受賞しました。この映画の中では、あのルイ・アームストロ
ングが1967年に発表した、「この素晴らしき世界」が流れました。

　この映画の字幕翻訳は、同じヴェトナム映画である〔54〕「**フルメ
タル・ジャケット**」Full Metal Jacket に続く、映画監督、原田眞人氏
でした。また小堺一幾氏と関根勤氏が、言語アドバイザーとして、ロ
ビン・ウィリアムズの語りを面白いものにしました。

〔63〕「ロジャー・ラビット」Who framed Roger Rabbit

　この作品は、スティーヴン・スピルバーグ提供、"娯楽映画の帝王"
と呼ばれた（呼んだのは私ですが）ロバート・ゼメキス監督が、大い
なる遊び心と冒険心で作った、実写とアニメの合成映画です。"実験版"
とも言うべきですが、中身は本格派でした。キャラたちは実在すると
いう設定で、ディズニーランドにいるウサギのロジャーは、実はこの
映画で生まれたキャラなのです。この映画に始まって、〔79〕「**スペー
ス・ジャム**」Space Jam（ルーニー・テューンズとマイケル・ジョー

ダン！)、「魅せられて」Stealing Beauty（ディズニー）など多くの合成作品が生まれました。またこの映画で、「ルーニー・テューンズ」の主役バッグス・バニーと、ディズニーの主役ミッキー・マウスが、初めて共演し、見終わってトクした気分になりました。

　さて、この映画にも、字幕の裏話があります。この映画を字幕翻訳したのは戸田奈津子さんですが、もちろんこの映画の頃には、文句なし、高瀬鎮夫さん、清水俊二さんの跡を継いで、字幕翻訳の第一人者でした。そして、プロならば誰でもそうですが、初号試写のあとは、1字でも少なくするため、いわゆる語尾の「…ね」「…よ」までも削るほどの細心の注意をして翻訳されるので、この映画も、大いに期待して初号試写に臨んだのですが、見たメンバーの口から一様に出てきた声は、「字幕が読めない！」　見て初めて分かったのですが、アニメは、実在の人物の動きよりも、数倍も速い、また手の込んだ動きができますので、目まぐるしいテンポで画面が変わり、それに伴いセリフもしゃべりまくります。とても普通のペースでは読み切れないのです。そこで考えたのは、個々のセリフの字数をさらに削ると共に、字幕数そのものを減らすということでした。戸田さんに頼み込んで、さぁ削るは縮めるは、本筋に影響のないものはバッサバッサとそぎ落として、全体で200ぐらいのセリフをカットしました。これでやっと字幕を読みながらも、アニメの動きについていけるようになったのでした。

【1989年】
[64]「イマジン ジョン・レノン」Imagine; John Lennon

　ビートルズのメンバーで不幸にも右翼思想の白人の凶弾に倒れたジョン・レノンのセミ・ドキュメンタリー映画で、もちろん夫人のオノ・ヨーコさんも出ており、ノベライゼーションも出版されました。この映画には、当時、新進気鋭の翻訳者として用いられ始めた石田泰子さんに、初めて翻訳をお願いしたのですが、見事に期待に応えてくれま

した。映画の中には、当然彼の歌った歌の歌詞の日本語訳が数多く登場したのですが、この映画を見たオノ・ヨーコさんの実弟の方が、「この映画の歌詞は、今までで一番いい訳だ」と絶賛してくださったのです。当の翻訳者はもちろんですが、彼女に白羽の矢を立てた字幕制作担当者の私にとっても、うれしいことでした。

〔65〕「バットマン」Batman

　ディズニーはアニメーションの本家ですが、ワーナーにはコミックがあります。その二大タイトルが〔40〕「スーパーマン」Supermanとこの「バットマン」です。両者に共通するのは、表の顔は普通の人間で（前者が新聞記者のクラーク・ケント、後者が大企業の御曹司ブルース・ウェイン）、裏の顔は空を飛んだり、高層ビルから自在に飛び降りたりする"超人"だということです。こちらの「バットマン」は、シリーズで４作作られ、2005年からは新シリーズが始まりました。最初の２作の監督は、独特のホラーコメディーで熱狂的なファンを持つティム・バートンでしたが、バットマンには、第１作、第２作がマイケル・キートン、第３作がヴァル・キルマー、第４作がジョージ・クルーニー、新シリーズではクリスチャン・ベールが扮しました。相手の悪役にも、第１作はジャック・ニコルソン、第２作はミシェル・ファイファー、第３作はジム・キャリー、第４作はアーノルド・シュワルツェネガーと、面白い顔ぶれがそろいました。

　この第１作の字幕翻訳は戸田奈津子さん。彼女は、ユーモアセンスも一流でした。１つだけ挙げてみましょう。バットマンは、007のジェイムズ・ボンドのように、お役立ちの"七つ道具"をいつも身に着け、いざというときにはいつもそれを効果的に使って危機を脱するのですが、そんな一シーン、敵のジョーカーの目の前で、バットマンが細くて丈夫なロープの付いたモリ銃を撃って、そのロープを伝ってゴッサム美術館を脱出する様を見ながら、悔しがるジョーカーのセリ

フです。

Man, where did he get such a thing?（直訳）「野郎、どこであんなもん手に入れやがった？」

これが戸田さんの手にかかるとこうなります。「チクショー　シャレたオモチャだ」

【1990年】
〔66〕「いまを生きる」Dead Pet Society

この映画は、第62回アカデミー賞で脚本賞を受賞しました。ピーター・ウィアー監督、ロビン・ウィリアムズ主演、教室の生徒たちに、のちに名の売れ出すロバート・ショーン・レナード、イーサン・ホークらの若き日の姿が見られます。ロビン・ウィリアムズは、この映画で、日本で言えば「三年B組 金八先生」のような、一つの教師の理想像をつくり上げましたが、のちに「**グッド・ウィル・ハンティング 旅立ち**」Good Will Hunting でも、一人の青年との魂の交流を通して自立させる、心の温かい心理学者像を見せました。

原題の「Dead Poets Society（死せる詩人の会）」は劇中の教師ジョン・キーティング（ロビン・ウィリアムズ）がウェルトン校在学中に結成した読詩サークルの名前で、没した古典的詩人の作品のみを読むことから名付けられました。邦題の「いまを生きる」は劇中でキーティングが読み上げるラテン語「Carpe Diem」の日本語訳で、厳密には「今を生きろ／今をつかめ」という命令形の意味になります。

物語は、1959年、ニューイングランド州ヴァーモントの全寮制学院ウェルトン・アカデミーの新学期に、同校のOBである英語教師ジョンが赴任してくるところから始まるのですが、彼は、厳格な校長や、父親の無理解に悩む教え子ニール（ロバート・ショーン・レナード）やトッド（イーサン・ホーク）たちの前に立ち、詩を読むことの楽しさ、生きることのすばらしさを、教えていきます。ある日の授業では、

キーティングは突然机の上に立ち、「私はこの机の上に立ち、思い出す。常に物事は別の視点で見なければならないことを！ほら、ここからは世界が全く違って見える」と話す。生徒も机の上に立たせ、降りようとすると、「待て、そこから周りをきちんと見渡してみろ」と諭します。こうして、彼の、あくまで生徒たちの自主性と、秘められた才能を徹底的に引き出そうとする熱い心に、生徒たちもいつしか、人生で何が一番大切かに目覚めていくのですが、最後の、父親に演劇への道を閉ざされ、絶望のあまり死を選ぶニールの姿には、〔7〕「**エデンの東**」East of Eden のキャルを重ねてしまいますが、彼のほうには最後の和解のチャンスがあっただけに、この前途ある若者の死は心が痛みます。若者の前途を生かすのも文字どおり殺すのも、よき教師と、親の自己実現の道具としてではなく、真に子どものためを思う愛情なのだと改めて思わされました。キーティングは、とうとう校長ににらまれて、学校を去るのですが、最後、生徒たちが一斉に机の上に立って彼を見送るラストシーンは、彼の教育が決して間違ってはいなかったことを、何よりも雄弁に証明するものでした。

　この映画では、ちょうどこの頃、センスのある翻訳で頭角を現していた松浦美奈さんに、初めて翻訳をお願いしました。彼女は、この映画に出て来るイエーツの詩を訳すに当たり、日本で出版されていたイエーツの詩集を全て読破して翻訳に臨みました。この映画の試写をご覧になったプロの詩人の方から、「あの詩の訳はなかなか良かった」というお褒めを頂いた時は、彼女と共に心から喜び合ったものでした。

〔67〕「プリティ・ウーマン」Pretty Woman

　この年のクリスマスに公開された、リチャード・ギアとジュリア・ロバーツが主演し、ゲイリー・マーシャルが監督した、ワーナー配給、ディズニー＝タッチストーン・ピクチャーズ製作の最高に楽しいロマンティック・コメディーでした。劇中では、ロイ・オービソンの「オー・

プリティ・ウーマン」が主題歌に起用され、CMでも巷に流れて、リバイバルヒットとなりました。この映画を見終わったあと、"この現代版シンデレラ物語、何かに似てる"と思ったのですが、そう、この金持ちのエリートビジネスマンと、気位の高いコールガールの恋物語は、あの大学教授と貧しい花売り娘の〔15〕「**マイ・フェア・レディ**」**My Fair Lady**が下敷きになっているのです。この作品は、1990年度全米興行収入第1位。ジュリア・ロバーツも、ゴールデングローブ賞 主演女優賞（ミュージカル・コメディー部門）を受賞し、彼女の出世作となりました。またこの「**プリティ・ウーマン**」のタイトルは、その後の何本かの「プリティ〜」タイトル映画の先駆けともなりました。

ひょんなことから、ベヴァリーヒルズで出会ったコールガールのヴィヴィアンを、6日間3,000ドルで、自分の話の聴き手に雇用したエドワードが、身は娼婦に落としても、心は汚れていない彼女に次第に惹かれていく様子がよく描かれ、彼のパーティーにエスコートすることになった彼女が、しゃれたドレスに身を包み、見事なレディーに変身するシーンは、思い出しても楽しいものでした。そしてラスト、彼こそ幼い頃から夢見ていた、白馬にまたがった王子様だと思い始めたのに、自分は到底彼にはふさわしくないと身を引いた彼女のアパートの前に、エドが赤いバラの花束を手にして迎えに来るシーンには、心から「ああよかった！」と思ったものです。

この映画の字幕翻訳には、古田由紀子さんを"抜擢"し、彼女は見事にそれに応えてくださり、彼女の代表作の一本となりました。

【1991年】

この年は、ワーナー作品に加えて、ディズニー＝タッチストーンや、その他のプロダクション製作のものも何社か加わって、年間最多配給36作品のレコードを作った年です。ということは、製作室としても、

最も忙しい思いをした年でもあります。単純に36本を12か月で割ると、月平均3本の作品の字幕・吹き替え版を制作していたのですから！ その中の2本をご紹介しましょう。いずれも、ディズニー＝タッチストーン作品です。

〔68〕「リトル・マーメイド」The Little Mermaid

　ご存じ、アンデルセン原作「人魚姫」が原作で、この片仮名題名も意味はそれで、童話を原作とする作品としては、1960年、日本公開の**「眠れる森の美女」**Sleeping Beauty以来、約30年振りでのことでした。これは、ディズニー最後の劇場版セルアニメーション作品（一枚一枚、セルロイド上に絵を描いていく方式で、その後、ディジタルCGアニメに変わっていきます）でもありました。ウォルト・ディズニーはすでに戦前「人魚姫」に興味を持ち、第二次大戦の始まった1940年代から、この作品をアニメ化する構想を練っていたそうで、ディズニー映画の第二黄金期の原点と言われている作品です。劇中、数曲の楽しい曲が歌われますが、その中の主題歌「アンダー・ザ・シー」は米アカデミー歌曲賞を受賞し、またアラン・メンケンがアカデミー作曲賞を受賞しましたが、この曲については、今も「あれはスゴかった」と思い出すエピソードがあります。ディズニーの全世界の吹き替え版は、ディズニー・キャラクターヴォイシズ・インターナショナルという会社が制作していて、そこの吹き替え総責任者はブレイク・トッドという方でした。日本語版の時も、彼が来日して、ダビングの間中、私たち日本人スタッフと共にスタジオに入って、プロデュースするのですが、その時に、この「アンダー・ザ・シー」のデモテープを聴かせてくれたのです。それは、数小節ごとに、世界各国の歌手たちが自分の国の言葉で歌ったものを編集して一本にしたものでした。普通なら、声色は微妙に異なるので、聴くと違和感があるはずなのですが、これがなんと、言葉が違うだけで、声のトーンは見事に同じで、聴い

ていて全く違和感がなかったのです。驚きました。この映画の吹き替え版制作はトランスグローバル・スタジオ、演出は山田悦司さん、翻訳は字幕版共々進藤光太(みつた)さんにお願いしました。進藤さんはテレビ字幕翻訳出身の、とても優れた翻訳者で、〔70〕「JFK」JFK にも登場します。吹き替え版の配役は、トッドさんが、日本で直接にスタジオの選んだ声優さんの声をチェックして決めていったのですが、その時に、1人だけ、人選が難航して、一時は途方に暮れたほど苦労しました。それは、"タコ女"のアースラで、その太い声を出せる女性の声優さんが、いないのです。散々探して、最後に… 一人いました。あの森公美子さんです。あの方で、決まりでした！今も懐かしい思い出です。

〔69〕「カーリー・スー」Curlie Sue

これは、ジョン・ヒューズが監督、脚本、製作を一手に引き受け、ジェイムズ・ベルーシ、ケリー・リンチ、そして文字どおりカーリーヘア(巻き毛)を持つアリソン・ポーター主演の、ハートウォーミングなファミリー映画でした。ジョン・ヒューズは、もともと脚本家で、クリス・コロンバス監督の「**ホーム・アローン**」Home Alone の脚本で、映画を大ヒットさせたのですが、残念ながらこの「**カーリー・スー**」が遺作になり、2009年、ウォーキング中に心臓まひで急逝しました。惜しいことでした。

ストーリーは、ホームレスの少女カーリー・スー（アリソン・ポーター）とその保護者のビル・ダンサー（ジェイムズ・ベルーシ）が、"当たり屋稼業"（子どもをわざと車にぶつけ、けがをさせたと訴えて金品をかすめ取るキケンな仕事）で夕食をせしめたことから、エリート女性弁護士グレイ・アリソン（ケリー・リンチ）と知り合うところから始まります。そして、この女性弁護士と、疑似"父娘(おやこ)"の奇妙な加害者・被害者の同居生活からいつしか生まれた温かい心のつながりを、涙と笑いのうちに描いたもので、私の最も好きなジャンルのドラマです。

第3部　思い出のワーナー映画 半世紀

とぼけた中にも巧みに父親の感情を見せるジェイムズ・ベルーシ、私の好きな女優さんで、「チャーリーズ・エンジェル」Charlie's Angels などにも出ている、美貌と知性と温かさを感じさせるケリー・リンチ、そしてなんといっても、愛に飢えながら、大人顔負けの度胸で不幸な生い立ちをものともせずに生きていく女の子を等身大で演じたアリソン・ポーターの3人の息の合った演技が、この映画を私の大好きな一本にしてくれました。字幕翻訳は、「プリティ・ウーマン」に続く、古田由紀子さんでした。

【1992年】
〔70〕「JFK」JFK

　この作品については、ケネディー研究グループ「ケネディーの会」に2度寄稿し、この映画への思いのたけを書きましたので、その原稿を採録することによって、この映画の記録にしたいと思います。

映画「JFK」日本語版ができるまで

小川政弘

1.　プロローグ

　ケネディーが暗殺された運命の日、1963年11月22日、私は22歳の青年だった。政治には余り興味のなかった私だったが、国内では黒人の人権のために戦い、世界の冷戦と核危機に際しては一歩も引かずにフルシチョフと渡り合った、理想主義に燃えた若き大統領ケネディーには、"世界の希望の星"としてひそかに熱い声援を送っていた。そこへあの余りにも衝撃的なニュース。1年前にクリスチャンになっていた私は、思わず「神よ、人間は何をしたのですか？」と、うめいたのを覚えている。限りなく自己中心的な存在である人間は、有史以来、その罪の究極の姿を、"殺人"という行為でこの世に現した。

私はその時、ケネディーという一人の人間を殺す行為が、何千万の人々を殺害する戦争にも劣らない恐るべき行為であることを思い、怒りと痛恨に胸がつぶれるような、暗たんとした気持ちだった。それが言い過ぎでなかったことは、彼の死によって、少なくとも人類の歴史が10年は後退したと言われるような、アメリカ国内の右傾化、ヴェトナム戦争の泥沼化と冷戦の深化という事実が物語っていよう。

2. 映画「JFK」日本語版の経緯

その私が、映画「JFK」について拙文を書く機会を与えられて感謝している。ワーナー・ブラザース映画に席を置く私は、製作部に移ってからのこの15年の間に、1,000本を下らない映画/ビデオの日本語版製作と、自らも約30本の字幕翻訳（ペンネーム水野佳彦で）を手掛けてきた。その中で、特にうれしく思い出に残る仕事は、「**偉大な生涯の物語**」のビデオ字幕翻訳と、この「JFK」の日本語版製作であった。

"抗議すべき時に沈黙するのは
　卑怯者である。"
― W・ウィルコックス

のプロローグで始まるこの映画が劇場公開されたのは、1992年3月21日であった。監督はオリヴァー・ストーン、主役ジム・ギャリソンにケヴィン・コスナー、日本版字幕翻訳は進藤光太氏。その道30年のベテランで、丁寧でこなれた訳は定評があるが、その分、仕事は早いほうではない。かなり厳しいスケジュールの中で氏を選んだのには、私自身の氏の仕事への評価と共に、ある小さなエピソードがあった。以前、我が社の映画「さよならゲーム」の中で、ケネディー暗殺のニュースを伝えるシーンがあり、そのBOOK DEPOSITORYの字幕が「図書館」と訳されていたのを、氏が「あれは"教科書ビル"ですよ」と教えてくださったのである。その時以来、私は氏がケネディーに詳

しいとにらんで（？）、機会があれぱ、と願ってきた。「JFK」はまさしく好機到来というわけである。氏にとっては魔の1か月であった。翻訳を終えた時、氏はボヤいたものだった。「口は災いのもと。あの一言が余計でした」と。

　普通、映画の上映時間は1時間40分ぐらいで、セリフの数は800から1,000。これを我々は、完成版プリント及ぴ英文台本輸入から翻訳、字幕打ち込みまで約3週間で完成させる。「JFK」は上映時問3時間9分、せりふ数約3,000。時間にして普通の作品の2倍弱、せりふ数は優に3倍である。少なくとも字幕版完成まで2か月はかかるこの作品に、許された時間は正味1か月であった。前述のとおり、この映画の公開は1992年3月21日であったが、正月休みにかからぬよう年内に締め切られる雑誌広告記事に間に合わせるため、字幕版は何が何でも1991年内に完成させねぱならない。かくして、完成プリントもない、英文台本もないという最悪の条件の中で、進藤氏は年末の1か月を自宅に"缶詰め"。アメリカ本社から3度に分けて送られてきたビデオカセットからヒアリング英文台本を起こし、スポッティング（それぞれのせりふの長さを計った表）もビデオ用の仮のリストを用いて、2、300ずつ訳の上がったものから私のチェック、字幕版製版へ回すという超綱渡り作業であった。当時のスケジュールメモでは、以下のとおりである。

1991.11.23　　VHS（前半）到着
　　11.25　　　〃　（中半）　〃
　　11.26　　　〃　（後半）　〃
　　12.15　　未完成版英文台本到着
　　12.20　　完成版プリント到着
　　　　　　（試与の1週問前！　普通はここから通関に2、3日、ス

　　　　　ポッティングと翻訳試写チェック、訂正、製版と字幕
　　　　　打ち込みで2週間はかかる。）
　12.26　字幕版完成試写
1992.3.21　全国劇場公開
　このようなハード・スケジュールの中でも、進藤氏も私も、この作品をライフ・ワークの一つにするべく、表記、日本語表現等、推こうと校正には万全を期した。字幕翻訳の訂正は、通常、全体の2、3パーセントだが、この作品では、3月の公開までに何度か手を加え、約3,000のせりふのうち、294（進藤氏146、小川148）、全体の一割に及んだ。

3.　「JFK」ラスト40分の伝えるもの

　この映画の圧巻は、ラスト40分の息詰まる法廷シーン。ここでのジム・ギャリソンに扮したケヴィン・コスナーは、まさしく監督オリヴァー・ストーンの化身である。彼は、名優コスナーの口を借りて、彼自身の心の中にあったものを、一気に吐き出したかの感がある。ビデオで味わえることではあるが、このシーンの大詰め15分の字幕を今一度、誌上で再現してみよう。白熱の画面を思い起こしながら、この演説の重みを考えてほしい（数字はせりふのスポット番号）。

2836	偽装の航空事故や車の事故が／何件　起きるか？
2837	"反逆は栄えず"と／ある詩人が言った
2838	反逆とは？
2839	栄えれば反逆とは呼ばない
2840	あの8ミリ・フィルムは／非公開です
2841	なぜ？
2842	国民にX線写真や検死写真を／見せないのは　なぜ？
2843	陰謀を証明する書類が／あるのに—

2844	なぜ政府が隠しているのか？
2845	いつも検事局や市民が―
2846	重要書類の提出を求めても―
2847	政府の答えは決まっている /" 国家機密だ "
2848	大統領が奪われて / 何の国家機密だ？
2849	国家機密の名目なら―
2850	基本的権利を奪っていいと？
2851	合衆国の影の政府を / 認めるのか？
2852	そういう国家機密は / どんな感じで どんな形か？
2853	それは ずばり―
2853A	ファシズムです
2854	ここで あえて言います
2855	'63年11月22日の事件は / クーデターです
2856	悲劇的な結果でした
2857	ベトナム撤退の約束は /" ほご " です
2858	戦争は最大の商売で―
2859	年間予算は800億ドル
2860	ケネディー大統領は―
2861	政府の最高レベルの陰謀で / 暗殺されました
2862	実行したのは / 狂信的で冷酷な戦士たち
2863	国防省とCIAの / 秘密工作機関に属し―
2864	クレイ・ショーもその一員です
2865	これは公開処刑であり / 共犯は―
2866	ダラス警察の / 有志の人々を始め―
2867	シークレットサービスや /FBI―
2868	さらに上のフーヴァーや / ジョンソン
2869	この2人も事後共犯です
2870/71	暗殺は大統領を / 臨時職員に格下げしました

2872	大統領の任務は / 多くの機会を捉え—
2873	平和を訴える事
2874	その一方 軍需産業のため / 議会と商談するのです
2876	私はクレイジーか？
2877	背伸びする南部の道化者か？
2878	その答えを出す / 簡単な方法がある
2879	この暗殺で最も得した２人—
2880	元大統領ジョンソンと / 新任のニクソンに—
2881	オズワルドとルビーの / 資料を請求するのです
2882	オズワルドのソ連での / 活動メモもね
2883	これは破棄されたが…
2884	これらの資料は国民のものです / 税金が使われた
2886	この現実は子どもたちに / 見せたくないと思ったか—
2887	関係者への / リンチを恐れたか—
2888	この資料は75年間封印です
2889	私は40代始め
2890	生きている間は見られない
2891	でも今年８歳の息子に / 長生きしてもらいたい
2892/93	そして2038年9月 / 栄光の朝を迎えて—
2894/95	息子は国立公文書館に入り / 資料を見ます
2896	もし駄目なら / 世襲の事業にします
2897	父から息子へ 母から娘へと / 受け継ぐ
2898	いつの日にか—
2899	真実が明らかにされる
2900	我々は—
2901	政府を一新すべきでしょう
2902	独立宣言でも言ってます
2903	"社会が停滞したら / さらに西部へ行け"と

2904	ある作家の言葉です―
2905	"愛国者は自分の国を／政府から守るべきだ"
2906	考えて下さい
2907	ここでご覧になった／門外不出の証拠をね
2908	我々が子どもの頃―
2909	みんな こう思っていた
2910	正義は自然に生まれると
2911	美徳は価値があり／善は悪に勝つと
2912	でも これは真実じゃない
2913	正義は人間がつくるもので／簡単じゃない
2914	真実は権力にとって脅威だ
2915	でも権力と闘うのは／命懸けです
2916	鉄道員ホランド
2917	バウアーズ
2918/19	ヒルやオキーフ…／証人たちは死にました
2920	実は手紙で8,000ドル以上が―
2921	全国から寄せられました
2922	1ドル札や硬貨で 主婦や―
2923	配管工 教師 病人の方々から…
2924	とても貴重な善意のお金です
2925	タクシー運転手や―
2926	看護婦や／子どもを戦場へ送った親もいる
2927	なぜか？
2928	みんな望んでいる―
2929	真実を知りたいと
2930	国を取り戻したいと
2931	我々の国だから―
2932	誇りを持てる国にしたい

2933	真実は最も貴重です
2934	真実が無力になり―
2935	真実を殺す政府を/もはや尊敬できなけぱ―
2936	この国で生まれても/この国で死にたくない
2937	"死にゆく王に権威なし"とか
2938	その通り　ケネディーは/殺されて権威を失い―
2939	我が国の歴史で/最高の悲劇になった
2940	クレイ・ショーを裁く/陪審員の方々は―
2941	国家権力に対抗する/人間性の代表です
2942	義務を果たすため―
2943	クレイ・ショーに対する有罪を/評決して頂きたい
2944	"この国のために何ができるか"を/　問うのです
2945	死にゆく王を/決して忘れないで
2947	世界に示すのです―
2948	"人民の人民のための/人民による政治"がある事を
2949	これこそ最も重要な点です
2950	考えて下さい

〈エピローグ〉

2983	'79年　情報工作局長は―
2984	クレイ・ショーを/CIAの一員と認めたが―
2985	彼は'74年 肺がんで死亡
2986	検死も許されなかった
2993	1978年ギャリソンは/上訴裁判所の判事に選出
2994	'88年 再選された
2994A	現在まで彼は―
2994B	ケネディー暗殺事件の―
2994C	唯一の公的訴追者だ

2995/96	東南アジアの戦死者は—
2997	アメリカ人5万8,000/アジア人200万
2998	戦費2,200億ドル
2998A	民間機による投下兵力/1,000万人
2998B	損失ヘリ数5,000機以上
2998C	投下爆弾650万トン
2999	'76年から'79年の/議会の調査で—
3000	陰謀の可能性を発見
3001	しかし司法省は動いていない
3002	暗殺事件の資料は/2029年まで公開禁止だ
3003	"過去の出来事は/プロローグである"
3004	"この作品を/真実を探求する若者にささげる"
3004A	この映画の結果/1992年 議会は—
3004B	一般公開の資料を選出する—
3004C	調査団結成法案を可決した

注1. #2945の原訳は「この国のために考えて下さい」。かのケネディーの大統領就任演説を踏まえた原文を生かして、私が改訳したもの。

注2. #2892の3038年と#3002の2029年は一見矛盾する。私がいち早く気づいて本社に問い合わせ、前者は1963年のウォーレン報告から75年後、後者は#2999の1979年の議会調査報告から50年後の公開年を指していることを確認。

注3. #3004A-3004Cは、1993年に発売されたビデオの「**JFK-ディレクターズ・カット**」に追加されたもので、私の訳。

4. 参考—現在見られる「**JFK**」ソフト

　フィルムの35ミリ劇場版は、残念ながら一本しか保存されておらず、16ミリは大学学園祭など非劇場用に5本用意されているが、費

用も高く、一般のファンにはチャンスは少ない。その代わりビデオで見られる。これについては、「KENNEDY」誌№3の松谷冬彦氏の紹介に詳しいが、改めてご紹介すると、次のものがある。

●「JFK」劇場公開日本語字幕版。クローズド・キャプション入りで、デコーダーがあれば英語原文のせりふが字幕で楽しめる。

●「JFK」日本語吹き替え版、ジム・ギャリソンに津嘉山正種氏、演出福永莞爾氏。ケヴィン・コスナーの声は津嘉山氏の持ち役で、コスナー本人のややかん高い声よりもいい声。目まぐるしい字幕を追うよりも、日本語で聞きながら画面に集中したい方にはお勧め。ちなみに、字幕の情報量は、吹き替えの約三分の一しかないので、この映画のような場合は、吹き替え版も一見の価値あり。私自身、この吹き替え版製作にもプロデューサーとして立ち会い、1992年5月、休日も会社の旅行も返上して、2日間、30人を超える声優さんたちと（普通は10人前後）、日本語によるドラマ作りに熱中した（なお、先頃テレビ放映されたものは、自社の制作上の意向にそって局独自に作り直すというテレビ業界の慣習により、同じ津嘉山／福水コンビで、始めから作り直した別版）。

●「JFK」ディレクターズ・カット日本語字幕版。クローズド・キャプション入り。監督オリヴァー・ストーン自身が再編集したもの。配給会社の意向に捉われず、彼自身の意図がより鮮明に出されており、17分長くなった分、オリジナル版では分からなかったシークエンスのつながりも理解できて、オリジナルを劇場でご覧になった方にも見てほしい。前述したラスト・エピローグの追加は、彼のこの映画製作公開への勇気と熱意が、議会をも動かしたことを伝えて、胸を熱くさせるものがある。

　上記、いずれもレンタル店で借りられるし、4,800円でコレクションに加えられる。いささか宣伝めいて恐縮だが、参考まで。

5. エピローグ

　監督オリヴァー・ストーンは、「プラトーン」（1986・WB）「七月四日に生まれて」（1989・UIP）「天と地」（1993・WB）のいわゆるヴェトナム三部作を作った。そこには自らの失った青春と、死んでいった多くの同胞と、あの戦争を契機に退廃への道をたどっていった祖国アメリカへの痛惜の念が込められている。その間に作られた「JFK」は、この三部作を結ぶ"要（かなめ）"の作品である。"抗議すべき時に沈黙するのは、卑怯者である"で始まり、"この作品を真実を探求する若者にささげる"で終わるこの作品は、一国の元首を数発の銃弾で肉塊と化させながら、それを闇に葬らせようとする巨大な国家権力に対する、命懸けの抗議であった。それがいかに危険であったかについては、同じく松谷氏の「KENNEDY」№3の記事に見られるが、この作品をあえて世に問うことで、オリヴァー・ストーンは、彼自身の"死にゆく王"への衷心からのレクイエム（鎮魂歌）をささげたのだった。同誌№2に"ケネディー イコール暗殺ではあまりにも偏りすぎる"とのK氏のご意

『JFK』
ブルーレイ発売中
20世紀フォックス
ホーム エンターテイメント ジャパン

©2016 Twentieth Century Fox Home Entertainment LLC. All Rights Reserved.

見があった。しかし、このたとえ一人になっても、殺されても、真実を追及しようという精神こそ、幾多の腐敗や国家危機を乗り越えて、アメリカを今日あらしめたのではあるまいか。自浄機能を持たない日本の政治が、底なしの腐敗ぶりを露呈していることを見るにつけ、この感を深くする。その意味で、彼、オリヴァー・ストーンもまた、真の"勇気ある人々"の一人であろうし、私自身もその生き方に倣う者でありたいと思う。神ならぬ身で、女性問題、マフィアとの関わりなどの陰の部分を持ちながらも、私たちに勇気と英知と誠実と献身を教えてくれた、人間ケネディーを心から慕う者の一人として──。

(ワーナー・ブラザース映画)

映画「JFK」と共に
─Do not forget your "Dying King"─

小川　政弘

　もう13年も前の第6号(1994年12月発行)に、縁あって「映画『JFK』ができるまで」を寄稿させていただいた。昨年の9月、65歳の誕生日をもって45年勤めたワーナーをひとまず定年退職したが、請われてあと1、2年、"続投"することになった。その後半の30年間、念願の字幕・吹き替え制作の仕事に携わって、手がけた作品数は1,000本を下らないが、その中でも最も思い出深い作品の一つが「JFK」だった。しかしこの映画との縁は、公開時だけで終わらなかった。本業のかたわら、これも縁あって、よき字幕翻訳者を育てるのにいささかでも役立てばと、さる映像翻訳者養成学校で、10年ほど前から字幕翻訳の講義をしている。その教材の一つに用いているのが、この「JFK」なのである。

　そこで今回は、我らがJFKはこんな形でも生きているという一つの"あかし"として、この講義風景のさわりを誌上抄録してみようと

思う。

　まずあの3時間を超える作品の中から、4つのシーンを選び出し、1回に2シーンずつ、2回分を選び、更にそれぞれを2週に分けて、1週ずつ生徒の演習とその講評に充てる。1回2時間のコマの中で、1週目の第1時限はシーンや時代背景の講義、第2時限は生徒の演習で、20前後のセリフを日本語字幕に訳す。それを1週間かけて一人一人の習作を添削し、翌週には、第1時限に生徒の習作の全体的講評。第2時限にOHPを用いて生徒一人一人の習作の講評をする、というスタイルだ。

　シーン1は、映画の半ば、ジム・ギャリソンが、クレイ・ショーを参考人として事務所に呼び、質問するシーンで、両者の"愛国心"問答が熱っぽく語られる。

　シーン2は、ギャリソンが、居間で、ロバート・ケネディーがカリフォルニア予備選勝利の直後、暗殺される場面をテレビニュースで見て、初めて恐怖に駆られ、寝室で待つ妻リズを激しく抱擁するシーン。そこから、一転していよいよニューオーリンズ連邦地裁で裁判が始まるシーンにつながる。

　ショックに打ちひしがれたジムの知らせを聞いたリズは、「まさか！兄弟が2人とも暗殺？」と聞いたあと、こう言う。

　A) You were right.

　B) It hasn't ended yet.

これは、兄ジョンが凶弾に倒れた直後から、アメリカの暗黒面の深さと怖さを知っていたギャリソンが、「このままでは終わらない。また悲劇が起こる」と"予言"してきたことへの悲しい肯定の言葉だ（事実、このロバート暗殺のわずか2か月前には、マーティン・ルーサー・キング牧師が暗殺されている）。彼女の言葉を訳すと、まずはこうなるだろう。

A)「あなたは正しかったわ」(10字)

B)「それはまだ終わってなかった」(13字)

しかし、字幕の場合には"字数制限"の壁があって、A)に使える字数は6字、B)も6字ということになる。つまりそれぞれ半分ぐらいに縮めなければならない。生徒は限られた時間内で四苦八苦し、いろいろな苦し紛れの訳が飛び出すのだが、ちなみに皆さんならどう凝縮なさるだろうか。……と、読者の皆様を苦しめるのが本義ではないので、講師の訳例を2つほど紹介しておく。

＜訳例1＞

A)「あなたの予感—」

B)「正しかったわ」

＜訳例2＞

A)「言ってたわね—」

B)「"まだ続く"って」

いずれも6字内で、カギは、2つのセリフを続けることによって、全体の意味を出すわけだ。そのあと、リズを激しく抱きながら、ジムはこう言う。

For the first time, I feel really scared. I wish I could've loved you more. Sometimes I feel like I didn't ever love you or the children enough. I'm sorry.

この、「もっと君を愛していればよかったのに」という彼の痛恨の言葉を、劇場公開の時、故進藤光太氏は、「愛が足りなかった」と訳した。けだし名訳である。講師たるもの、講義のためには劇場訳を離れて全て自分で訳し直すのだが、正直に言うと、ここだけはどうやってもこの名訳を超えられず、用いさせていただいた。ここの講義を、私はこのように言って締めくくる。「それまでジムは、自分の使命を果たすために、家族を犠牲にして大統領暗殺犯の告発に命を懸けてきた。しかしこの時、初めて彼は、自分にも"明日"はないことを知っ

たのだ。皆さんにも愛する夫、妻、家族、恋人がいるだろう。しかし、忙しさにかこつけて、そのかけがえのない人々に、あなたの愛を示すことを怠ってはいないか？"そのうち、暇ができたら"と思っていないか？　しかし、死と隣り合わせの人生で、この時を逃したら、その機会は二度と来ないかもしれない。全てのことには、特に"愛する"ことには、"時"があるのだ（と、ここで、故ケネディー自身も愛唱し、告別式でも読まれた聖書の一節を紹介する）。

「天の下では、何事にも定まった時期があり、

すべての営みには時がある。

生まれるのに時があり、死ぬのに時がある。……

愛するのに時があり、憎むのに時がある。」(旧約聖書 伝道者の書３章)

神に与えられた"愛する時"を、己の怠惰さで失ってはならない。人生の最後に、悔いを残さないように、一瞬一瞬、人を愛し、ベストに生きるべきではないのか？」と。ここは、この映画の中で、実は私の一番好きなシーンであることも付け加えておこう。

シーン３は、裁判も大詰め、ギャリソンが、被告弁護人や裁判長の抗議や警告も聞かばこそ、暗殺からウォーレン報告まで、政府の対応がいかにズサンかつ疑惑に満ちたものであったかを、"これでもか"と陪審員に訴えるシーン。"逃亡"するかのようにダラス空港を飛び立った大統領機の中で、ケネディー暗殺のわずか２時間後には新大統領の宣誓をしたL.B.ジョンソン。まだ何の捜査も始まらないうちに、その機内にオズワルド単独犯行の情報を流した政府の手際のよさ。そして極めつけは、銃創を診た経験のない軍医３人によって行われた検視報告のズサンさ。これが、１発で７つの傷を作った、かの"魔法の銃弾"報告だ。講師は、クラスの男性生徒２人を前に呼び、大統領と州知事コナリーに見立てて、その弾のまか不可思議な軌跡を実演する。クラスからは失笑が漏れる。講師は思わず興奮しながらこう言う。「皆さん、笑えるでしょう？　幼稚園の子どもでも、これを聞いたら"ウ

ソだい！"と笑うよ。しかしウォーレンを始め、そうそうたる委員会の秀才たちは、"理論的には可能だ"とのたもうたんですよ！」

　ここのギャリソンのセリフは、One of them being the "magic bullet"（1 発は"魔法の銃弾"です）だが、さすがにこの実演交じりの解説を聞くと、「思いっきり皮肉を込めて訳しなさい」という注文に応えた次のような"名訳"が出てきて、講師をうれしがらせることになる。

- まさに（まさしく／まるで）"魔法の弾"です
- "魔法の弾"の成せる技です
- "魔法の弾"の登場です
- "魔法の弾"としか思えない

講師も負けじとばかり別訳を披露する。

- これぞ"魔法の弾"です
- さすが"魔法の弾"です
- "魔法の弾"ですからね
- "魔法の弾"の威力です

　シーン 4 は、いよいよ陪審員の評決が出る映画のラストシーンだ。ここでギャリソンは、米英の著名人物の言葉を、1 人ならず 3 人も引用して、「クレイ・ショーを第 1 級有罪判決に！」と陪審員の良心に訴えかける。30 分近くもあるこの最終陳述に、さすがにギャリソン役を熱演するケヴィン・コスナーの声はかすれ、目には心なしか涙がにじむ。大統領暗殺後、6 年をかけた彼の執念が、この最後の論告にかかっているのだ。

　最初の引用は、かのケネディー大統領就任演説の一節だ。「この国のためを考えて下さい」という簡にして要を得た原訳を、この演説の引用と分かるように、あえて許容字数いっぱいに変えさせていただいた話は、第 6 号でも触れた。講師の訳例はこうだ。「心に問うのです。"国のために何ができるか"と」。

ケネディー死後、はや四十数年。20代、30代の若き"翻訳者の卵たち"は、悲しいかな、もはやこの演説も知らない。講師がクラスで、「いいかね。先人の言葉の引用にはちゃんと意図があるのだ。まず誰の言葉かきちんと調べ、引用符を使って、きちんと引用として訳しなさい。そもそもこの名演説を知らないなら、字幕翻訳などやめなさい！」と叫ぶゆえんである。そして彼らの知らないケネディーの肉声を、ニュースクリップから流して見せる。My fellow Americans: ask not what your country can do for you, ask what you can do for your country. これを毎年やっているのに、あの力強い声を聞くたびに心が熱くなるのを禁じえない。

2つ目は、英国の桂冠詩人テニスンの詩の一節で、「Idylls of the King 国王牧歌」の中の「The Passing of Arthur アーサー王の死」のくだりに出てくる、"Authority forgets a dying king" という言葉の引用である。この部分の進藤光太氏の訳は、これもまた格調高く「"死にゆく王に権威なし"とか」だが、この引用のすぐあとで、ギャリソンの Do not forget your "Dying King" という訴えのセリフが出てくる。ここを生徒にやらせると、故人である大統領のことだという思い込みが災いして、まず8割の人は、「死んだ王」、せいぜい文学的に「死せる王」とやる。中学で習った ing の現在分詞など、きれいに忘れてしまうのである。そこは正しく捉えたとしても、登場するのは「瀕死の王」とか、「死にかけの王」とか、あまり美しくない響きの訳だ。そこで講師は、半ばため息をつきながら、こう解説する。「そう簡単にケネディーを墓に閉じ込めないで。ここの正しい訳は"死にゆく王"だよ。皆さんは身近な人の死に立ち会ったことがありますか？ 命のともしびが、かすかに揺れながら、次第に細くなって、やがてふっと消える。愛する者の命が地上からなくなる瞬間。あなたは悲しみの中で泣き叫ぶだろう。しかし、"時"という天の配剤は、その悲しみを少しずつ忘れさせ、やがて故人との楽しい思い出のみを残してくれる

ようになる。しかしその人が、非業の死を遂げた場合はどうだろう？ あの全世界が嘆き悲しんだ大統領の死を、真犯人も解明しないまま、そんなに早く忘れ去っていいのか？ 我々にとって、JFKは、決して"死せる王"であってはならない。いな、"死にゆく王"にもしてはならない。他ならぬあなたの心の中で、今、次第に死んでいこうとしているケネディーを、もう一度思い起こすこと、彼が志半ばにして果たせなかった真の民主主義への希求のともしびを掲げ続けることこそ、このギャリソンの"死にゆく王を忘れるな"との問いかけに、応えることではないのか？」

3つ目の引用は、かのリンカンのゲティスバーグにおける奴隷解放演説、「人民の、人民による、人民のための政治」の一節だ。

このようにして、こん身の力を込めたギャリソンの訴えも、陪審員には届かなかった。全員一致の無罪評決に肩を落とすギャリソン。その肩にそっと手を触れてねぎらう妻リズ。講師は、「これが現実の厳しさだねぇ」と言いつつも、その後、彼の熱意が議会を動かし、1976年から3年間の再調査による"陰謀"の可能性の発見に結びついた事実に触れて、この裁判は"完全敗訴"ではなかったことを語る。また、その後も終生やむことなく、息子からその息子への世襲事業にしてまで、"真実"を究明しようとした彼の熱意も忘れずに紹介する。講師のこの講座終了の結語はこうである。「皆さん。JFKという一人の偉大な人物の憎むべき暗殺は、世界の平和への道を閉ざし、その後の世界を冷戦とヴェトナム戦争の泥沼化の中に、少なくとも10年は後退させてしまったのです。この戦争で多くのかけがえのない命と資源が失われました。その元凶を明るみに出すことなしに、真の民主主義は確立しません。議会の調査報告の一般公開は2029年。ウォーレン報告の公開は2038年。いずれも、私はもうこの地上にはいないけれど、皆さんのうちのどなたかは、この結果を見極めてほしい。だが、人間の"負"の歴史の中では、このような非業の死を遂げ、真犯人が

闇に葬られた事実は枚挙に暇《いとま》がないのです。真犯人は草葉の陰でほくそえんでいるかもしれない。しかし、全ての人間の目をくらませたとしても、ただ一人、天の高みにおられる神の目を逃れることはできないのです。聖書は"天の法廷"——人類の究極の裁きの場があることを告げます（と、ここでまた聖書の引用）。

「また私は、死んだ人々が、大きい者も、小さい者も御座《みざ》の前に立っているのを見た。死んだ人々は、……自分の行いに応じてさばかれた。……いのちの書に名のしるされていない者はみな、この火の池に投げ込まれた。」（黙示録20章）

私たちの周りにも、正しい者が苦しめられ、悪《あ》しき者が幅を利かせる多くの現実があります。皆さんも今そのことで苦しんでいるかもしれない。人は、自分の所業に対しては、このお方の前にいつも自らを正すべきだし、悪しき人々の所業に対しては、いつか、必ず天の報いがあることを信じて、委ねなければなりません。この"天の法廷"で裁かれる、ただ一人、義なるお方の存在を信じられなかったら、右を向いても左を見ても不条理だらけのこの世の中で、もはや人間なんかやってられない。そう思いませんか？」

お読みになってお分かりのように、私は恥ずかしながらキリスト者の末席を汚している者である。翻訳学校の講義も、自称"聖書オタク"として、講義はいつの間にか"説教もどき"で終わってしまう。今回、こうしてその一端を書かせていただいた恵みを心から感謝している。この稿を書いている今は3月の後半。今年も間もなくキリストの受難週と、復活節を迎える。思い起こせば、キリストも総督ピラトに「あなたはユダヤ人の王か？」と問われ、それを認めて十字架の道行きをした。彼もまた真の意味で"死にゆく王"であった。世界の平和を願い、一触即発のキューバ危機に敢然と立ち向かい、ヴェトナム戦争の泥沼から多くの有為の若者たちを救おうとして、敵の恨みを買い、

志半ばで軍産複合体の見えざる魔手に倒れたJFKと、"平和の君"としてこの世に来られ、この世の弱者、病める人々に仕え、やがて同胞ユダヤ人指導者たち（時の国家権力！）の手で十字架につけられたキリストの姿が、今、私の中では一つに重なる思いがする。ケネディー大統領生誕90周年を迎えた今、そして主の受難を覚えるこの時に、私自身も、Do not forget your Dying King "死にゆく王を忘るるなかれ"との思いを新たにせねばと、心に誓っている。

（ワーナー・ブラザース映画）

〔71〕「ボディガード」The Bodyguard

　1980年〜90年代は、ケヴィン・コスナーが活躍した時代でした。ワーナーでも、〔70〕「JFK」JFK の公開から1年もたたないのに、このロマンティック・サスペンス映画「ボディーガード」が1993年のお正月映画の"本命"として、前年のクリスマスに公開され、期待どおりの大ヒットとなりました。監督はミック・ジャクソン、お相手は

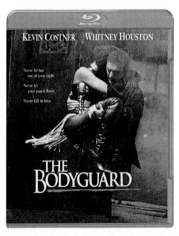

『ボディガード』
ブルーレイ ¥2,381＋税
／DVDスペシャル・エディション
¥1,429＋税
ワーナー・ブラザース
ホームエンターテイメント

The Bodyguard, © 1992, Package Design & Supplementary Material Compilation © 2012 Warner Bros. Entertainment Inc. All rights reserved.

ホィットニー・ヒューストンで、劇中でも主題歌「オールウェイズ・ラヴ・ユー」で、そのたぐいまれな歌唱力を披露しており、デイヴィッド・フォスターの編曲したサントラ盤は全世界で 4,200 万枚を売り上げる大ヒットを記録しました。彼女の若すぎる死も、惜しんであまりありますね。

　ケヴィンが演じるのは、元シークレット・サービスで、今は個人でボディーガードをしているフランク・ファーマー。ホィットニーは、最近ストーカーらしき人物に身辺を狙われ、殺害予告までされて、彼に警護を依頼します。こうして、姿の見えない、しかも極めて腕の立つ犯人に対するケヴィンの戦いが始まるのですが、後半になって、彼女の殺害を依頼したのは、彼女の人気をねたんだ姉のニッキーだと分かり、ラストの息詰まる犯人との対決に進みます。最も親しい血を分けた姉が妹の死を願うところに、人間の嫉妬の恐ろしさを改めて感じますが、二人が、デュエットで、しかもゴスペル風にアレンジして歌う、キリスト教界ではもうクラシックになっている子ども賛美歌「Jesus Loves Me 主 我を愛す」は心に染み入ります。

　この映画の字幕翻訳には、太田直子さんを"抜擢"しましたが、彼女もいい翻訳で期待に応えてくれました。その後も、〔75〕「デーヴ」Dave や〔90〕「コンタクト」Contact ですばらしい翻訳を残してくれましたが、彼女も、すでにこの世の人ではないことを、つい最近聞いて、心からその早すぎた死を悼みました。

【1993 年】
〔72〕「許されざる者」The Unforgiven

　これは、製作、監督、主演したクリント・イーストウッドが、いみじくも「最後の西部劇」と呼んだ、骨太の本格派西部劇で、昔、早撃ちのガンマンで鳴らした男が、一度は足を洗ったものの、妻亡き後、子どもたちを養うために、賞金稼ぎにお尋ね者を追う話で、その初老

のガンマン、ウィリアム・マニーにイーストウッド、彼と組んで敵を追いながら、途中で引き返して無残に殺されるネッド・ローガンにモーガン・フリーマン、ネッドにマニーの居場所を聞き出そうと拷問し、ついに殺してしまい、最後にマニーと宿命の対決をする保安官リトル・ビル・ダゲットにジーン・ハックマンが扮しました。イーストウッドは、この作品で、並々ならぬ監督の手腕を発揮し、アカデミー賞の中でも最も栄誉ある作品賞、監督賞を受賞。他に助演男優賞（ジーン・ハックマン）、編集賞の4部門を勝ち取りました。

　なお、このタイトルで、1960年に全く別の映画が作られています。そちらは、ジョン・ヒューストン監督、バート・ランカスター、オードリー・ヘップバーン主演の西部劇でした。そしてまた、この1993年版の映画が、日本に舞台を置き換えて、イーストウッドの役を渡辺謙が演じた同名のリメイク版が、2013年に作られました。ちょうど、黒澤明監督の「**七人の侍**」が、アメリカに舞台を移して「**荒野の七人**」**The Magnificent Seven** が作られたのと逆パターンで、面白いですね。

　字幕翻訳は、岡田壯平さん。俳優岡田英次のご子息で、1級建築士の資格を持つ"変わり種"ですが、何が何でも字幕翻訳をやりたくて、この世界に入られました。この作品は、間違いなく彼の代表作の一本でしょう。

〔73〕「**天使にラブソングを**」Sister Act

　ワーナーがディズニー作品を配給した2年間の間に、本当に楽しい作品を見させていただきました。これもその一作です。ネヴァダ州リノで、ギャングで情夫のヴィンス（ハーヴィー・カイテル）の殺人現場を目撃した、しがないクラブ歌手デロリス（ウーピー・ゴールドバーグ）が、かくまわれた聖キャサリン修道院で、厳格な修道院長（マギー・スミス）といつも対立しながらも、聖歌隊の指揮を任されるや持ち前のタラントを発揮して、一流の聖歌隊に変身させるまでの間に

巻き起こす騒動を描いたコメディーです。アメリカでは 6 か月を記録する大ヒットロングランとなり、主演のウーピー・ゴールドバーグの人気を不動のものにしました。字幕翻訳は、太田直子さん。

そもそも、〔48〕「ポリスアカデミー」Police Academy でも言いましたが、"ダメ人間" が鍛えられて一人前になっていくというストーリーは、見ていて無条件に楽しいのです。加えて、何のとりえもないと思っていた自分のうちに隠れていた才能が、ふとしたきっかけで見事に開花していく様子は、見ている観客の私たちにも、"ひょっとしたら自分にも…" と、勇気を与えるものです。そして映画ファンには、このストーリーは明らかに、ビング・クロスビーがオマリー神父に扮して、町の貧しい悪童たちで見事な聖歌隊をつくり上げ、町を去っていく、あのレオ・マッケリー監督の名作**「我が道を往く」** Going My Way を思い出させます。

劇中、楽しいゴスペルナンバーが何曲か歌われますが、いずれも、出だしは厳かで静かな聖歌調で、途中からノリノリのゴスペルに変わっていき、思わず手足を鳴らしたくなります。中でも、「Hail Holy Queen」と、最後にローマ法王の臨席の中で披露する、主題歌の「I will follow Him」は傑作です。なんと、法王まで最後は立ち上がって、手拍子を打って体をスイングするのです！（これはさしずめ、かのヘンデルが作曲した「メサイヤ」の演奏で、「ハレルヤコーラス」まで来た時、国王ジョージ二世が、感動のあまり思わず立ち上がったという故事の現代版でしょう。）

この映画は、クリスチャンの立場で見ると、現代の教会には、生き生きとした賛美がもっと必要であることを痛烈に感じさせました。人の魂に入り込んでくるイエスの言葉の説教と、身も心も一つにして主を賛美するところに、人々は集まってくるのだというオブジェクトレッスン（実物教材）を、この映画は提供してくれました。

なおこの作品は、大ヒットの余勢をかって、翌年には舞台をデロリ

スの母校の高校に移して続編が作られ、第3作も製作の計画もあるそうです。

〔74〕「ジャック・サマースビー」Jack Sommersby

　これは、リチャード・ギアとジョディー・フォスター主演の西部劇でした。時代がアメリカの1860年代で、主人公は南北戦争から帰ってきますので、映画のジャンルと言えば一応"西部劇"ということになるのですが、内容的には、いわゆる原住民を白人が追いやって開拓していく西部劇ではなく、むしろ西部を舞台にした夫婦の恋愛劇と言えます。それも、戦争から帰った夫ジャック・サマースビー（リチャード・ギア）が、以前の粗暴でとても愛することのできなかった男から、生まれ変わったように善人になってしまったことから（普通は、戦争は全く人間をその逆にするのですが）、妻のローレル（ジョディー・フォスター）も、また夫の留守中に彼女を愛するようになった男オーリン・ミーチャム（ビル・プルマン）も、ジャックの正体に疑いを抱き、それを明らかにしようとするという、サスペンス劇の要素も織り込んだ、変わった映画でした。それもそのはずで、この作品は、16世紀にフランスで起きたマルタン・ゲール事件を基に、ジェラール・ドパルデュー、ナタリー・バイ出演、1982年製作のフランス映画「**マーティン・ゲアの帰還**」Le Retour de Martin Guerre を、舞台を南北戦争終結直後のアメリカ南部に置き換えてリメイクしたものなのです。映画の後半、ジャックは、出征前の殺人の罪で捕らえられ、死刑を宣告されますが、その時に、妻は「この人は夫ではない」と言い、ジャックは、「私は正真正銘の夫だ」と主張します。彼らをそう言わせたもの、それこそは、夫婦を真に夫婦たらしめる、お互いへの"愛"でした。妻は彼の命を救いたいため、夫は、今こそ、これまで果たせなかった夫としての愛を貫くため──。彼女は、彼から、「なぜ本物ではないと思うのか」と聞かれ、「夫のことはこれほど愛せなかったから」

と答えます。その言葉を胸に、ジャックは絞首台に向かうのです。愛は、何が真実かを明らかにし、この地上での絆（きずな）が断ち切られても、永遠の世界まで携えゆくことができるのだということを思い出させてくれる、悲しくも静かな感動の余韻を残す映画でした。

　字幕翻訳は、太田直子さんで、この映画には、珍しや、デイヴ・スペクターさんが言語アドバイザーを務めて、ネイティヴでなければ分からない原語の持つニュアンスを、いろいろ教えていただきました。

〔75〕「デーヴ」Dave

　この映画も、個人的に大好きな映画の一つです。主人公のデイヴに扮したケヴィン・クラインが好きな俳優ですし、ストーリーが面白いのです。本物の大統領ビル・ミッチェルそっくりのデイヴ・コーヴィックが、ひょんなことから瀕死の病に倒れた本人に代わり、大統領に仕立て上げられます。権力志向で民を顧みなかった大統領が、突如善良で国民利益優先の人間になり、様々な改革案を実行に移すというお話は、まるで現代のメルヘンで、現実にはあり得ないのに、"もしそんなことができたら、どんなにいいだろう"という束の間の夢を与えてくれるからです。政治にはズブの素人のデイヴが、会議で何度も窮地に立たされながら、持ち前のウィットで切り抜けるのみか、次第に大統領としての威厳と実行力さえ身に着けて、議題にはなかった貧者救済の予算案などを持ち出して、次々に決めていくのが、なんとも痛快です。こうして彼は、大統領としてなすべきことをなし、その総仕上げのように、腹黒いホンモノ大統領の特別補佐官として、らつ腕を振るっていたボブ・アレグザンダーをすっぱりと首にします。そして、本物の大統領の死と共に、ホワイトハウスを去って自らもいったん"死んだ"あと、今度はデイヴ本人として次期大統領選に立候補するところで、映画は終わるのです！

　この、〔74〕「ジャック・サマースビー」Jack Sommersby の現代

版のような映画の翻訳も、期せずして同じく太田直子さんが担当しました。そして、その試写をご覧になったワーナー日本支社社長のウィリアム（通称ビル）・アイアトンさんが、「小川さん、この太田さんの訳、いいねぇ」と褒めてくださいました。字幕には全くと言っていいほど口を出さない方でしたので、これはうれしい驚きでした。もちろんご本人には、いの一番に伝えてあげました。

〔76〕「逃亡者」The Fugitive

　この映画は、同名の1960年代のテレビドラマシリーズの劇場版として製作されました。アンドルー・デイヴィス監督、ハリソン・フォードが妻を殺されながら犯人とされて逃亡するリチャード・キンブル医師に扮し、彼を殺人犯として追いながらも、次第にその無実を確信するようになり、最後には真犯人逮捕に協力する連邦保安官補サミュエル・ジェラードにトミー・リー・ジョーンズが扮しました。キンブルが、追い詰められて、数十メートル上からダムに飛び込むシーンには、かたずをのみました。らつ腕ながら、先入観に捉われず、また弱者の立場を理解し、最後には立場上逮捕したキンブルを無実と断じて、職権をもって手錠を外してやる、味のある保安官補を演じたトミー・リー・ジョーンズは第66回アカデミー助演男優賞を受賞しました。

　男くさい配役陣の中で、キンブルの美しい奥さんに、セイラ・ウォードが扮しますが、映画が始まって早々に殺されてしまうのです（もったいない！）。

　字幕翻訳は、菊地浩司さんでした。なお、本作品のスピンオフ作品として、ジェラード連邦保安官補が主役を務める「**追跡者**」U.S. Marshals が同じワーナーで1998年に作られました。

【1995 年】
〔77〕「マディソン郡の橋」The Bridge of Madison County

　この映画は、1992 年発売のロバート・ジェイムズ・ウォラーの同名ベストセラー小説を原作にしたラブロマンス映画で、アイオワ州の片田舎で出会った、平凡な主婦フランチェスカ・ジョンソンとナショナル・ジオグラフィック社の中年のカメラマン、ロバート・キンケイドの 4 日間の恋を描いたものです。原作のヒットを知り、いち早く映画化権を買い取っていたスピルバーグのアンブリン・エンターテインメントと、映画化に乗り気だったイーストウッドのマルパソ・プロダクションズが共同製作し、ワーナーが配給しました。製作開始までには、監督、脚本家、主役の二人の俳優の選出などでいろいろいきさつがあったのですが、最終的にクリント・イーストウッドが製作（キャスリーン・ケネディーと共同）、監督、そしてロバート役で主演、フランチェスカを視点に美しく書き上げたリチャード・ラグラヴェネーズが脚本を務め、フランチェスカ役のメリル・ストリープがイーストウッドのお相手を演じましたが、彼女の演技はすばらしいものでした。美しいピアノのテーマミュージックが流れる中、かなわぬ恋と知りながら、激しく身も心も燃やした 4 日間ののち、家族のために家庭にとどまり、最後には思い出のローズマンブリッジから自分の灰をまいて、すでにそうしていたロバートと、"灰となって"添い遂げる女性、フランチェスカ。彼女はその演技で 1996 年の第 68 回アカデミー賞でアカデミー主演女優賞にノミネイトされました。

　撮影は、小説に描かれた実在の場所、アイオワ州マディソン郡ウィンターセットに造られた特設セット「フランチェスカの家」で、延べ 6 週間に渡って行われました。

　この映画の翻訳は、戸田奈津子さん。完成までには、舞台裏でこんな作業が行われていました。

① 二人がローズマンブリッジから帰って、彼女がお手製の冷たいレ

モネードを振る舞いながら交わす会話の中で、ロバートがフランチェスカに夫のリチャードのことを尋ねます。

　　Robert：What is he like?　（戸田訳）「どんなご主人？」

　　Francesca：He's very clean.　（戸田訳）「とても清潔な人」

　　　　　　　　　　　　　　　　⇒「とてもまっとうな人」

　上記のロバートの問いを翻訳学校で受講生に訳させると、10人中まず10人が、「彼はどんな人？」と訳します。でもこの二人だったら、もし日本人なら10人が10人、「どんなご主人？」と聞くはず。単に言葉を日本語に訳すだけでなく、日本人の感覚に置き換えてみるセンスが、字幕翻訳には大事なのだと話してあげます。

　フランチェスカの答えの最初の訳「とても清潔な人」に、字幕をチェックする担当だった宣伝部の女性たちから、「なんだか、いつも真新しいシャツを着て、汗をかくたびにシャワーを浴びる男性を想像させる。朴とつだが妻としては少々物足りない夫として、『健全な人』ではどうか」との提案。でもこれには戸田さんが、「農家の主婦が、自分の夫を『健全』とはまず言わないでしょう。では『潔癖』か、少し意訳して『まっとうな人』『まっすぐな人』では？」との再提示。私も賛成して、「まっとうな人」にしました。

② いよいよ明日は夫や子どもが牛の品評会から帰ってきます。でもお互い別れがたい彼女に、ロバートは、「もう数日、町にいるから、あとで最終決断をしよう。今でなくていい」と言って去りかけ、出口で振り返ってこう告白します。

　　Robert：This kind of certainty comes just once in a life time.　（戸田訳）「これは生涯に一度の確かな愛だ」

　宣伝部からは、ここはキメのセリフだから、意訳だけれど、思い切って「真実な愛」にしては？ というご提案。それに対して戸田さんの意見は、「原文の直訳は『確かなこと』ですが、少々パンチに欠けるので、「愛」を入れました。ただこれを『真実の』にするのは、少々

第3部　思い出のワーナー映画 半世紀

逸脱しすぎでは？ 理由としては、①何しろ世界的ベストセラーで多くの人が原作を読んでいるので、その人たちが読んだら、『意訳しすぎ』と言われる恐れがある。②『真実な』は使われすぎて逆に陳腐。『確かな愛』はあまり使われたことがないので、むしろ新鮮に思われるのでは？」ということでした。私も 100 パーセント賛成し、これはこのまま通しました。正解だったと思います。

③ ラストシーンで、母の葬儀で彼女の日記を読む息子と娘。フランチェスカが、彼への愛がいかに切実なものであったかをありのままに訴え、「これで、私が火葬を望んだわけを分かってくれたと思うわ」と言います。もうすでに、思い出のローズマンブリッジから自分の灰をまいてもらい、彼女への愛を死後も証しした彼に、彼女もまた応えようとしたのです。そして彼女は日記の中でこう言います。

　Francesca：I gave my life to my family.
　　　　　　　　（戸田訳）「私は家族に一生を捧げました」

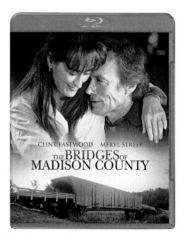

『マディソン郡の橋』
ブルーレイ ¥2,381 ＋税
／DVD 特別版 ¥1,429 ＋税
ワーナー・ブラザース
ホームエンターテイメント

The Bridges of Madison Country © 1995, Package Design & Supplementary Material Compilation © 2008 Warner Bros. Entertainment Inc. Distributed by Warner Home Video. All rights reserved.

I wish to give Robert what is left of me.

　（戸田訳）「残ったものは彼に捧げたいのです」⇒
　　（小川改訳）「この身の残りは　　　　〃　　　　　」

「残ったもの」ですと、観客は一瞬、どうしても彼女の遺品を想像してしまいます。ここは「この身の残り」としてそれが彼女の身体のことであることを分からせ、かつ「残り」に傍点を振って、「遺灰」であることを分からせました。

　3つの例だけですが、ここに共通しているのは、戸田さんも私も、あくまで原文・原意を基点とし、その日本語での表現に意を注いでいるということです。字幕翻訳は、あくまでも二次著作物で、原典は英語本文なのです。自分の表現力や解釈を生かすために、そこから逸脱してしまっては、本末転倒で、字幕の何たるかを誤解している者の所作になるということを、くれぐれも忘れないように、とクラスで力説しているところです。

【1996年】
〔78〕「イレイザー」Erazer

　これは、チャールズ・ラッセル監督、アーノルド・シュワルツェネッガーとヴァネッサ・ウィリアムズ主演の、アクション映画でした。「イレイザー」というのは、普通は消しゴムのことですが、データを消去する人、という意味もあり、この映画では、シュワちゃん演ずるジョン・クルーガー連邦保安官を指しています。彼は、利害関係にある第三者から重要証人を守る証人保護プログラム執行の責任者で、そのために証人の"死"を演出することで過去を完全に消去し、証人を完全に安全な状態にする代わりに、犯人を逮捕する有力な情報を聞き出して、100パーセントの逮捕につなげるという、スゴ腕の保安官なのです。ヴァネッサは、大手軍事企業サイレス社の女性社員に関わる陰謀を知るリー・カレンを演じ、ジョンは彼女を保護することになるのですが、

第3部　思い出のワーナー映画 半世紀

彼女を消されてはまずい黒幕との間に、"これでもか"の執拗な死闘が繰り広げられます。最後にその敵が、ジョンの「君たちは消去された」の言葉どおりに殺されるところが、このタイトルを掛けた面白い結末でした。字幕翻訳は菊地浩司さんです。

　私のこの映画にまつわる"裏話"は、この頃、ロンドンにあるメトロラボを、上映用プリントの量産現像所に使っていて、この作品についても、ここで焼く（プリントの焼き増し）ことになり、まずその字幕（タイトルネガ）を日本から送り、字幕入りプリントの初号（初めての1本）をチェックするために、私がロンドンに飛ぶことになりました。それが分かった時、妻からの特別のお願いが来ました。イギリスには、ロンドンから列車で数時間のところ、イギリスのほぼ中西部に、あのピーター・ラビットの故郷、湖水地方があるのです。彼女は是非そこを訪れたいので、連れてってというわけです。私は素直に社長に話し、特別の計らいで、伴侶同伴の出張ということにしていただき、無事チェック試写が終わったあとは、湖水地方での夢のような3日間の休暇を楽しみました。ピーター・ラビットの生みの親、ビアトリクス・ポターの住まい（現在博物館）のある、ニア・ソーリー村のヒルトップに到着し、あの絵本そっくりで、今にもピーターが飛び出してきそうな花の咲き乱れる庭園の道に入った時の彼女の歓声は、今も耳に残っています。

　余談ついでに、私のワーナー46年半の中で、海外に出張したのは数えるほどでした。ロンドンはこの字幕入り初号チェック試写が2回目で、その前に1985年、日本にコンピュータ経理システムが導入された時に、ワーナーのロンドン支社に業務見学、翌1986年に、日本にワーナー・ホーム・ビデオができた時の、オーストラリアのシドニーのワーナー・ホーム・ビデオの業務見学、1991年に、ベルギーのアントワープにあるアグファゲバルトの生フィルム（映画の大量生産プリント用）工場見学、1992年に、イタリアはローマにあるテク

ニカラー・ラボでの字幕入り初号チェック試写、1993年にアメリカ、カリフォルニア州バーバンクにある本社での字幕入り初号プリント試写、そして最後が、2001年の〔87〕「A.I.」A.I. の同じく初号プリント試写、この7回だけでした（A.I. の時のエピソードは、その項でお話しします）。あとは、専ら妻と一緒のグループ旅行で、世界のいろいろなところを三十数回、旅しました。

【1997年】
〔79〕「スペース・ジャム」SPACE JAM

ディズニーのアニメーションは昔から有名で、「白雪姫」Snow White and The Seven Dwarfs、「ピノキオ」Pinocchio、「シンデレラ」Cinderella などのクラシックから、「アナと雪の女王」Frosen まで、多くの名作があり、キャラクターとしても、ミッキー・マウスが大活躍ですが、ディズニー以外にも、例えばMGMには「トムとジェリー」というネコとネズミのコンビがいますし、ワーナーにも代表的アニメ「ルーニー・テューンズ」があり、登場人物も多彩です。次の面々を、皆さんはその顔を思い出し、動物名で答えられるでしょうか？

バッグス・バニー、ローラ・バニー、ダフィ・ダック、ポーキー・ピッグ、エルマー・ファッド、ヨセミテ・サム、トゥイーティー、シルベスター・キャット、グラニー、タズマニアンデビル、フォグホーン・レグホーン、ペペ・ル・ピュー、マービン・ザ・マーシャン、スワック・ハンマー

中には、動物名が英語名になっているキャラもあるので、それは分かるでしょうが、この映画は、彼らが総動員し、伝説のNBAプロバスケット選手のマイケル・ジョーダンと彼の仲間がみんな実名で出演し、〔63〕「ロジャー・ラビット」Roger Rabbit に次いで作られた、実写とアニメの合成映画でした。

この映画にも思い出があります。それは、それまでの「ルーニー・

テューンズ」のマスコットキャラクター、架空の国から来たうさぎ、バッグス・バニーの持ち役だった富山敬さんが亡くなり、山口勝平さんに代わったこともあり、このシリーズの定番のセリフ回しを一度全て見直して、新しい訳語にせよという本社からのお達しで、日本語訳を見直したことです。この大変な作業があるとも知らず（！）、日本語字幕を担当したのは、石田泰子さんでした。それに伴い、例えばバッグスの「What's up, Doc?」も、富山さんの「どうしたもんだろ」または「どうかしたん？」から、「どったの、先生？」となりました。また、シルベスターの常とう句で「SUFFERIN（サファリン）SUCCOTASH（サコタッシュ）！」というのが出てきたのですが、これは訳しても「苦しみの豆料理」なんておよそ意味をなさないもので、要はサ行の韻を踏んだ耳障りの良さを狙ったものでしたが、この日本語訳も、当然ながら、意味はどうでもいいから、サ行の韻を踏む面白い言い回しにしなければなりませんでした。この難業を石田さんにお願いすると、なんと、数日中に、100 近く訳語を考えてくれました。「さすがプロ、それも戸田さんと並ぶコメディーの達人！」と恐れ入りました。その結果、正式に採用されたのは、「スルメも逆立ち！」でした（傍点は筆者）。

〔80〕「コンタクト」Contact

　この映画は、私がほとんど初めて、「近い将来、このような出会いが起こるかもしれない」というリアリティーを肌で感じた作品でした。この作品にも思い出があります。実は戸田奈津子さんにこの作品の字幕翻訳をお願いしたのですが、ハコ書き（18 ページ参照）を終えたところで、どうしても来日俳優さんに何日間かつきっきりの通訳の仕事があって、こちらがお願いした字幕完成のスケジュールが間に合わず、やむなく翻訳は太田直子さんにお願いしたのです。ハコ書きと翻訳者が別の人、というケースは、私の在職中、あとにも先にもこれが

初めてでした。無事に字幕入り初号試写が終わったあとで、太田さんは、「さすが戸田さん、ハコ切りの仕方も、とても勉強になりました」と言っていました。

なおこの作品も、私の字幕翻訳学校の授業の教材として、長年使いましたし、今関わっている「聖書で読み解く映画カフェ」でも上映しましたので、その時のナビゲーション解説を、ここに採録しておきたいと思います。

上映前
① オープニングのすばらしさ・難解さ：宇宙をバックグラウンドとする映画にふさわしく、映画は画面一杯に映された地球から始まる。…と思った瞬間、カメラは、宇宙に向けて発射されたロケットから撮影しているのかと思うように、急速に地球から離れていく。

まず月が地球に重なり、火星が現れ、小惑星群の中に突入し、木星の渦が見えてくる。背後の太陽は、どんどん小さくなる。そのビジュアルに目を奪われていると、耳には音楽のような音に混じり、ノイズのような男性の声（TV音声）が飛び込んでくる。

「私はうそつきではない」ニクソン

「R.ケネディーが暗殺されました」

「ケネディー大統領暗殺を狙い」

「あなたは共産党員ですか？」マッカーシー

古い時代に地球から放たれた電波ほど、地球から遠い距離に漂っていることを示す。そして、意図的に抜き出され音声の内容が、政治的な事件に関係するものであったことも、スタートから47分で明らかになる最初の大きな驚き（この電波を宇宙で聴いていた知的生命体からの初めてのコンタクトは、ヒトラーのベルリン・オリンピック開催宣言の返送だった！）の伏線だったのだ。

やがてカメラは、土星を過ぎ、太陽系外に飛び出し、星雲の中に突

入する。更に銀河系を離れ、銀河団を離れ、そして1,000億の銀河を含む宇宙全体を一望したその瞬間、宇宙の闇が少女の瞳の闇にとけ込む。⇒外の宇宙と内なる心の宇宙が最後に一致することの予表。その接点は、"夏の大三角形"、琴座のヴェガだった…（?!）。ここまでで、わずか3分35秒、見事なオープニングだ。

② エリー、父親テッド姿のヴェガ星人、ジョス3人のセリフで、最も心に残ったものは？⇒この映画のテーマ。

③ 原作者カール・セイガンの好きな星座がどこかに（ヒッチコックよろしく、星座のカメオ出演）。　探して！⇒

　手のひらのクローズアップなど幾つかのシーンで円弧状に並んだ光点のパターンが繰り返し現れる。これはカール・セイガンのお気に入りの星座で、その形が電波望遠鏡を思わせるかんむり座の星の並びになっている。

上映後

エピソード

●名セリフ：「広い宇宙がもったいない」。

　エリーは、父親のテッド（デイヴィッド・モース）に「宇宙人はいるのかな？」と自分の考えをぶつける。テッド（モース）は「この広い宇宙に、人類だけしかいないとすれば、この広い宇宙がもったいない」全く同じ言葉を、宗教学者のパーマー・ジョスも彼女に言う。

●アメリカ大統領が会見を行うシーンで、当時のクリントン大統領の実際の会見映像をデジタル加工したものを使用し、物議をかもした。

●リアリティーの追求のため、「メッセージ」に対する世界の反応を追うニュース発信源としてCNNが使われ、実際にCNNのリポーターが25人以上出演している。また、「ラリー・キング・ライブ」や「クロスファイア」といった番組も使われている。

●日本①：マシーン2号機の存在場所は、表示された地図上から、北

海道の知床半島の付け根の南側であると分かる。実際に北海道でのロケの予定があり、事前にスタッフが北海道を訪問してロケ地を探していたが、予算不足で北海道ロケは実現しなかった。主演のジョディー・フォスターは日本でロケができなかったことを残念に思い、他の映画のプロモーションで来日した時の記者会見でも「北海道」という名前を発言している。

日本②：北海道上陸の際、日本文化を意識した船室が登場するが、洋画でよく目にする「不自然な日本」が描かれている。（床の間に鏡餅、木の引き戸、掛け軸、など）

（初めて合格点が出たのは、「**ラスト・サムライ**」）

● オッカムのかみそり：

　ある事柄を説明するためには、必要以上に多くを仮定するべきでないという法則。パーマーが神を信じていることを語ると、実証主義のエリーはそれをオッカムのかみそりを例に一笑に付す。パーマーは、愛する父親を幼くして失ったエリーに、父親を愛していた証拠はあるのかと問いかける（⇒証拠はなくとも事実は事実なのだ）。

この映画の魅力

● 地球外知的生命体と人類の接触を描いたカール・セイガンのベストセラーをロバート・ゼメキスが映画化した、当世はやりの空虚な SFX 作品とは全く方向性を異にした骨太な SF ドラマ。

① 原作：カール・セイガン：

● 小説家であり、NASA の宇宙探査計画や惑星探査計画にも数多く携わった、れっきとした天文学者。自作の小説が映画化されることを非常に喜び、全面的に協力していたが、1996 年 12 月 20 日に 62 歳の若さで永眠。完成した映画を見られなかった。この映画の最後には「カールにささぐ」という献呈辞が表示されている。

● この映画の彼の最先端科学理論：

＊ワームホール時空間移動の仮説

＊三次元（3D）ポッド設計図構造と、地球電波を利用したその返送便による伝達。

　ヒトラーによる1936年のベルリン・オリンピックの開会宣言は、初のテレビ映像電波として宇宙に発信され（これは事実）、26年かけて1972年にヴェガに到達。それに立体設計図を織り込んでヴェガから発信された電波は同じ26年をかけて1998年、地球に到達し、初めての地球外知的生命体からの「コンタクト」となる。

＊逆相対性理論

● 1980年、彼の企画した「コスモス」という、宇宙ものの科学番組シリーズは、全世界の人々を宇宙の虜にし、SFフリークと科学者の卵を大量生産した。

●彼は、科学のすばらしさを大衆に伝える伝道師であった。それ以上に、人類の小ささとすばらしさを同時に説く革命家（聴聞会のエリーはその化身）であった。実際彼は、反戦運動に何度も参加し、逮捕歴もある。また、核戦争の危険性を警告した「核の冬」の著者であり、この文字どおり寒気のする言葉を全世界に広めることになった張本人でもある。

●彼は「証拠がなければ信じない」徹底した懐疑論者であったが（エリーはその化身）、一方で「証拠がなくても信じる（信じたい）」人々の心情に理解を示すことができる希有な人物でもあった。

●この映画の、懐疑論者セイガンが描いたキリスト教的要素（「神」という言葉こそ出てこないが、全編にわたって"創造者"の視点がかいま見られる）。

＊ヴェガに降り立った時の透明球体の障壁を苦も無く越えてエリーの前に立つ父親テッドに化身したヴェガ星人⇒鍵のかかった二階座敷を超えて弟子たちの前に立った復活のキリスト（ヨハネの福音書20章）。

＊科学の粋を究めた宇宙輸送網や、高度の文明を持ったヴェガ星人をさえ創り、やがて再臨する"全能者"の存在。

＊神の視点に立った一級の人間診断。

＊"創造者"の視点を持って初めて説得力を持つ、この映画の3ポイント・テーマ（後述）。

② ストーリー：

a. 最先端科学理論の裏付け。

b. もしも地球外知的生命体とのコンタクトが可能になった時、人は、政治は、メディアはどう反応するのか。そんなシミュレーションを徹底的に行ったディテイル。

③ 脚色：セイガンの長編を大胆に映画化。それでいて芯は曲げていない。

④ 撮影：自在に動いて息をのむ宇宙の美しさをカメラに収め、ポッド発信時や、ワームホール脱出時など、時として信じられないような映像を見せる。

⑤ 監督：ロバート・ゼメキス

「**バック・トゥ・ザ・フューチャー**」Back to The Future 他、娯楽映画の第一人者の本格的SFドラマ。

＊「今回、私は自信を持ってSF（Science Fact）映画を作った」（ゼメキス）

⑥ 俳優陣：

● 《主演》ジョディー・フォスター

　ジョディーは、本作以前の20代に「**告発の行方**」The Accused（1988年、26歳）と「**羊たちの沈黙**」The Silence of The Lambs（1991年、

29歳）で、2度にわたるアカデミー賞主演女優賞を獲得しており、「アカデミー賞の呪い」から逃れるとともに、子役から順調にキャリア・アップし大スターになった数少ない女優（厳密に言えば、13歳でアカデミー賞の助演女優賞にノミネートされた「**タクシードライバー**」Taxi Driver（1976年）が社会的な影響を与え、レーガン大統領暗殺未遂事件の要因となったことで、彼女がハリウッドと距離を置くことになったことが、「アカデミー賞の呪い」の一つかも）。

　そうした中で、彼女自身の強い意志を持つ知的なイメージが最大限に生かされたのが、このエリー（エリナー・アロウェイ）の役だった。
- 聴聞会での涙ながらに"神"体験を信仰告白する彼女の演技は秀逸。彼女が主演だったというだけで、この作品は何倍もの輝きを得ている。
- この作品で彼女が演じるエリナー（エリー）・アロウェイは、両親を幼い頃に亡くした（母親は娘の出産の時に合併症で、父親は9歳の時に心筋梗塞で）が、生前に父親の薫陶を受けて、アマチュア無線と天体観測が大好きな好奇心の旺盛な少女だった。高校を飛び級で卒業し、MITに進学、ハーバード大学のオファーを断り、電波天文学者として地球外の知的生物の存在を追い求める、強靭（きょうじん）な意志を持つ女性だ。エリーの生年月日の設定は、1964年8月25日生まれであるのに対して、ジョディーは1962年11月19日生まれ。ジョディーも、ハーバード大学からの誘いを断って、イェール大学へ進学した経歴を持ち、エリーと重なるところがある。
- この作品は、「**フォレスト・ガンプ／一期一会**」Forrest Gumpと比べると、興行面で成功したとは言えず、アカデミー賞からも無視された。ジョディーの演技も、ゴールデングローブ賞の主演女優賞のノミネートにとどまったが、アカデミー賞受賞2作を上回る出来である。
- パーマー・ジョス：マシュー・マコノヒー（2014年度アカデミー主演男優賞「**ダラス・バイヤーズクラブ**」Dallas Buyers Club）

　他のスタッフ・キャスト

S・R・ハデン：ジョン・ハート
　　デイヴィッド・ドラムリン：トム・スケリット
　　マイケル・キッツ：ジェイムズ・ウッズ
　　テッド・アロウェイ：デイヴィッド・モース
　　少女時代のエリー：ジェナ・マローン
　　ケント・クラーク：ウィリアム・フィクナー
　　レイチェル・コンスタンティン：アンジェラ・バセット

⑦ 優れたテーマ：

＊地球外の他者との「コンタクト」を通して、内なる自分自身を見つめ直す＝外宇宙と内宇宙の融和。（冒頭シーンが暗示するもの）

● SF映画の3つの流れ：

① 地球外からの攻撃：「**宇宙戦争**」War of The Worlds、「マーズ・アタック」Mars Attcks!、「インデペンデンス・デイ」Independence Day、「スター・ウォーズ」Star Wars、「エイリアン」Alien

② 地球滅亡の危機：「アルマゲドン」Armaggedon

③ 地球外知的生命体との友好：「E.T.」E.T.、「**未知との遭遇**」The Encounter of The Third Kind、「2001年宇宙の旅」2001：A Space Odyssey

　「**コンタクト**」：SF（Science Fact）を駆使した"証"の世界と、創造論に立った"信"の世界の見事な"コンタクト"と"融和"。

テーマ

● クイズの答え：as スリー・ポイント説教！

①テッド：「この荒涼とした宇宙で、心の空虚さを満たすのは、互いの存在だけだ」

②エリー：「私たちは、より大きな存在に抱かれていて決して独りではないのです」

③ジョス：「科学と信仰の進む道は違うが、ゴールは1つ。真理の探求です」

●この作品が感銘深いのは、主人公が懸命に目標に向かって突き進む姿なのだ。父母を幼くして失った孤独な少女が、神を信じることなく成長して宇宙科学者になり、地球外の存在を信じて、コンタクトを求め続ける姿。

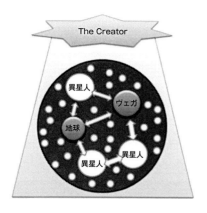

彼女が宇宙へとコンタクトを求めるのは、科学者としての真理探究の欲求というより、孤独を癒やしてくれる存在への魂の探求だった。端的に言えば、彼女は、無意識のうちに、頭では否定していた神の存在を求めていたのだ。

そんな彼女を、ヴェガ星人は待っていた。彼女は、自分では全く気付かなかったが、待たれていた。被造物なる人間は誰も、創造者に待たれているのだ。そして、真摯に道を求める人は、必ず The Creator に出会う。

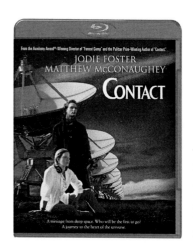

『コンタクト』

ブルーレイ ¥2,381 ＋税／DVD 特別版 ¥1,429 ＋税
ワーナー・ブラザース
ホームエンターテイメント

●エリーは、初めて説明も証明もできない出来事に会い、それまで見なければ信じなかったのに、生涯で初めて見ないで信じた。ダマスコ途上のパウロが復活の主に出会ったように。「見ないで信じる者は幸いだ」と主キリストに諭されたトマスのように。なぜか？ 彼女は、宇宙で、肉眼には決して見えない"神"（創造者）に出会ったからだ。
●アウグスティヌス「私は、あなたによって創られた。だから、あなたのもとに帰るまでは、決して安らぎを得ない」（告白）。⇒被造物なる人は、創造者のもとに帰るとき、初めて心の空虚さを満たされ、永遠の魂の安らぎを得る。

★いやぁ、「聖書で読み解く映画」って、いいですね。ではまたお会いしましょう。ハレルヤ、ハレルヤ、ハレルヤ！

【1998年】
〔81〕「シティ・オブ・エンジェル」City of Angels

　この作品は、私が字幕翻訳学校の通信クラスで数年間教え、今もBasic Classで教えている教材の映画です。また、今年7月の第15回「聖書で読み解く映画カフェ」でも上映しましたので、その時の「見どころ」を採録しておきます。

ストーリー
　ここは大昔から無数の天使たちが住む街（City of Angels）、ロサンゼルス（Los Angeles）（スペイン語で"天使たち"）。
　セスはそこに住み、死者を天国へ導き、悲しむ者に寄り添う天使の一人。今もある患者を天国へ導いたセスは、その医師である心臓外科医のマギーに惹かれてしまう。患者が死んでしまったことで自分を責め、悲しむマギーを励まそうと、彼女に寄り添うセス。だが、落ち込むばかりのマギーには、そんなセスの存在も、同僚で恋人のジョーダンの励ましも通じなかった。自信のないまま、マギーは新たな患者、

メッシンジャーの手術に向かおうとしていた。何とか彼女を救おうと思い立ったセスは、とうとう天使の掟を破って彼女に姿を見せ、「君は頑張った。彼は幸せだったよ」と励ます。見ず知らずの男の出現に戸惑うマギーだが、不思議と彼の存在が気になるのだった。

　無事にメッシンジャーの手術を終えたマギーは自信を取り戻し、いつの間にかセスのことが頭を離れなくなっていた。そしてセスは再び彼女の前に姿を現す。「頭で考えるのではなく、感じることを信じろ」と言うセスの言葉に、マギーはハッとする。二人は多くの天使たちの視線から逃げ、二人だけの時間を過ごす。二人の互いへの思いはどんどん高まっていった。図書館での、ヘミングウェイの『移動祝祭日』(A Moveable Feast) が仲を取り持つ。

　ある日、マギーの患者、メッシンジャーが見えないはずのセスに声をかける。彼は、驚くセスに、自分も昔は天使だったが、人間の女性(現在の妻)を好きになり、彼女と結ばれるために、それを捨てて人間になったことを告げる。メッシンジャーは、セスのマギーに対する気持ちを見抜き、人間になる方法を教える。それは高い所から地上に落ちること。セスは、人間になればマギーを体で感じることができると思う一方で、「今いる世界があまりに美しくて…」と、天使を捨てて失うものの大きさに悩む。マギーもまた、二人の関係をもう一歩踏み出さないセスに不安を抱く。そして、とうとうセスの正体に気づいてしまう。セスを責め、別れを告げたマギーは、恋人のジョーダンのプロポーズを受けようとしていた。彼女は、自分が愛しているのはジョーダンではなくセスだと分かっていたが、今の自分には、同じように感じ合える相手と一緒にいることが必要だと思ったのだ。

　二人が本当に結ばれる方法は１つしかなかった。それは、セスが永遠の命を捨て、人間になること。苦悩の末、セスはようやく決心し、高層ビルから身を投げる。「これが血か！」と、人間になった感動をかみ締めるセス。あとはマギーを追いかけて、自分の気持ちを伝える

だけだ。セスはタホー湖の別荘に彼女を探し当て、ついに結ばれた二人は、夢に見た歓びの時を過ごす。だが、非情な運命は思わぬ展開を見せて…。

キャスト
　ニコラス・ケイジ（セス）（「フェイス・オフ」Face/Off）
　メグ・ライアン（マギー）（「恋に溺れて」Addicted in Love）
　デニス・フランツ（メッシンジャー）
　　　　　　　　　（「ダイハード2」Die Hard 2: Die Harder）、
　アンドレ・ブラウアー（天使カシエル）
　　　　　（「ホミサイド 殺人捜査課」Homicide: Life on the Street）
スタッフ
監督：ブラッド・シルバーリング（「キャスパー」Casper）
脚本：デイナ・スティーヴンズ
製作：ドーン・スティール
　　　　　　　（「悪魔を憐れむ歌」Fallen、「どんな時も」Angus）
製作総指揮：アーノン・ミルチャン
　　　　　　　　（「L.A.コンフィデンシャル」L.A.Confidential）、
　　　チャールズ・ニューワース
　　　　　　　　　　　　（「フェノミナン」Phenomenon）、
　　　　ロバート・カヴァロ（「悪魔を憐れむ歌」Fallen）
撮影：ジョン・シール（「イングリッシュ・ペイシェント」
　　　　　　　　　　The English Patient、「ジャック」Jack）
音楽：ガブリエル・ヤレド
　　　（「イングリッシュ・ペイシェント」The English Patient）
美術：リー・キルヴァート（「クルーシブル」The Crucible）
編集：リンジー・クリングマン（「マチルダ」Matilda）
衣裳：シェイ・カンリフ（「クローン」Impostor）

上映前
この映画について
●地上の女性と恋に落ち、人間になることを決めた天使の姿を描いたラブ・ストーリー。この映画の10年前、1987年製作、フランス・西ドイツ合作、ヴィム・ヴェンダーズ監督の**「ベルリン・天使の詩」** Der Himmel über Berlin（英 Wings of Desire）のハリウッド版リメイク。

《両作の違い》
＊舞台をベルリンからロサンゼルスに移している（この映画のタイトルは、「ロサンゼルス」を指している）。
＊「ベルリン〜」は恋をするために人間になりたいというのでなく、長い間、様々な人間の人生を見届けてきた天使が哀愁や哲学に苦しみ、永遠の命から解放されたいと思い、結果的に女性に恋をする。「シティ」は、初めから人間と天使の恋に焦点が当てられ、それを成就するために、天使は人間になる道を選ぶ。

●この映画は、天使と人間の恋愛ファンタジーだが、"有りえない"からと敬遠してはいけない。外科医マギーは目に見える世界しか信じられなかったのが、手術の失敗という不可抗力的な出来事を通し、見えない世界の存在に気づいていく。彼女はある意味、この世（日本人）の99パーセントの人間の"代表者"。彼女がどのように"証"の世界から"信"の世界に目が開かれていくかというプロセスは、私たちが証しをするうえでも、大いに参考になる。

この映画での天使の特徴 《クイズ》
●2017年秋公開の**「アメイジング・ジャーニー 神の小屋より」**The Shack では、なんと、三位一体の神が、人間として登場！（しかも「聖霊」は女性で）この「シティ〜」でも、人間として登場。でもそれがあく

まで"天使"であり、"人間"ではないと分からせるため、ストーリー上、いろいろ工夫している。それをピックアップしてみてください。

上映後
《答え》 霊的存在なので；
　① 視覚、臭覚、味覚（空腹感）、触覚（痛み）がない。
　② 涙が出ない（泣くプロセスを知らない）。
　③ 血が出ない。
　④ 呼吸しない。
　⑤ 人間に姿を見せてはいけない（だがこの掟を破れば、姿を見せられる）。したがって、カメラにも映らない。
　⑥ 羽がなく、色が白でなく、黒ずくめ。
　⑦ 天上の音楽が聞こえる。
● さて、ニコラス・ケイジの天使像は、あなたのイメージどおり？
● いずれにせよ、大切なのは、"霊的人格（天使格！）"としての天使の存在と行動（三位一体の神からのみ言葉の伝達。私たちのそば近くに寄り添い、必要な慰めと励ましを与える。危急の時の速やかな助け。死にゆく人に寄り添う）を、もっと実感すること。そして、その具体的な助けに感謝すること。

上映後
この映画のセリフを聖書で読み解く
① 天使の名前「セス Seth」：旧約聖書「創世記」の4章25節に登場する。聖書の表記は新改訳では「セツ」、新共同訳では「セト」。この人物は、人類の祖、アダムとエバの間に生まれた子どもの一人で、最初に生まれたカインとアベルの弟になる。カインが弟アベルを殺してしまったので、その代わりに神が与えられたもう一人の弟だ。この両親と、2人の息子カインとセツから、人類は増え広がっていくのだが、興味深

いのは、創世記6章2節に出てくる「神の子」と「人の娘たち」というのは、両者の善悪の性格の違いから考えて、前者がこのセツの家系、後者がカインの家系と考えられることだ。だとすると、この「神の子セツ」から「天使セス」のキャラクターを作ったことは、それなりの聖書的背景があることが分かるだろう。

② 死の現実を受け入れられるのは、"摂理信仰" しかない：
　　スーザン「ママは分かんない」She won't understand.
　　セス「分かるさ—」「いつか」She will, someday.
「彼女の母が今は悲しみと絶望の極みにあっても、時が来れば、彼女が天使に連れられて天国に行ったこと（つまり、死も苦しみもない状態に移されたこと）、それが彼女にとって一番よかったのだということが分かる日が来る」ということ。キリスト教では、このような理解を「摂理信仰」という。愛する者の死を受け入れられるのは、この道しかないのかもしれない。
　これは、やがて、結ばれた喜びもつかの間、マギーを失う人間となったセスについても言えることだ。
●「神はどんな場合でも、ご自身の最善以下のことはなさらない」と、ひたすらに信じること。

③ 医師が戦うべき本当の相手は "闇の世の主権者"：
　　マギー「患者の命を救うため闘うんでしょ？　でも闘う相手は誰？」who it is we're fighting with?
　fight for people は医師が闘う "意味、目的" を言っているが、fight with whom は闘う "相手" を問うている。これは、それまで科学万能を信じて、人間の築いた医学の力で多くの患者を救ってきたマギーが、医学的処置では万全だった患者が死んだことによって、初めて "見えざる世界" を考えるようになったことを示す重要なセリフ。直接的な

相手は"死"だが、更には医学の限界を超えて人間に死をもたらす、"闇の世界の絶対的な主権者、サタンの存在"まで考え始めていると言えよう。

④ 神はあらゆる被造物（天使、人間）に"自由意志"Free will を与えられた：

　ここで Messinger は、「人間がそうなら、やつらよりはるかに出来のいい俺たちだって…」と、この free will を働かせるようセスを説きつけている。これがまた、この映画がキリスト教・聖書ルーツである点の一つで、Messinger 自身が、実はこの free will を悪く働かせて天から落ちてしまった"堕天使"のモデルなのだ（旧約聖書イザヤ書14 章 12 ～ 15）。"いと高き方"（神）のようになりたいと、天に昇ろうとして、神の怒りに触れて地の底に突き落とされた"暁の子、明けの明星"がそれだ。違うところは、Messinger は人間になったが、堕天使は悪の根源、悪魔（サタン）になったという点だ。

　聖書は、「神は人間を"自由意志"を持った存在として創造した」と教える。ロボットやイエスマンのようには創られなかったということだ。人間は、この自由意志を与えられたからこそ、それに従って神の戒めに背いて罪を犯し、楽園を追われたが、またそれの促すところに従って、再び神のもとに帰ることもできる。キリスト教の教えがどんなにすばらしいものであっても、それを信じるように強制することは、神のみ心ではない。神はあくまでも忍耐をもって、人間が与えられた自由意志を正しく働かせることを待っておられる。そのときに、人間はすばらしい祝福を与えられる、と聖書は約束する。自由意志が重荷ではなくて恵みのたまものであるゆえんだ。

⑤ 愛は失うことを恐れない。
　メッシンジャー「彼には"恐れ"も"痛み"や"飢え"の感覚もな

い　日が昇る"音楽"を聴く　でも君への愛から全て捨てる気だ」He loves you that much.

マギー「分からないわ」

メッシンジャー「落ちればいい"天使"の自分を捨てるのさ"永遠"を捨てて俺たち人間になれるんだ」

He can fall...give up his existence...give up eternity and become one of us.

that much は「それほどに」という意味だが、「どれほど」だろう？そう、「恐れ」「痛み」「飢え」の苦労を背負い込み、天上の音楽が聴ける"特権"を放棄するという大きな犠牲を払うほどに、ということだ。本当の愛とはそういうもの。"人間大好き"で天使を捨てたメッシンジャーとも違って、セスは純粋に"愛"のゆえに人間になろうとした。そのために失うものを恐れなかった。

●「愛には恐れがありません。全き愛は恐れを締め出します。なぜなら恐れには刑罰が伴っているからです。恐れる者の愛は、全きものと

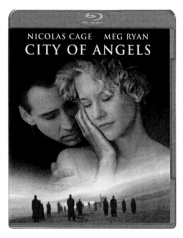

『シティ・オブ・エンジェル』
ブルーレイ ¥2,381＋税
／DVD特別版 ¥1,429＋税
ワーナー・ブラザース
ホームエンターテイメント

© 1998 Warner Bros. Entertainment Inc., Monarchy Enterprises B.V. and Regency Entertainment (USA), Inc. All rights reserved.

なっていないのです」（Ⅰヨハネ 4:18）
　「愛はすべてを完全に結ぶ帯である」（コロサイ 3：14）
● 天使セスは、人間の女性マギーを愛するあまり、全てを捨てて人間になり、初めて彼女に触れ、たとえ一瞬でも、彼女と身も心も一つになった。彼は、彼女を失っても、決して自分の行為を後悔せず、その"一瞬の愛の感触"を胸に生きていく。

　このセスの愛は、キリストを人としてこの世に送られた、神の愛の型である。キリスト教・聖書の中心メッセージは、「人間を創造した神は、人間に対する愛のゆえに、ご自分のただ一人のみ子イエス・キリストを、人間として地上に送られた。キリストは、天上の栄光を捨てて人となり、人間としての痛み、苦しみを全て味わい、最後には生きとし生ける者全ての罪を負って、十字架の上で命を捨てられた。この愛を自らに対するものとして受け入れる者は、罪を赦され、永遠の命を与えられる」というもの。この愛の内に生かされていることを感謝したい。
● いずれにせよ、大切なのは、"霊的人格（天使格！）"としての天使の存在と行動（三位一体の神からのみ言葉の伝達。私たちや、死にゆく人のそば近くに寄り添い、必要な慰めと励ましを与える。危急の時の速やかな助け）を、もっと実感すること。
★聖書で読み解く映画って、本当にいいものですね。
　ではまた、次回お会いしましょう。ハレルヤ！ ハレルヤ！ ハレルヤ！

【1999年】
〔82〕「ユー・ガット・メール」You've Got Mail

　この映画は、トム・ハンクス、メグ・ライアン主演、監督ノーマ・シェフロンで、インターネットを通して知り合ったニューヨークの男女が、実は本の大型店舗をつくる大手資本の御曹司と、母の代からの町の小さな本屋さんの女性オーナーで、商売敵だった、というストーリーの

ラブロマンスで、私の大好きな映画です。関わっている「聖書で読み解く映画カフェ」の初の地方上映会として、茨城県の小美玉チャペルで上映会をした時も、迷わずこの作品を選んだほどです。では、その時に集まった皆さんに解説した、この映画の"見どころ"を、採録しておきます。

初めに
・「ユー・ガット・メール」は 1998 年公開のアメリカ映画。インターネットで知り合った名前も知らない男女がメールのやり取りをしながらお互いに惹かれ合っていくロマンティック・コメディー（ラブコメディー）。原題は「You've Got Mail（ユーヴ・ガット・メイル）」。
・この映画は 1940 年に製作されたエルンスト・ルビッチ監督の「**街角/桃色(ピンク)の店**」（The Shop Around The Corner 日本では 1947 年（昭和 22 年）公開。ハンガリーのブダペストが舞台。ジェイムズ・ステュアート、マーガレット・サラヴァン主演）のリメイク作品。時代を反映して元映画の"手紙で文通"の設定が"インターネットでメール"に置き換えられた。

スタッフ・キャスト
　・主演：トム・ハンクス（オスカー俳優）
　　メグ・ライアン（ラブコメの女王）は 1993 年公開の「**めぐり逢えたら**」Sleepless in Seattle と同じ顔合わせ。
　・製作総指揮：姉デリア、「**陰謀のセオリー**」Conspiracy Theory のジュリー・ダーク、
　　「**マイケル**」Michael の G・マクブラウン
　・撮影：「**マイケル**」Michael のジョン・リンドレイ
　・音楽：「**カルラの歌**」Carla's Song のジョージ・フェントン
　　　　　流れる主題歌はグランベリーズの「ドリーム」

　　　　最後に流れるのは「Over The Rainbow 虹のかなたに」
・美術：「**マイケル**」Michael のダン・デイヴィス
・編集：「**恋愛小説家**」As Good as It Gets のリチャード・マクス
・衣裳：「**ジャッカル**」The Jackal のアルバート・ウォルスキー
・共演：「**フラート**」Flirt のパーカー・ポージー、
　　　　「**マイケル**」Michael のジーン・ステイプルトン、
　　　　「**恋愛小説家**」As Good as It Gets のグレッグ・キニア他

・製作・監督・脚本：ノーラ・エフロン Nora Ephron
　・生没年月日：1941/05/19 〜 2012/06/26（71歳。私と同じ年）
　・出身地：アメリカ／ニューヨーク州ニューヨーク
　・両親共に脚本家という家庭に生まれる。「ニューヨーク・ポスト」のリポーター、「エスクワイア」や「ニューヨーク・タイムズ」誌などのライターとして活躍。2冊のエッセイ集がベストセラーとなり、シナリオを書き始める。1983年のマイク・ニコルズ監督作品「**シルクウッド**」Silkwood でアリス・アーレンと共同脚本を手がけ、アカデミー賞候補となり、脚光を浴びる。ロブ・ライナーの「**恋人たちの予感**」When Harry Met Sally... でも2度目のオスカー候補に。1992年の「**ディス・イズ・マイライフ**」This Is My Life で監督デビュー。次作の「**めぐり逢えたら**」Sleepless in Seattle が世界的ヒットを記録し、人気女流監督としての地位を不動のものとした。1998年にはトム・ハンクスとメグ・ライアンを再び主役に迎え「**ユー・ガット・メール**」を製作した。私生活では、作家・脚本家のダン・グリーンバーグと離婚後、"ウォーター・ゲート事件"の真相を暴き、のちに「**大統領の陰謀**」All the President's Men でその活躍を描かれた実在の新聞記者カール・バーンスタインと再婚するも4年で離婚（その過程を題材にしたのが「**心みだれて**」Heartburn）。その後、脚本家のニコラス・ピレッジと再婚した。2人の姉妹、デリアとエイミーも脚本家の脚本

家一家。2012年6月26日、病に倒れ、惜しまれつつこの世を去った。
- トム・ハンクス（1958年生まれ）

受賞

 アカデミー賞（主演男優賞2度「フィラデルフィア」Philadelphia、「フォレスト・ガンプ／一期一会」Forrest Gump）

ストーリー

 ニューヨークの片隅で、母親の代から続く老舗で小さいながらも専門知識豊富で顧客との触れ合いを大切にする小さな絵本専門店「街角の小さな本屋さん」を経営しているキャスリーン（メグ・ライアン　ハンドルネーム Shopgirl "女店員。売り子"）。彼女には同棲している恋人フレッド（グレッグ・ギニア）がいるが、インターネットで知り合ったジョー（ハンドルネーム NY152）とのメールのやり取りに夢中。彼もまた編集者の恋人パトリシア（パーカー・ポージー）よりも、未知の相手との交信に安らぎを覚えていた。

 そんな時、キャスリーンの店のすぐ側に、カフェを併設した値引き商法の大型書店「フォックス・ブックス」が開店。どんどん客は奪われ売り上げは落ち続ける。このままではキャスリーンの店はつぶされてしまう。実はこのフォックス・ブックスの御曹司ジョー（トム・ハンクス）こそが「NY152」の彼だった。キャスリーンとジョーは実生活では商売敵として顔を合わせればケンカばかり。だけど家に帰れば「Shopgirl」と「NY152」として、その日にあった事をメールで報告したり、お互いを励まし合う間柄に。メールを通じて、二人はますます引かれ合っていく。お互い相手の正体に気づかぬまま…。
- 最後のセリフ：「あなたでよかった」

- ストーリーの構成の妙：2つの人間関係（Personal 見も知らぬ恋人同士と、Not Personal 犬猿の中の商売敵同士）が平行して進み、最後

に重なり合う展開の面白さ。
- 冒頭シーン。CG の NY の街を走り抜け、キャスリーンの家の前から実写でその部屋の中へ。恋人が会社に出かけると、いそいそと PC に向かう。その動作が何とも言えずかわいい。これはメグ・ライアンの最高の演技。一方のジョーも同じ。同居の恋人が家を出るとすぐいそいそと PC に。
- 垣根を隔てた並行道路の向こうからそれぞれが現れ、E メール相手とは知らずに何度もすれ違う。
- この作品には、ソフィスティケイテッドな（洗練された、あか抜けた、シャレた）映画の魅力が全て詰まっている。

上映後
- SNS= インターネット（メール）の楽しさと怖さ。
  ① 不特定多数の人と情報・意志交換ができる。
  ② 容姿も、年齢も、職業も、何も知らないのに成立する。
  ③「立ち上がりがもどかしい」= 3 年稼働した Windows95 のあと、Windows 98 が出たばかり。今の速さは"夢"。でも、その待っている間のドキドキ感は、多少遅くなきゃダメ。
- 疲れて仕事から帰宅しても、食事も風呂も後回し。真っ先にパソコンに向かう。近所の喧騒も全く耳に入らない。世の中には自分とモニターしかないかのように。
- 着信メールの有無に一喜一憂し、見ず知らずの相手に、裸の自分をさらけ出すようにタイプする。
- 1 回目のデート：恋に落ちた相手と会えるうれしさに有頂天のジョーが、それが商売敵のキャスリーンと知った時の無邪気な喜びと落胆の落差の面白さ。
- 1 回目の待ち合わせのあとの、メールのやり取り。「相手を言葉でやりこめたあと、とても後悔している」（ジョー）とか、「言いたいこ

第 3 部　思い出のワーナー映画 半世紀

とを言ったのに、なんだか後味が悪い」(キャスリーン)。
●キャスリーンはメル友 NY152 がジョーとは知らず、ジョー本人に彼の悪口を話し、かなり早い段階でキャスリーンが自分のEメール相手と知ってしまったジョーは、デートをすっぽかしたメル友（実は自分）の心理分析を"正確に"やりながら、彼女に謝る。しかし、自分の身分は最後の最後まで明かさない。キャスリーンは最初ジョーが約束どおりやってきたと思い、ほほ笑むが、彼が「ブリンクリー！と犬の名を呼ぶのを聞いて、Eメールの NY152 が、「ブリンクリーを連れていく」と言っていたのを思い出し、「ジョーが彼だったのね！」と気づく。あの表情の演技。
●このストーリーの面白さは、ノーラ・エフロンの功績。

●エレベーターに 4 人で閉じ込められるシーン。
●「一緒に飛び上がれば重さがなくなって動く」！
●「もしここを出られたら…」：
　―女性は「母と仲直りする」。
　―エレベーターマンは「恋人と結婚する」(求めるものは何かを知っていた)
　―パトリシアは「目じりのシワを取る」(彼女の正体＝人間性の"浅さ"に気づいたジョーは、キャスリーンへの思いを固める)。
●これは 1 時間の閉じ込めで済んだが、人は"死"と裏腹に生きている。時が許されている間に、なすべきことをし、大切な人に気持ちを伝えることの大切さ。

●4 度目の離婚をした父が、モーターボートで 3 週ほど過ごすために戻ってくる。「離婚は財産分与が面倒だが、結婚は簡単。また探す」という父に、
　ジョー「父さんのハートを歓びで満たす女性を？」

「そんな女性はいない。お前は？」と聞かれて、答えに窮しながら、再びキャスリーンのことを思う。
⇒ビジネスを取るか、愛する女性を取るかのジレンマ。
⇒人は"心の空白"を満たそうと、次々に相手を変え、財をつぎ込むが、満たされない。「本当の愛」に巡り合わないから。それは、聖書の中にしかない。
13:4 愛は寛容であり、愛は親切です。また人をねたみません。愛は自慢せず、高慢になりません。
13:5 礼儀に反することをせず、自分の利益を求めず、怒らず、人のした悪を思わず、
13:6 不正を喜ばずに真理を喜びます。
13:7 すべてをがまんし、すべてを信じ、すべてを期待し、すべてを耐え忍びます。
13:8 愛は決して絶えることがありません。
13:13 こういうわけで、いつまでも残るものは信仰と希望と愛です。その中で一番すぐれているのは愛です。（Ⅰコリント 13:4 〜 13）

- 人間にとって、本当に大切なものは何なのか？
—便利さ？
—経済効果？
—でもその追求の陰で失われていくものはないのか？
- ジョーが大型書店を出店することで、キャスリーンの絵本店が廃業に追い込まれる。
- 大都会はどんどん変化する。⇒古き良きものが、かけがえのないものが失われていく（建物、環境、それに伴う最も大切な人の優しさ、思いやり、助け合う心）。
　キャスリーン「私の一部と一緒に／母が２度死んだみたい」。
- 空っぽになった店を去る時、母と踊った幼いキャスリーンの思い出

第3部　思い出のワーナー映画 半世紀

の映像（胸に迫る）。
● 全世界のビジネス業界の最大課題：
―資金力に物を言わせた大量販売方式か（本を知らない代わりに大型ソファとカプチーノサービスで）。
―人と人との心の触れ合いを大切にした小規模販売方式か（CLCタイプ。キャスリーンは来店者一人一人の名前を覚え、話を聞き、ちょっとしたカウンセラー的存在）。
⇒前者が圧倒的に多くなっている現実。だが、そうなればなるほど、後者は希少価値を持ってくる。そしてこれからは、後者の"心"（きめ細かいサービス）を持った前者（安さ）のようなあり方が求められなければならない。
● 物質の豊かさは、心の豊かさとは直結しない。後者を守るために、時として最後まで戦う必要性。Save the shop around the corner and you will save your soul.「街角の店」（＝人間の愛と良心のシンボル）を救え。そうすればあなたの魂も救われる」（大げさにあらず）

『ユー・ガット・メール』
ブルーレイ ¥2,381 ＋税
／DVD 特別版 ¥1,429 ＋税
ワーナー・ブラザース
ホームエンターテイメント

結び

● 人生は出会いで決まる：出会いは美しいに越したことはない。でも、重要なのはどこで出会うかでなく、誰と出会うか。⇒最大最高の出会いは、あなたを無条件で愛してくださるイエス・キリストとの"愛の"出会い。このお方に出会えていたら、「本当に良かった」。

　この映画の字幕翻訳は、戸田奈津子さんでした。彼女も、当時、そろそろ普及し始めた、パソコン用語には苦労したようです。苦労して訳された専門用語には、一歩先を行っていた（？）宣伝部から早速ご注進がかかりました。今では当たり前の定訳なのですが。例えば；

　Chat（戸田訳）「おしゃべり」⇒（宣伝部訳）「チャット」

　Screen Name "Shop Girl"（戸田訳）「ユーザー名」⇒「愛称」⇒（宣伝部訳）「ハンドルネーム」

　戸田さんの訳は、さすがのシャレたいい訳でしたが、上記も交えて、幾つかの訳に、手を加えさせていただきました。さわりの部分を下記に採録しておきます。

YOU'VE GOT MAIL

番号	戸田奈津子訳	小川訳
15	"パスワード：⇒ユーザー名⇒ショップ・ガール"	"ハンドルネーム：(同左)
16	ようこそ	(同左)
17	メールです	ユー・ガット・メール（メールです）
25	秋のNYは最高 文房具を買いたくなる	秋のNYは最高　新学期の (同左)
51,2	今日は2人で チャットしましょう	今日のチャットは 昔から*よく知ってる—

第3部　思い出のワーナー映画 半世紀

番号	戸田奈津子訳	小川訳
53	昔からよく知ってる 親しい友達のつもりで	親しい友達のつもりで 始めてみるわ
54	でも名前を知らず― （誤）	ほんとは名前も知らず―
55	初対面だという ふりをするの （誤）	チャットだけの 仲なんだけど
216,7	キャバレーで 内装を勉強した女	カジノで内装を勉強した女
258,9	花を買いたいときは 花市場通りに出掛ける	（同左）
260,1	本を買いたいときは＊この街 あの店にない本は＊うちで買う	ここも書店通りになるわ （同左）
1074	空気頭の―	カラッポ頭の―
1075,6	女のコは名字を言わずに "あたしィ＊ジャニスよ"	（同左）
1077,8	名字を名乗らないなんて 水商売の女並みだわ	名字を名乗らないなんて コギャル並みだわ
1079	僕は水商売じゃない	僕はコギャルじゃない
1432 （縦）	"42年間＊皆様と共に あった店が閉業します"	"閉業　42年間の皆様と の思い出に感謝して"
1440	女と別れると―	（同左）
1441	このボートへ	（同左）
442	お前のママと別れた時…	お前のママ＊ダンサーの―
1443	ダンサーのローレット	ローレットとの原因は…
1444	僕の子守	（同左）
1567	君を傷つける気は…	ビジネスだった
1568	その気はなかった？ あきれた	なら許されるわけ？ あきれた

番号	戸田奈津子訳	小川訳
1569	あなたが＊そう思わなくても―	仕事は＊あなたには"金もうけ"
1570,1	わたしや多くの人たちが傷ついたのよ	でも＊わたしや多くの人には"心の触れ合い"だわ
1572	そう思うのは間違い？	（同左）
1573	いいや	（同左）
1574	人を思いやる気持ちが大事なのに	ビジネスにも"心"は大切なはずよ
1731	もう一つだけ	（同左）
1732	君は約束を破った男を許し―	（同左）
1733	僕の小さな罪を許さない	僕の小さな罪を許さない
1734	店のことを	店を奪った
1735	許してほしい	（同左）
1736	行かせて	行かなきゃ
1737	彼の所に？	彼に会いに？
1738	ブリンクリー！	（同左）
1739	ブリンクリー！	（同左）
1740	泣くな "ショップ・ガール"	泣かないで"ショップ・ガール"
1741	泣くな	泣かないで
1742	あなたで＊よかった！	（同左）
1743	本当に＊よかったわ	心から願ってたの
		THE END

　なお、この映画には、大変な思い出もあります。この頃は、コストの関係で、オーストラリアのアトラボという現像所で、上映用のプリントを大量生産していたのですが、その作業中にミスがあったのです。プリンターを固定するビスの1本に緩みが出て、字幕の入っ

たタイトルネガがプリンター内を通る時に、かすかなブレを生じました。それがたとえ0.1ミリのブレでも、上映用に拡大されますと、画面の下に横長に固定された字幕に、肉眼にはっきりと分かる縦揺れが生じるのです。これはもちろんNGですが、これが起こると私のような製作担当者は、まず全6巻のフィルムのうち、どの巻がNGなのかを突き止めて、代替えプリントの発注用巻数を特定するため、片っ端からその巻を映写機にかけて試写するのです！ この時には、ざっと200本全部がNGでしたが、いくら大好きな作品でも、一日試写室に缶詰めで、同じ巻を延々とチェックしていると、さすがに悲鳴をあげたくなりました。今となっては、これも懐かしい思い出です。

〔83〕「アイズ・ワイド・シャット」Eyes Wide Shut

スタンリー・キューブリック監督の遺作となりました。この作品を撮り終えて、最初のプリント(それも、第1章で話した、サウンドトラックと映像がまだ別々のリールになっていて、映写の時に同期させる未完成版)を、キューブリックとトム・クルーズ夫妻、そしてワーナーの社長の4人で極秘の試写をしてから5日後、彼は映画公開を待たず、イギリスの自宅で心臓発作で急逝したのです。70歳でした。1987年の〔54〕「フルメタル・ジャケット」Full Metal Jacketでさんざん苦労してから12年、「ああ、またあの時の"悪夢"を経験するのか」と思っていた矢先でした。

思えばキューブリックさんとも、長いお付き合いでした。1951年に、最初のメガフォンを取ってから、この遺作までの48年間に、16本の作品を監督しているので、平均すると3年に1本、どちらかと言えば、寡作な監督だったと言えるでしょう。でも、「フルメタル・ジャケット」で触れたように、全てにおいて完璧を期し、細部にこだわるマニアックな方でしたから、ひとたび新作が始まったら、世界各国のワーナー支社は、身を引き締めて、準備万端怠りなく、公開に備えた

ものです。私自身はワーナーに入る前、20歳まで過ごした秋田県由利本荘の映画館で、1956年、中3の時、第6作、スターリング・ヘイドン主演の「**現金に体を張れ**」The Killing を見て、そのドキュメンタリータッチの犯罪ドラマに「すごいな」と思ったものでしたし、第一次大戦の軍隊の非情さを描いた「**突撃**」Paths of Glory(カーク・ダグラス、アドルフ・マンジュウ主演)はユナイト作品だったので、〔125〕「**偉大な生涯の物語**」The Greatest Story Ever Told と同じく、そのビデオ発売権を持っていた WHV でビデオ字幕制作で関わりましたし、壮大なスケールと最後の両雄の死闘に息をのんだ史劇「**スパルタカス**」Spartacus(カーク・ダグラス、トニー・カーティス、ジャネット・リー主演)は、テレビで楽しみました。「ロリータ」Lolita は見ていませんが、その次の作品には思い出があります。

　製作室の仕事の前に所属していた営業部統計課では、洋画各社のロードショー公開の成績をデイリーで記録していて、並行して作品リストも作っていたのですが、その時に、当時のコロンビア映画(現在のソニー・ピクチャーズ)で 1964 年に配給した作品には、いまだに破られていない最長映画タイトルに泣かされました。当時はワープロもパソコンもなかったので、英文はタイプライターがあったものの、洋画会社だったので、日本語の記録用の和文タイプライターはなく、社内の日本語文書は皆、手書きだったのです。その手書きで延々と記録しなければならなかったそのタイトルというのは、「**博士の異常な愛情　または私は如何にして心配するのを止めて水爆を愛するようになったか**」！　恐らくは、キューブリックの指示で、英語原題のとおりにつけたのであろうことは、想像に難くありません。英語に自信のある方は、この日本語を英訳してみてください。そう、これです。「Dr. Strangelove or: How I Learned to Stop Worrying and Love the Bomb」。さすがに、いちいちフルで書いていては、はなはだ仕事の効率が悪いので、一般的には「博士の異常な愛情」と略称していました。

第 3 部　思い出のワーナー映画 半世紀

　そのキューブリックが、この作品の 4 年後の 1968 年、MGM で製作したのが、かの伝説の SF 映画「**2001 年　宇宙の旅**」2001：A Space Odyssey です。これも、彼が描いた 33 年後の未来は、今や現実のものとなっています。この作品は、何度か再公開されていますが、ちょうど映画の時代設定である 2001 年にも、「新世紀特別版」と銘打って、今度はワーナーから公開され、私もその字幕制作に携わりました。実は彼は、1971 年に〔30〕「**時計じかけのオレンジ**」A lockwork Orange を作ってから、よく言うことを聞いてくれる（？）ワーナーが大のお気に入りになり、最後の 5 本は全てワーナーで製作・配給しているのです。彼は、最新の撮影技術や機材、またパソコンなどの情報には誰よりも詳しくて、新作をワーナーから出すたびに、いろいろな要求をしては現場を泣かせた話は、「フルメタル・ジャケット」で話しましたが、何せ、"下手に逆らうと、天下のワーナーのアメリカ本社の社長の座さえ危うくなる"という事実もあったので、ワーナーは彼のどんな要求にも、よく応えました。日本支社の製作責任者は私ですから、大変でした。忘れもしないのは、ある日、「IBM で最新のラップトップで○○型が出たそうだ。使ってみたいんだが」と彼からメールが入りました。すると私は、それでなくても彼の新作の字幕の仕事で忙しいのに、日本 IBM に直接出向いて、「キューブリックの希望だから」と泣きついて、特別にプロトタイプ（試験機）をもらい受けて、彼のもとに輸送するということまでやりました。そんな、いろいろ伝説を持った、癖のある人物でしたが、私がワーナーを退社した時、挨拶のメールを送ったアメリカ本社の重役リチャード・フォックスさん（本書の第 1 部に書いてある、かつて日本代表として赴任された方です）から、「小川さんのことは、あのキューブリックも、"よくやってくれる"と褒めていた」と言っていただいて、少しは苦労も報われた思いがしました。

　ついでながら、彼の姓、Kubrick の日本語表記は"キューブリック"

で通っていますが、これはイギリス英語の発音による原音表記で、アメリカ英語では"クーブリック"が正しいのです。何しろ彼は、その国の言葉の表記にまでうるさかったので、かつて"カブリック"という表記で紹介されていると知った時、それはやめるよう公に要求してきたこともあります。その彼が、"キューブリック"を許容したのは、たぶん亡くなるまでイギリス生活が何十年と続いたせいでしょう。彼は、自身は操縦免許も持っていたのに、一度事故を起こしかけ、また墜落事故死した友人の遺骸を見てから大のジェット機嫌いになり、イギリスに渡ってから、国外はもちろん、母国アメリカにさえ帰ることはなかったのです。

さて、本題の「アイズ・ワイド・シャット」ですが、原作はアルトゥール・シュニッツラーの「夢小説」（1926年）で、キューブリックが早くから映画化したいと願っていた作品です。まずこのタイトルの英語、聞き慣れないことと思います。私たちの知っている似たイディオムは、Eyes wide open（アイズ・ワイド・オープン）で、「目を大きく見開く」こと。転じてよく注意して、しっかりと物事の真実を確かめることですが、このタイトルはいわばそれをもじった"造語"で、「目を大きく閉じる」こと。つまり、見てはいけないことはしっかり目を閉じて、知らずにおくことを意味しており、映画のストーリーにも関係していました。この作品は、ニューヨークの医師ビル・ハーフォード（トム・クルーズ）と、その妻アリス（ニコール・キッドマン）の倦怠期の夫婦の生活に起こる、妄想とも現実ともつかない不思議な一夜の物語です（彼女は当時、トムと実際に夫婦でした）。ビルは、倦怠感から逃れるために、妻とそれぞれ別のパーティーで楽しむことにするのですが、彼が向かった覆面パーティーの館では、男女の乱交パーティーが行われていました。彼はその後、妻が海軍士官とセックスをしている妄想に取りつかれ、苦しむのです。人は時として、彼のように見てはならない世界へいざなわれることがありますが、「そんな時

第3部　思い出のワーナー映画 半世紀

は、目を固く閉じて、何も見ないことがいちばん安全である」と言っているようです。

実は、この映画の完成の日が近づき、日本でも公開が決まったところで、日本の経営陣は、この映画に出てくる女性の裸体や、乱交シーンをどうやって東京税関と映倫の審査にパスさせるかで、早くから入念な下準備をしていたのです。まずは似たようなシーンのある他社の作品のビデオカセットをかれこれ10タイトル近く入手して、彼のもとに送り、"この程度までは通る"という日本の審査基準の現状を伝えました。

この機を利用して、日本の映画の審査制度（戦前は"検閲"と言いましたが、戦後、それは憲法の"表現の自由"を侵すということで、禁止されました）のことに触れておくと、日本の審査は2段階あります。まず最初に、映画を輸入するときに、東京税関の試写室で検査します。基準になるのは、映画の製作関係者には、しばしば"頭痛のタネ"だった関税定率法第21条です（のちに新しい条項がその前に増えて、この数字はズレました）。ここで風俗を害する図書（映像も"図書"の分類で、この審査をする部門は「図書調査課」といいました）と指定を受けると、その該当箇所を、ぼかしたり、モザイクをかけたり、最悪カットしたりして、審査基準を満たしてから税関審査をパスします。次の第2段階が、映倫審査でした。この映倫で、必要ならさらに修正を行ったうえ、「成人映画」「R-18」「R-12」などのレイティングを受けるのです。

その頃ロンドンでは、冒頭にお話しした未完成プリントが完成し、それを見たキューブリックは5日後に亡くなったのですが、日本公開は予定どおりということで、この映画では彼の作品への意向を最もよく知るチーフエディターのナイジェル・コルト氏が、ワーナー本社の社長と共にそのプリントを携えて、オーストラリアのシドニーに飛び、二十世紀フォックスのスタジオで、2度目の内覧試写をすること

になりました。その試写に、日本からは映画部門の日本代表のウィリアム・アイアトンさん、字幕翻訳の菊地浩司さん、そして映倫の大條成昭(おおえだしげあき)さんの３人が、表向きは翻訳試写として出席して、まずは映画の内容を知り、日本での映倫審査の対策を考えたのです。それからさらにこの未完成プリントは、コルト氏が日本に運び、日本のワーナーの首脳陣と、今度は正式に映倫の大條さんも呼んで、"予備審査"までしていただきました。それが、上記のようにあっさりと無修正のR-18指定だけで済んだので、いささか拍子抜けがしました。思えば、キューブリックは、それが暴力であれ、性であれ、映像を通してメッセージをできるだけ鮮明に伝えようとしたので、私が製作で関わった４作品、〔30〕「**時計じかけのオレンジ**」、〔43〕「**シャイニング**」、〔54〕「**フルメタル・ジャケット**」、そしてこの「**アイズ・ワイド・シャット**」。全てに問題のシーンがあったのですが、時代の流れと共に、税関も映倫も審査基準が少しずつ緩やかになって、表現の自由が認められるようになっていたのです。結果的に、アメリカではこの性的シーンによってNC-17（成人映画扱い）に指定され、日本でもR-18（同じく成人映画扱い）に指定されましたが、驚いたことに、男女の性行為シーンは、ほんの数秒間で照明も暗く、また比較的ロングショット（少し離れたところからの撮影）だったこともあって、ぼかしの修正をすることなく、そのまま公開されました。

　ちなみに、前作の「**フルメタル・ジャケット**」であれほど苦労した字幕翻訳も、同じような抄訳原稿で彼のもとに送ったら、前回の出来栄えで信用してもらったのでしょうか、はたまた、彼にあれほどのこだわりのエネルギーがもう残っていなかったのでしょうか、こちらも何と一発でOKになりました。

　なお、この最初の試写の時、全編を通してとても印象的な美しいワルツのテーマ音楽が流れていました。あとでそれは、ショスタコーヴィッチの「セカンドワルツ」（ジャズ組曲 第2番 ワルツ2）と分か

第3部　思い出のワーナー映画 半世紀

りました。キューブリックは、劇中に用いる音楽に至るまで、作品の内容に最もマッチしたものを選び抜く、やはり不世出の"映像の職人"でした。

　この映画のテーマは、一口では難しいのですが、映画の中で、キリスト教の福音の教理に関わる、大切なセリフが出てきました。それは"贖い"(字幕では分かりやすく"身代わり")という言葉です。覆面パーティーに潜入したビルは、不審がられて正体がバレてしまうのですが、そこへ現れた謎の美女が、こういって彼をかばうのです。

　　謎の女　「私が身代わりになります」I am ready to redeem him.
　　赤いコートの男　「お前が身代わりになると？」
　　　　　　　　　You are ready to redeem him?
　　謎の女　（略）　Yes.
　　赤いコートの男
　　「お前は自分の負う責任が／分かっているのだな？」
　　Are you sure you understand what you are taking upon yourself in doing this?
　　謎の女　（略）　Yes.
　　赤いコートの男　「よろしい」Very well.
　　赤いコートの男　（ビルに）「君は自由だ」(to Bill) You are free.

　映画では、翌朝、彼は、死体となった彼女と再会し、「彼女は自分の身代わりに死んだのでは？」と苦しむのです。すなわち、彼の性への欲望という"罪"が、彼女を死に追いやったのだと。「贖い」とは、"値を払って買い取る"ということ。イエス・キリストは、十字架の上で、ご自身の命という値を払って（そのままでは罪のため死の裁きを受けなければならない私たちの"身代わり"となって）、私たちを死から贖い取ってくださったというのが、聖書の語るキリスト教の福音です。彼女の存在は謎で、娼婦だったかもしれないし、あるいは神からの使いだったかもしれない。でもはっきりしているのは、彼女が、性の欲

望に負けて身を持ち崩し、自分も家庭も破壊に導こうとしていた彼のために、殺されることを覚悟で自由を与えたという事実です。その故に、彼は赦されて、自由の身となったのです。ここに、キューブリックがあるいは描きたかった"神の愛の福音"があります。彼女は生き返りませんでしたが、キリストは死の墓からよみがえりました。性の欲望を超えたところに働く無償の愛が、人間を破滅の一歩手前で救い、生きる希望を与えるのだというメッセージを、この映画から受け取るのは、読み込みすぎでしょうか。

〔84〕「マトリックス」The Matrix
〔92〕「マトリックス リローデッド」The Matrix Reloaded
2003年6月公開
〔94〕「マトリックス レボリューションズ」The Matrix Revolutions
2003年11月公開

　この第1作をワーナーの試写室で初めて見た時は、「スゴい映画ができたもんだ」と、ちょっとした衝撃でしたが、内容はぶっ飛んでいて、さっぱり分かりませんでした。これを作ったのはウォシャウスキー兄弟ですが、実際には、ラナとリリーの姉妹ですので、正しくは「ウォシャウスキー姉妹」か「ウォシャウスキーきょうだい」と表記しなければなりません。

　ストーリーは、一口に言えば、人間が作ったコンピューターが、人間に反乱を起こすお話で、現実の世界と、コンピューターが作り出した架空の世界（いわゆる仮想現実　ヴァーチャル・リアリティー）の間を、コンピューター人間と生の人間が、なんと電話回線を使って出たり入ったりしながら、最後の主導権を巡って壮絶な戦いを繰り広げるのです。このような、人間が作った存在が、人間に対して反乱を起こすというモチーフは、ワーナー映画で言えば、あの〔44〕「ブレードランナー」Blade Runner のレプリカ人間の反乱からの流れだと言

えるでしょう。

　タイトルの「マトリックス」(英語発音は「メイトリックス」)とは、ラテン語の"母"を意味するmaterから派生した語で、転じて"母体""基盤""基質"、さらには数学の行列、コンピューターの回路網などをも指します。映画冒頭のタイトルデザインが、高速で縦に流れるコンピューターの数式列で、これも「マトリックス」ですし、コンピューターの作り出した仮想現実そのものも"MATRIX"と呼んでいます。

　この作品は、ジャンル分けすればSF作品と言えますが、カンフーの格闘技も繰り広げられますし、ストーリーの各所に隠喩や暗示を置いたり、登場人物や乗り物などに聖書や神話の名前を多用したり、死者の復活にまで触れたりするなど、哲学や信仰というテーマも込められており、一口では言い表せない深さも持っていて、いろいろな意味で、"ぶっ飛んで"いる映画でした。また映像の面でも、従来のCGにはない、ワイヤーアクションやVFX(Visual Effectsの略。視覚効果)も組み合わせた斬新な映像表現は"映像革命"として話題となりました。主人公に向かって撃ち放たれた弾の軌道が、スローモーションで観客に向かってゆっくりと進んでき、ネオが体をのけぞらせる脇を通り抜けていく映像などは、戦争映画で、戦艦の巧みな操舵で、敵の魚雷が白い波影を残しながら戦艦のそばを通り抜けていくのと同じようなスリルを感じたものでした。

　このような"ぶっ飛んだ"映画の字幕を訳すのは、コンピューターにも詳しく、このような仮想現実の世界をよく理解できる人がいいだろうと考えた私は、林完治さんに翻訳をお願いし、彼は、この映画のコンセプトを図解して実に分かりやすく説明してくれた上で、よい字幕翻訳をしてくれました。この映画はシリーズとして、2003年の第2作〔93〕「**マトリックス リローデッド**」**The Matrix Reloaded**、第3作「**マトリックス レボリューションズ**」**The Matrix Revolutions**まで続き、彼にとっても代表作の一つになりました。

第2作は、ワーナーのIMAX上映第1作としても公開されました。映画も、私が退社する4、5年前から、ディジタル化、そして3D化と、技術革新の波が押し寄せていましたが、このIMX方式もその一つでした。IMAX方式とは、カナダのIMAX社が開発した動画フィルムの規格・映写システムのことであり、通常の映画で使われるフィルムよりも大きなサイズで映像を記録・上映することができました。2台のディジタル・プロジェクターを同時に使用し、リアルタイムで映像調節を行うと共に、独立した6つのスピーカーや高度なチューニングシステムによって精密なサウンド調節も行われます。品川駅前のIMAXシアターで、初めてテスト試写した時の感動は今も覚えていますが、スクリーンは通常よりも客席に近い場所に設置されているうえ、床から天井、左右いっぱいに広がる大型スクリーンなため（昔のスタンダードサイズ（縦横比1：1.33）より更に縦が長い1：1.44）、上から下まで映像がよく見えるように、客席の勾配が、普通の劇場の倍以上も急なのです。まるでスクリーンの映像が自分の目の前に迫ってき、音が頭の中に直接入り込んでくるような感じでした。「**マトリックス**」のような"ぶっ飛んだ"映画には、まことにふさわしいワーナーIMAX上映のこけら落としでした。

　この第2作の公開から半年もしないうちに、第3作の「**マトリックス　レボリューションズ**」が公開されました。普通、シリーズ物は、最短でも1年は間が空くのですが、これもまた初めてで異例のことでした。「マトリックス」映像革命の余韻が冷めないうちに、一挙に観客動員を狙ったのです。

　この「マトリックス」三部作は、私の目から見ると、"キリスト教的色彩の強いSF映画"という評価になるのですが、最後に、ネオが最大の敵スミスの中に入り込んで、自らも消滅することによって大量に増殖したスミス軍をも消滅させるというラストに、自らの十字架の死によって、サタンのかしらを打ち砕いたメシヤ＝キリストは、確か

に重なるのでした。

　この作品の信仰的要素は、前述したように、人物や乗り物の名前に出てくるのですが、主人公のネオ（キアヌ・リーヴズ）は、スペルでは Neo、ちょっとアルファベットを動かすと One となり、"唯一の人＝救世主キリスト" を暗示していますし、その恋人のトリニティー Trinity は、ずばりキリスト教の三位一体の神の名です。

　それでは、読者の皆さんの信仰的理解のために、第 2 作の時に作った「固有名詞表記表」を掲げておきます（302,303 ページ参照）。これを読むと、監督のウォシャウスキー姉妹が、旧新約聖書、そしてギリシャ神話の世界を、この映画の中に取り込もうとしていた意図が、はっきりと伺われます。この映画以外にも、ヒットしたアニメや漫画の中にも、聖書の世界を踏まえたものがかなりあります。聖書は、それほどのドラマ性を内に秘めた本なのですね。

『マトリックス』
ブルーレイ ¥2,381 ＋税
／DVD 特別版 ¥1,429 ＋税
ワーナー・ブラザース
ホームエンターテイメント

© 1994 Village Roadshow Films (BVI) Limited. © 1994 Warner Bros. Entertainment Inc. All Rights Reserved.

マトリックス リローデッド　MATRIX RELOADED 表記表

ENGLISH LANGUAGE	JAPANESE TRANSLATION
Abel	エイベル（アベル）
Architect	アーキテクト
Cain	ケイン（カイン）
Corrupt	コラプト
Exile	エグザイル
Gnosis	グノーシス
Jacob	ジェイコブ（ヤコブ）
Key Maker	キー・メーカー
Logos	ロゴス
Malachi	マラカイ（マラキ）
Merovingian	メロビンジアン
Morpheus	モーフィアス
Nebuchadnezzar	ネブカデネザル（原音表記　ネブカドネザー）
Neo	ネオ（原音表記　ニーオー）
Niobe	ナイオビ（原音表記　ナイオビー）
Oracle	予言者
Osiris	オシリス（原音表記　オーシリス）
Persephone	パーセフォニー
Seraph	セラフ（セラフィム）
Tirant	タイラント
Trinity	トリニティー
Zion	ザイオン（シオン）

	COMMENTS
	字幕には出ない。( ) conforming with Japanese Bible translation
	字幕は「設計者」に「アーキテクト」とルビ。名前＝職業名。
	字幕には出ない。( ) conforming with Japanese Bible translation
	「堕落した者」の意。
	字幕は最初のみ「流浪者」に「エグザイル」とルビ。 聖書で、敵国の捕囚の民となってイスラエル人。
	聖書「グノーシス派」。 Greek philosophical term based on biblical backbround.
	( ) conforming with Japanese Bible translation
	名前＝職業名。
	船名。聖書「言葉」（ヨハネ1;1）
	字幕には出ない。( ) conforming with Japanese Bible translation
	"メロビング人の／メロビング朝の"の意。ドイツ人の名字。
	ギリシャ神話の「モルペウス」（眠りの神）
	船名。Conformed with most prevailed Japanese Bible translation. （バビロン王の名）
	「新」の意。Conformed with Japanese popular usage.
	Disregarding Japanese translation of Greek myth（ニオベ）.
	字幕は最初のみ「予言者」に「オラクル」とルビ。（原音オーラクル。 Conformed with a Japanese system company, etc.）名前＝職業名。
	船名。Conformed with Japanese translation of Egyptian myth.
	Disregarding Japanese translation of Greek myth（ペルセポネ）.
	守護天使の単数形。( ) conforming with Japanese Bible translation （イザヤ6章）
	「暴君」（ネロなど）の意。
	三位一体。
	( ) conforming with Japanese Bible translation。 要塞都市エルサレムの別称。

【2000年】
〔85〕「スリー・キングス」Three Kings

　この映画は、題名からすると、「三銃士」よろしく、中世のコスチュームものかと思いますが、さにあらず、実際は湾岸戦争が舞台です。ジョージ・クルーニーが率いるアメリカ軍部隊の3人の班が、占領したイラク軍から奪った一枚の地図から、フセインの隠ぺいした金塊のありかを知り、それを上官に報告せず、ネコババしようとして、"黄金強奪作戦"を展開する話ですが、「**地獄の黙示録**」Apocalypse Now、〔56〕「プラトーン」Platoon など、熾烈で過酷な戦場の非人間性に強い嫌悪感を催させる一連のヴェトナム戦争映画と比べ、大義なき戦争への批判的な製作姿勢は同じものの、前者とは全く違うアプローチで、戦争を痛烈に皮肉ったブラックユーモアの漂う一作です。字幕翻訳は岡田壮平さん。

　このタイトルのいわれは、ジョージ・クルーニー以下、マーク・ウォールバーグ、アイス・キューブら4人の秘密の作戦会議の中で、ふざ

『スリー・キングス』
ブルーレイ ¥2,381＋税
／DVD 特別版 ¥1,429＋税
ワーナー・ブラザース
ホームエンターテイメント

© 1999 Village Roadshow Films (BVI) Limited.

けて歌ったクリスマス賛美歌に関わりがある、というところが面白いのですが、キリスト教の背景が分からない大多数の日本人には、ほとんど分からないその面白さを、何とか字幕の上で分かっていただこうと、舞台裏で悪戦苦闘した思い出の作品なのです。その問題となる賛美歌の歌詞とは、クリスマスには全世界で歌われるエキゾチックなクリスマス・キャロル、「We, three kings of orient are 我らは来りぬ（旧聖歌 135、讃美歌第二編 52）」をふざけて茶化した「We, three kings be stealing the gold」です。これが聖書に由来することを示そうと、そのままの原訳でも翻訳としては全く問題ないところを、岡田さんに理由を説明しながら、大量生産スケジュールぎりぎりの土壇場まで、6 回にわたる改訳を重ねました。では、その舞台裏を記した翻訳比較表をご覧ください（306-311 ページ参照）。

【2001 年】
〔86〕「ペイフォワード」可能の王国　Pay It forward

　これは、次の〔88〕「A.I.」A.I. にも出演している、当時、"天才子役"と言われたハーリー・ジョエル・オズメントと、ケヴィン・スペイシー、そしてヘレン・ハントが主演した、実話を題材にした感動の一編で、「聖書で読み解く映画カフェ」でも取り上げました。では、その採録で記録に代えたいと思います。

●あらすじ：ラスベガスに住むアルコール依存症の母（ヘレン・ハント）と、家を出て行った家庭内暴力を振るう父（ジョン・ボン・ジョヴィ）との間に生まれた、少年トレヴァー（ハーリー・ジョエル・オズメント）。11 歳で中学 1 年生（アメリカでは 7 年生）になったばかりの彼は、社会科の最初の授業で、担当のシモネット先生（ケヴィン・スペイシー）と出会う。授業のテーマは、「今日から自分で世界を変えてみよう」。先生は「もし自分の手で世界を変えたいと思った

スリー・キングス　THREE KINGS

	原　文	岡田壮平訳	
191	(CHIE TO TROY) Either way, the good Lord put this map in our path, and I believe we'll find something.	とにかく神様のお陰で 宝物が手に入る	
192	(TROY TO CHIE) He could also put a land mine in our path.	神様は行く手に地雷も	
193	(CHIEF TO TROY) I don't think so. I've been fire baptized, and this one. feels safe.	聖霊の"火"を受けたから 大丈夫	
194	(TROY TO CHIEF) What are you talking about?	何の話だ？	
195	(CHIEF TO TROY) I have a ring of Jesus fire to to guide my decisions.	聖霊の火の輪が俺を導く	
196	(TROY TO CHIEF) You're putting me on, right?	ジョークだろ？	

小川訳	摘　要
〃	
〃	
"火の洗礼"を受けたから大丈夫	マタイ3:11〜12、ルカ3:16〜17「聖霊と火のバプテスマ（＝洗礼）」"聖霊"と"火"は同義で、罪を悔い改めて信仰を告白し、洗礼を受ける時、あらゆる罪の汚れが聖霊の火で精錬されて清められる。
〃	
"聖霊の火の輪"が俺を導く	#193の説明。""で強調。更にその聖霊が、まるで火の輪で包むように、洗礼を受けた信者のその後の生涯を外部の誘惑や罪から守る。但し、原文の「イエスの火の輪」という表現は、聖書にはない。
〃	

	原　文	岡田壮平訳	
197	(CHIEF TO TROY) Do I look like I'm putting you on?	そう聞こえるか？	
198	(TROY TO CHIEF) Okay, ring of Jesus fire.	"火"を信じるよ	
253	(CHIEF TO MEN) Just us and a Humvee up by the Euphrates River Valley.	ユーフラテス川流域に侵入だ	
254	(WIG TO MEN) Where they put Moses in the basket.	モーセゆかりの川	
255	(TROY TO VIG) That's Egypt.	ナイル川だろう	
256	(VIG singing) We three kings be stealing the gold.	3人の王が金塊を盗む → → → → →	

第 3 部　思い出のワーナー映画 半世紀

小川訳	摘　要
この顔を見ろ	
分かったよ	
〃	
〃	原意は「彼らがモーセをカゴに入れて流した川」
そりゃナイルだ	原意「それはエジプトだ」。ウィグの間違いを揶揄。
① 3 人の**博士**が金塊を盗む	聖書の話（マタイ 2:1 ～ 12）と分かるよう。
② 3 人の**賢者**が金塊を盗む	「博士」はドクターとも取られるので。
③ 3 人の賢者が金塊を盗む（スリー・キングス）	題名の由来を示すルビを。
④ 3 人の賢者が金塊を盗む	聖書の賢者が「ささげた」ことの逆を示唆する傍点。
⑤ 3 人の賢者が**黄金**を盗む	なおも聖書記事（上述 2:10）と分かるように
⑥**三人**の賢者が黄金を盗む	聖書の固有名詞として、漢数字に。

（これは、クリスマスには教会で歌われる賛美歌 We Three Kings of Orient are「我らは来りぬ」の一節。また、題名 THREE KINGS のいわれは、THREE KINGS OF COLOGNE（ケルンの三王）で、中世のキリスト教伝説で "東方の三博士"'（The Magi。バビロニア地方、ペルシャの占星術学者）のこと。三人の遺骨がケルンの大聖堂にあると言い伝えられたことから、騎士道華やかなりし中世のこととて、「博士」を「王」に言い換えてこう呼んだもの。）

	原　文	岡田壮平訳
813	(VIG TO CHIEF) You got kicked out of that ring of Jesus fire?	聖霊の火の輪は消滅？
814	(CHIEF TO VIG) That ain't now it work.	見方が違う
815	(VIG TO CHIEF) How's it work?	どう違う？
816	(CHIEF TO VIG) I take care of whatever He puts in front of me, no questions asked.	俺は神のみ業に素直に従う

小川訳	摘　要
"聖霊の火の輪" は消滅？	#195 に統一。
そうじゃない	
どうして？	
起こったこと 全てが神のみ業だ	#813 の問いから #816 の答えへのプロセスがマッチするように。ここは神の "摂理" への信仰を示していて、"火の輪" が見えれば導きを確信して行動でき、見えなければ疑い、失望して前に進めないような生き方ではなく、神のなさることは全て最善と信じて、疑わずに従うキリスト者の生き方を示す。

ら、何をする？」という課題を生徒たちに与える。生徒たちのほとんどは、いかにも子どもらしいアイディアしか提案できなかったが、トレヴァーは違った。彼の提案した考えは、「ペイ・フォワード」。

　トレヴァーはこれを実践するため、"渡す"相手を探す。仕事に就かない薬物中毒の男、シモネット先生、いじめられている同級生…。いろいろと試みるものの、なかなかうまくいかず、彼は「ペイ・フォワードは失敗だったのではないか」と思い始める。そんな中、トレヴァーのたくらみで、母と独身のシモネット先生は急接近する。顔と体に大きな火傷を負っているシモネットは中々心を開かなかったが、2人はやがて結ばれる。しかしトレヴァーは、いじめられていた友人を助けようとして、いじめっ子に刺されて死んでしまった。だが彼の"ペイ・フォワード"計画は街中に広まっており、街の人々は亡きトレヴァーを追悼するのだった。トレヴァーの気づかないところで、このバトンは次々に受け渡されていたのだ。

上映前
● 作品誕生のきっかけ：
　原作者キャサリン・ライアン・ハイドは「ペイ・フォワード」誕生についてこう語っている。治安の悪い町で車がエンストしてしまったハイドは、車に近付いてくる男2人に恐怖心を抱く。しかし男はエンストしてしまったハイドの車を快く修理してくれたのだった。そこから、この"善意を他人へ回す"という思考が誕生した。

● 題名のいわれ：「厚意の先渡し」「先へ送れ」「次へ渡せ」（×受けた相手に返す）人から受けた厚意・善意・思いやりをその相手に対して
　　×恩返し＝"ペイ・バック（後方）"するのではなく（日本人は「お返し」が得意）、
　　○他の誰かに違う形で先送りして善意を広げ、さらにそれぞれ親切

を受けた者が3人に親切をしていく＝"ペイ・フォワード（前方）"というもの。Payには、①支払う②報いる・返すの意味がある（映画の中では「次へ渡せ」と翻訳。="厚意のネズミ算"）。

●《クイズ》この映画の登場人物で、数年後に主役を演じた俳優がいる。どの人物でしょう？⇒《答え》「キャスト」参照。

スタッフ・キャスト
●キャスト：
　トレヴァー・マッキニー（ハーリー・ジョエル・オズメント
　　　　　　　「**シックス・センス**」The Sixth Sense、「A.I.」）
　ユージーン・シモネット（ケヴィン・スペイシー
　　　　　　　「**アメリカン・ビューティー**」American Beauty）
　アーリーン・マッキニー（ヘレン・ハント
　　　　　　　「**恋愛小説家**」As Good as It Gets）
　クリス・チャンドラー（ジェイ・モーア）
　ジェリー（ジェームズ・カヴィーゼル）
　⇒クイズの答え：「パッション」The Passion of the Christ の
　　　　　　　キリスト役。ジム・ガヴィーゼル
　グレイス（アンジー・ディキンソン）
　リッキー・マッキニー（ジョン・ボン・ジョヴィ）
　ショーン（ショーン・パイフロム）

●スタッフ［編集］
　監督：ミミ・レダー（「ディープ・インパクト」Deep Impact）
　製作：ピーター・エイブラムス、ロバート・L・レヴィ、
　　　　スティーヴン・ルーサー
　製作総指揮：メアリー・マクラグレン、ジョナサン・トレイスマン

原作：キャサリン・ライアン・ハイド
脚本：レスリー・ディクソン
編集：デイヴィッド・ローゼンブルーム、A.C.E.
撮影：オリヴァー・ステイプルトン、B.S.C.
音楽：トマス・ニューマン
美術：レスリー・ディリー
衣装：レネー・アーリック・カルファス

上映後
●キャッチコピー：〜 あなたにも世界は変えられます 〜

実例
①沖縄では、言葉になっていなくても、心に培われている考えです。知人友人が一人もいない沖縄に渡ってきた2001年から結婚するまでの4年間、私に毎日お弁当を作ってくれる職場のおばあちゃんがいました。自分の息子が東京で一人暮らししていた時に、毎日のように食事の世話をしてくれた人がいたから、これは恩返しだと。
②町のごみを拾うことです。独りで町の清掃活動をしていると、商店街の人たちや通行人の方々に温かいご声援を頂きました。「ありがとう」「若いのに偉いね」「あなたはどこの人？」「久しぶりに感動したよ」「君に会えてうれしかった」など言葉をかけてくれます。
③FBで「感謝のバトンタッチ」。神に感謝できることを3つ挙げ、次の人に渡す。

結び　この映画から教えられること：
①人の価値は年数によらない：13歳の少年が成し得たことの大きさ（本人は気づかない）。⇒母を、シモンズ先生をさえ動かす。最後には、どうしても勇気がなくてできなかったいじめられっ子を助けるために

上級生のいじめっ子グループに立ち向かい、命を落とす。

②思うだけではダメ：実際にムーブメント（行動）を起こさなければ、何も変わらない。映画の主張は、1．善意を「先に」送ること。2．それを広げること。

"If you think it's impossible, it's impossible. If you think it's possible, it's possible. Either way, you are right." – Anonymous

「もし不可能だと思ったら不可能だ。もし可能だと思ったら可能だ。いずれにしてもあなたが考えるとおりになる」…（英文・訳：舟田譲二）

③決してあきらめない。：なすべきことをしたら、あとは神に委ねる。自分の思いも及ばないところにも、行為は先送りされていることを信じよう。

＊トレヴァーの死は、"一粒の麦"。「まことに、まことに、あなたがたに告げます。一粒の麦がもし地に落ちて死ななければ、それは一つのままです。しかし、もし死ねば、豊かな実を結びます」（ヨハネ 12:24）

⇒映画の冒頭とラストシーン：すでにいろいろなところに広がっていた！

＊トレヴァー「慣れきった人々は良くないこともなかなか変えられない。臆病なんだ。勇気を出して行動に移すことで、それが人から人へとつながっていく。あきらめたら負けなんだ。」

④完璧を期さない。：「あなたにできることをする」（"ベタニヤの女"方式）（マルコ 14:8）

＊動機：×律法主義的に、義務感で。⇒できなかったときの敗北感、挫折感。

*数：特に「3人」にこだわる必要はない。例えば電車の中でお年寄りの方に席を譲る。
*機会：あえて困っている人を探し出すまでもなく、たまたま困っている人と出会ったときに（それも神の計画のうち。神に"たまたま"はない）。

⑤相手に見返りを求めない。：
*相手が心ある方であれば「お礼をさせてください」と言ってくる。その時になって初めて、「お礼なら、次へ渡してください」と説明する。

⑥私たちの「ペイ・フォワードの真の相手は神様（実際の相手は皆、小キリスト）：人にではなく、私を赦し、救ってくださった主にお返しをするつもりで。「わたしの兄弟であるこれらの最も小さい者のひとりにしたのは、すなわち、わたしにしたのである」（マタイ25:40）
*日本人は「ペイ・バック（お返し）」の文化：⇒善意、行為は"身内"

『ペイ・フォワード』
DVD ¥1,429 ＋税
ワーナー・ブラザース
ホームエンターテイメント

第3部　思い出のワーナー映画 半世紀

だけ。いつも閉塞性(へいそく)の壁が付きまとう。

＊いつも神様と"直結"：キリスト者こそ、真に「ペイ・フォワード」ができる者。

　1. 人へ善意は、全て神への愛のお返し。（×人にしてやる。）

　2. いつでもどこでも神が見ておられる。（×人の栄誉）

　3. 神が報いてくださる。（×人からの見返り）

●「神の王国」こそ、「可能の王国」なのだ。

★いやぁ、「聖書で読み解く映画」って、いいですね。ではまたお会いしましょう。ハレルヤ、ハレルヤ、ハレルヤ！

〔87〕「A.I.」A.I.

　映画の英語タイトルをそのままカタカナ表記した題名は、年々増えてきましたが、それを英語のまま日本語の題名にした映画は、まだそれほど多くはなく、この映画はその例外の一つです。

　この作品は、スティーヴン・スピルバーグ監督、ハーリー・ジョエル・オズメント少年と、ジュード・ロウが主演しました。A.I. とは Artificial Interigence 人工頭脳のことです。子どものいないアメリカのある夫婦が、最新技術によって生み出されたロボットの少年を養子にもらうのですが、その少年が、愛情深い母親に育てられ、"愛"を学習していくうちに、知能以外の感情の学習は不可能とされていた彼の心に、母親への"愛"という感情が本当に芽生えるという物語でした。

　数ある苦労話の中でも、これは思い出深い作品です。セキュリティーの関

係で、この「AI」には箝口令が敷かれ、映像はおろか活字さえも一切海外に出さないということで、「英文台本も送らないから、字幕翻訳者をアメリカによこして、現地で翻訳しなさい」というお達しです。おまけに、プリントを大量生産するためのタイトルネガもアメリカの現像所で作るということでした。翻訳は戸田奈津子さんでしたが、やむなくアメリカのワーナーの本社に飛んで、そこの一室で翻訳。そこでパソコンの電源がショートして、すわ、せっかく訳した中身は?!という肝を冷やすようなおまけエピソード付きでした（専門店で見てもらい、幸い無事でした！）。タイトルネガ作成の監修と、その後のプリント現像、最初の字幕入りプリントのチェックのために、私も、宣伝の段取りを整えるために同行することになった宣伝部のお

30キロの缶を左右に分け持ち、成田空港を通関

嬢さん2人と共にアメリカに飛んで、ワーナーのカリフォルニアの本社で翻訳を見ました。そこからタイトルネガを作るに当たっては、日本語のルビが問題でした。本文だけなら字幕のワープロ原稿を写真に撮ってリストに従ってタイトルネガを作ればいいのですが、向こうのワープロ機能にはルビのシステムがないので、そのままではルビを付けられません。どうしたか？　ルビだけを小さな文字で別に作って、それをセリフの写植台紙の、それぞれの本文の上に、貼り付けていったのです！　それを撮影してタイトルネガを作るのですが、あちらのラボで出来上がった台紙をチェックしたら、3割ぐらいはとんでもないところに貼り付けてありました（何せ日本語が分からないため、戸田さんのワープロ原稿と、"見た目"の形で合わせていったのですか

ら)。

　タイトルネガは、それから2、3日で現像所で突貫工事で作ってもらい、そこから焼いた、8巻、重さ30キロはある初号プリントを、2つのジュラルミンのコンテナーに詰めて、私自身が日本に運び、ワーナーの試写室にタクシーで送り届けました。こうして翌日には、日本初のプレミアショーが行われ、成田から試写室までの私の運搬の一部始終は、待機していたテレビ局のスタッフがカメラに収め、これも翌日の特番で放映されて宣伝に一役買いました。そしてネガを日本に送って、イマジカでネガを焼いたのは公開の2週間ぐらい前という"綱渡り"でした。

　この映画は、結局スピルバーグの徹底した"秘密主義"がいいほうに出て、どんな映画か分からなかったので、「A.I.って何？ スピルバーグ、どんな映画を作ったの？」と日本人の好奇心を引き起こし、"ロボットの少年が人間の母親に愛情を持ってしまう"というセンチメンタリズムも日本人には受けて、ふたを開けたら、本国のアメリカよりも好

『A.I.』
ブルーレイ ￥2,381 ＋税
／DVD ￥1,429 ＋税
ワーナー・ブラザース
ホームエンターテイメント

© 2001 Warner Bros. Entertainment Inc. and Dreamworks LLC. All rights reserved.

成績を挙げましたので、私の苦労も報われたというものです。

そんなわけで、私だけでなく、戸田さんのご苦労も報われたわけですが、この映画も、人工頭脳の開発者である人間と、被造物であるロボットの関係を、聖書の創造者なる神と、被造物である人間をモチーフとして取り上げ、人間の科学は、どこまで進歩を許されるのかという、生命倫理の大きな問題提起をも秘めた作品で、聖書を踏まえた会話が何度も出てきました。その幾つかの訳で、私も聖書の観点から意見を言わせていただきました。その翻訳比較表を、次に掲げておきます（322〜325ページ参照）。

［88］第1作「ハリー・ポッターと賢者の石」
　Harry Potter and Philosopher's Stone
［91］第2作（2002年）「ハリー・ポッターと秘密の部屋」
　Harry Potter and The Chamber of Secrets
［98］第3作（2004年）「ハリー・ポッターとアズカバンの囚人」
　Harry Potter and the Prisoner of Azkaban
［107］第4作（2005年）「ハリー・ポッターと炎のゴブレット」
　Harry Potter and The Goblet of Fire
［117］第5作（2007年）「ハリー・ポッターと不死鳥の騎士団」
　Harry Potter and the Order of the Phoenix

原作者のJ.K.ローリングが、極貧の中で、喫茶店の一杯のコーヒーで終日粘りながら書いたと言われるこのシリーズは、世界的ベストセラーになり、小説は第7巻まで、映画は原作の第7巻を2作にして第8作まで続き、2011年にひとまず完結しましたが、私は在職中に、第5作まで携わることができました。監督は、最初の2作がクリス・コロンバス、第3作がアルフォンソ・キュアロン、第4作がマイク・ニューウェル、第5作がデイヴィッド・ヘイマンでした。監督が変われば、当然ながら、作り方にも微妙な違いが出ました。小説の日本

第3部　思い出のワーナー映画 半世紀

語版が、静山社さんから、全巻松岡佑子さんの名訳で出版されていて、映画の字幕及び吹き替え翻訳（第5巻までは、字幕が戸田奈津子さん、吹き替えは岸田恵子さん）にも、松岡さんの監修が入ることになりましたので、製作工程が1つ増えたわけで、新作が出る都度、裏方は苦労しました。日本語訳の小説本文から作られた「ハリー・ポッター語録」が出来上がっていて、人名、地名はもちろん、字数に制限のある字幕のセリフまで、原則全てこの語録に準拠しなければならないのです。特に第1作「賢者の石」の時は、公開日時が決まっているのに、空中ゲームのクィディッチなどのCG撮影の技術がまだ未完成で、スケジュールが遅れに遅れ、翻訳者は、なんと動作も色もないモノクロの絵コンテを見ながら、半分は動く映像を"想像"して訳されました。

　第2作「秘密の部屋」は、D-Cinema、もはやフィルムを使わないディジタル上映の、ワーナー最初の作品になりました。

　字幕版では、字幕書体にも工夫をし、ヴォルデモートの恐怖の予言の言葉には、「ハリーよ　死ね〜〜！」のように、タイトルライターの佐藤英夫さんに、特別のホラー文字で書いていただきました。

　吹き替え版は、ほぼ主要全員キャストのオーディションがあり、最終決定権はアメリカの本社にありました。その結果、主役の三人には、オリジナルではダニエル・ラドクリフが扮したハリー・ポッターが小野賢章君、ルパート・グリントのロン・ウィーズリーに常盤祐貴君、エマ・ワトソンのハーマイオニーには須藤祐実さんが選ばれました。第1作の時には、男子の二人はまだ小学生、須藤さんが2歳ぐらいお姉さんで、録音の合間では、スタジオで遊ぶ二人をお姉さんの須藤さんが笑いながら見ていましたが、第5作の頃にはもう大学受験の年齢でした。宿敵ヴォルデモートにはベテランの江原正士さん、ダンブルドア校長には「サザエさん」の波平お父さんでもあった永井一郎さん。ダンブルドアは第2作までのオリジナルのリチャード・ハリスが亡くなって、その後の代替え俳優ではだいぶ若くなってしまった

A.I.(Artificial Intelligence)

	原　文	戸田奈津子訳
1-94	(Female colleague to Visionary) If a robot could genuinely love a person…	もしロボットが真に人を愛するなら—
95	…what responsibility does that person hold toward that Mecha in return?	それを受ける人間にも責任が生じるのでは？
96	It's a moral question, isn't it?	道義の問題ね
97	(Visionary to Female colleague) The oldest one of all.	永遠のテーマだ
98	But in the beginning, didn't God create Adam to love him?	"神は愛を期待してアダムの創造を?"
5-54	(Lord Johnson-Johnson into microphone to spectators) Let he, who is without Sim…	メカを必要とせぬ者よ
55	…cast the first stone.	石を取り彼を打て

小川訳	摘　要
永遠のテーマだが―	字数を稼ぐため 98 の But をここに訳出。
神も愛を期待して アダムを創ったはず	①原訳はこの 98 を永遠のテーマとして引用符でくくっているが、このテーマは 94 〜 96 を指し、「創造者は被造物の愛を受け止める責任がある」ということ。 ②ここの原意は単なる疑問でなく、反意（創ったのではなかったか？→そのとおり）で、創世記 1:27 を踏まえている。
罪のない者が―	ヨハネの福音書 8:7 のキリストの言葉のモジリで Sin が Sim(=Simulator 実験装置) になっている。ただ、それを字幕で出すのは難しいので、聖書の言葉にそって訳出。
最初に彼女に石を投げよ	

	原　文	戸田奈津子訳
5-136	(David to statue) Are you her?	ブルー・フェアリー？
137	(Gigolo Joe to David) That's Our Lady of the Immaculate Heart.	汚れなきハートの聖母だよ
138	The ones who made us are always looking for the ones who made them.	人間を創った女らしい
139	They go in, fold their hands, look around their feet, sing songs…	人々は中で祈り 歌を歌い──
140	…and when they come out it's usually me they find.	出口で僕が待ち受ける

第 3 部　思い出のワーナー映画 半世紀

小川訳	摘　要
人間たちも創り主を求め―	ここは誤訳。The ones（複数）は 137 のマリヤのことではなく、ロボットを造った人間たち。つまり 138 〜 140 は悲しいロボット、ジゴロの精一杯の皮肉で、彼を造った人間自身も、創造者の神を求めて教会で礼拝するが、満たされず、教会から一歩外に出ると、創造者ならぬ彼らの被造物であるジゴロが、人間の及ばぬ性のハイテクで、彼らを喜ばせようと待っているということ。
中で祈り 賛美歌を歌うが―	
出口では僕が待ち受ける	

のですが、日本語版では永井さんのひょうひょうとした枯れた声で通すことができました。2011年の第8作が完了した時の打ち上げパーティーには、退社後3年たっていたのですが、呼んでいただき、懐かしい声優さん、スタッフの面々とお会いすることができました。主役の三人ももう20歳を過ぎた立派な若者で、須藤さんはプロの声優さんになっていました。ダンブルドア校長は、やがて宿敵ダンブルドアに殺されてしまうのですが、永井さんもその後亡くなられ、打ち上げパーティーでお会いできたのが最後になりました。それでも、新作の吹替版の初号が完成するたびに、真っ先に声優さんたちをワーナー試写室での試写会にご招待して、アメリカ本社の厳しいオーディションを経て選ばれた声優さんたちの、オリジナルの俳優と全く変わらない声質で、日本語のセリフを聴きながら、ご一緒に鑑賞するのが、製作担当者として何よりの喜びでした。かく言う私も、前作吹き替え版の演出をなさった東北新社の木村絵理子さんのご好意で、実は

『ハリー・ポッターと賢者の石 コレクターズ・エディション』
ブルーレイ ¥3,990＋税
／DVD ¥2,990＋税
ワーナー・ブラザース
ホームエンターテイメント

Harry Potter characters, names and related indicia are trademarks of and © Warner Bros. Entertainment Inc.
Harry Potter Publishing Rights © J.K.R.
© 2014 Warner Bros. Entertainment Inc. All rights reserved.

2度ほど声の出演をさせていただきました。最初は第1作「賢者の石」で、ホグワーツ魔法学校のクリスマス休暇で故郷に帰る生徒たちに休暇中の注意などを呼び掛ける舎監の役ですが、映画版では周りの声にかき消されて、ほとんど聞こえません。それを後日テレビで放映する時に、なんと木村さんに編集で私の声を立てて（ボリュームを上げること）いただいて、かなり聞こえるようにしていただきました！2度目は私の関わった最後の第5作で、管理人フィルチが、息せき切って、ご注進のため大ホールに走る時の、「はぁはぁ」言う荒い息遣いでした！

　なお、この映画は、キリスト教界では評価が二つに分かれました。"魔法使い"が主人公では、あらゆるまじないを禁じる聖書の教えにはそぐわないとして鑑賞を禁じる人々（教会・牧師・信徒）と、内容的に何がテーマになっているかを正しく評価して、それが健全であれば特に反対はしないという態度をとる人々です。私ははっきりと後者です。この映画は、三人の主人公たちの友情、悪（ヴォルデモートは明らかにサタンの化身です）に立ち向かう勇気、あるいは自分の持って生まれた運命に対する悩みとその克服、彼らに対する周囲の人々の愛と思いやりなど、人間として生きていくための多くの教訓に富んでいるからです。在職中に、この映画と関われたことを幸せに思います。

【2002年】
〔89〕「オーシャンズ11」Ocean's 11
〔101〕「オーシャンズ12」Ocena's 12
〔118〕「オーシャンズ13」Ocean's 13

　この映画は、第3作までシリーズが続いたのですが、11人から始まって仲間が1人ずつ増えていったところがユニークでした。監督は「エリン・ブロコビッチ」Erin Brockovichのスティーヴン・ソダーバーグ。主演は、スゴ腕の泥棒であり詐欺師のダニー・オーシャン役

のジョージ・クルーニー、仲間のラスティー・ライアンにブラッド・ピットでしたが、第1作の「**オーシャンズ11**」は、この二人の役どころをフランク・シナトラとディーン・マーティンが演じた1960年製作の「**オーシャンと十一人の仲間**」Ocean's Elevenのリメイクです。犯罪スペシャリストたちと、対抗勢力との知恵を絞った対決で、激しい銃撃戦の末、あわや血の雨が降ってもおかしくないシチュエーションながら、銃を使用するシーンや殺りくシーンが一切使われず、専ら厳重な警戒の中で大金を強奪するための緻密(ちみつ)な計画と、仲間たちが、変装とかアクロバットとか、それぞれの特技(!)を生かした活躍で敵の鼻を明かすというストーリー展開が、3作シリーズの毎回、スリルとサスペンス、そしてユーモアとジョークの中でなされていって、大人の一級娯楽作品になっていました。

　字幕翻訳は菊地浩司さんでしたが、このシリーズでは2作目から、監督ソダーバーグの友人である、アズビー・ブラウン氏が直接監督と契約を結んで監修をしました。氏は、イエール大、東大大学院修了の英才で、アーティスト、デザイナー、ライター、金沢工業大学未来デザイン研究科所長というマルチタレントの方で、その博識をもって、字幕版、吹き替え版共に、貴重なアドバイスを下さいました。

[90]「コラテラル・ダメージ」Collateral Damage

　アンドルー・デイヴィス監督、アーノルド・シュワルツェネッガーが、消防士ゴールディーに扮する、南米コロンビアを舞台としたサスペンス・アクション映画でした。タイトルの「ダメージ」はまだしも、「コラテラル」なんて難しい言葉を、そのまま片仮名でつけられると、観客は面食らってしまいますが、直訳すると"副次的な被害"となり、そこから"戦闘における民間人被害"や"政治的にやむを得ない犠牲"というニュアンスで使われることもあります。この映画の冒頭で、ホテルに仕掛けられた爆弾で、愛する妻と子どもを失ってしまうシーン

第3部　思い出のワーナー映画 半世紀

がまさにそれであり、今、シリア、イラクやアフガンで、多数の民間人が犠牲になっていることを考えると、決して過去の映画として忘れてしまうことはできません。

　この映画の思い出は、菊地浩司さんの翻訳で字幕版ができ、上映用のプリントが整ったところで、なんと、映画を地で行く爆破事件があり、多くの方が亡くなってしまったのです。遺族の心中を思い、またいたずらにテログループを刺激しないように、映画は公開寸前に上映を中止し、半年後にやっと公開されたのでした。

【2003年】
〔93〕「HERO」HERO

　この頃から、ワーナーは、長年のアメリカ映画の老舗(しにせ)の看板を返上し、自国以外の東南アジアの国々が製作した映画の上映権の購入や、資本参加による製作に身を乗り出します。主として中国、韓国、日本などで、その最初の中国映画がこの作品でした。チャン・イーモーという売り出しの監督のメガフォンで、ジェット・リー、マギー・チャンというハリウッドでも知られ始めた人気俳優を主演にした史劇アクション映画でした。

　アクション場面に、CGスローモーションを駆使した映像美は、なかなかのものでしたが、字幕翻訳に当たっては、中国語と言えば「ニーハオ」しか知らない私はさすがに手も足も出ず、中国語の字幕翻訳者で用いられ始めた水野衛子さんの訳を、少々長めの原訳の字数調整も含めて、太田直子さんにブラッシュアップしていただきました。また、広くマーシャルアーツファンの動員を狙って、初めての中国映画に、平田勝茂さんの訳で日本語吹き替え版も作りました。

〔95〕「ラスト・サムライ」The Last Samurai

　これは、私が初めて合格点を出した、アメリカ人の監督による、日

本を舞台にし、日本人の精神的支柱である"武士道"の真髄に迫ろうとした時代劇です。監督はエドワード・ズウィックで、彼の日本へのオマージュは並々ならぬものがあり、映画が完成後も、「少しでも日本人から見ておかしいところはないか」とワーナー日本支社に問い合わせてきて、こちらからの指摘に対してはできる限り修正するという徹底ぶりでした。その努力あってか、大部分をニュージーランドでロケしたため、現地で撮った富士山の形が、美しい逆すり鉢型でなかったこと、時代的におかしいのを承知で、どうしても監督やアメリカ人スタッフが登場させたかった、あこがれの(?)忍者軍団の登場に少々がっかりした点を除けば、重厚な日本映画に仕上がりました。

　俳優陣は、南北戦争の敗北の痛手を抱えて、明治維新直後の日本にやってきた男ネイサン・オールグレンにトム・クルーズ、彼を迎え、新政府軍に最後の抵抗を試みる、最後の武士、勝元盛次に渡辺謙（アカデミー助演男優賞ノミネート）、その盟友で、彼と生死を共にする氏尾に真田広之、勝元の息子で、のちにネイサンを逃がすために命を捨てる信忠に小山田信、勝元の妹で、自分の夫を殺したネイサンを憎

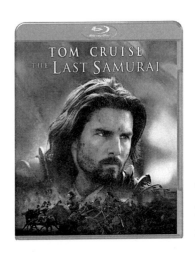

『ラスト サムライ』
ブルーレイ ¥2,381＋税
／DVD ¥1,429＋税
ワーナー・ブラザース
ホームエンターテイメント

みながら、次第に彼の人間性に惹かれ、彼の妻になる日本女性たかに小雪が扮し、渡辺と対立する日本の実業家で大臣となった大村には、原田眞人監督が、また若き日の明治天皇には、中村七之助が特別出演しています。この映画の勝元のモデルは、維新の悲劇の英雄、西郷隆盛、またネイサン・オールグレンのモデルは、江戸幕府のフランス軍事顧問団として来日し、榎本武揚率いる旧幕府軍に参加して戊辰戦争最後の箱館戦争を戦ったジュール・ブリュネです。

冒頭、日本近代化の象徴である初の鉄道敷設に反対する勝元の軍団が、ネイサンも無理やり軍事教官として組み入れられた寄せ集めの政府軍を襲うシーンの緊張感に、まず圧倒されました。森閑とした森の中で、勝元軍のかすかな馬蹄の響きが、次第に大きくなって、やがて姿を現すのを見た瞬間、「これは黒沢の世界だ！」と思わず心の中で叫んだほどです。

英語のセリフの部分の字幕翻訳は、戸田奈津子さんが担当しました。

【2004 年】
〔96〕「恋愛適齢期」Something's Gotta Give

ジャック・ニコルソン、ダイアン・キートン主演、ジャックを助ける医師役でキアヌ・リーヴズが出演、女性のナンシー・マイヤーズが監督した、熟年男女のラブコメディーでした。

この映画は3月の春休みに公開しましたが、この字幕翻訳者を決めるに当たって、誰かセンスのある新人を発掘しようと考えた私は、初めての試みとして、前年の12月に、現在すでに仕事をお願いしている方だけでなく、他社の仕事で名前を存じ上げている人たちも含め、十数人の翻訳者に声をかけて、この映画の予告編を訳してもらい、ベストワンの人に本編の翻訳をお願いするという、「予告編翻訳コンテスト」をやってみました。締め切りまでに寄せられた翻訳原稿は、もちろん私一人の判断ではなく、いつもの翻訳チェックスタッフにも見

てもらい、総合評価で、今泉恒子さんにお願いすることにしました。手間のかかる方法でしたが、製作担当者の業界はニュースが速いので、同じメジャー洋画配給会社の製作担当者からは、ある日、「ワーナーさんの今回の翻訳者選定の方法や、いろいろなやり方を、一度お話してくれませんか？」とお声がかかり、その席を設けたことでした。今泉さんは、これをきっかけに、何度かの翻訳のチャンスで、いい仕事をしてくれました。

〔97〕「トロイ」Troy

　この映画は、ホメロスの叙事詩「イリアス」を土台にしてはいますが、監督のヴォルフガング・ペーターゼンは、あくまでも人間のドラマとしてのトロイア戦争を大きなスケールで重厚に、かつスペクタクルに描きました。そして、ギリシャの勇者アキレスにブラッド・ピット、トロイの王子パリスにオーランド・ブルーム、その兄ヘクトルにエリック・バナ、パリスが恋に落ちるスパルタの王妃ヘレンにダイアン・クルーガーという出演者の演技力も相まって、世界的にヒットしました。最後のトロイ落城のシーンも見ごたえがありますが、その前の、アキレスとヘクトルの、城外に出ての雌雄を決する一騎打ちの壮絶さは、まさに"死闘"の名に恥じない悲壮感漂うものでした。

　この作品は、史劇として2回目の吹き替え版も作成することになり、翻訳は字幕版が菊地浩司さん、吹き替え版が佐藤恵子さんでしたが、これもまた翻訳用素材がなかなか到着せずに、字幕翻訳者も製作の裏方も苦労しました。この業界、ご多分に漏れず営業成績を上げることが絶対ですから、公開が決まると、配給者のワーナーと、興行者の松竹東急の間で話し合われ、メインの劇場チェーンで、最も動員できそうな数週間をいち早く確定してしまいます。そうなったら、製作の裏方は、何が何でもそれまでに字幕入り初号を完成させ、必要プリント本数をそろえなければならないのです。でもそこは職人芸、口では「キ

第3部　思い出のワーナー映画 半世紀

ツいなぁ」とぼやきながら、結局、何とか完成できたことが、何よりの矜持、みたいなところがありました。

　私は、クリスチャンの端くれで、毎週日曜日には教会に通っていますが、ワーナー現役中、毎年夏の季節に教会で催されていた初夏のバイブルラリーという特別集会に、皆さんをお誘いするトラクト（集会案内とショートメッセージを入れたチラシ）を、話題の映画を題材にして作成していました。この年は、ちょうど5月にこの「トロイ」が公開されましたので、このようなショートメッセージを書いてみました。

　59回目の終戦記念日を間もなく迎えますね。悲惨な戦争の記憶がどんどん風化していく中で、平和憲法の拡大解釈が歯止めのないままエスカレートしていきます。戦争の多くの犠牲者をしのびながら、真の平和はどうしたらつくり出せるのか、改めて考えさせられることです。私たちの住む地球上には、多くの争いがありますね。でもそれは、国家の間だけではなく、地域社会にも、職場にも、学校にも、家庭にも、なくなることはありません。今も、そのような争いに巻き込まれ、抜き差しならないところまで来てしまい、疲れ果てておられる方がいるのではないでしょうか？　そんなとき、"そもそもの始まりは、原因は何だったのか"と考えてみることは、本当の解決への道として、とても大切なことです。そこで私たちは気づくのです。「あんなささいなことで意地を張らなければ…」と。人間の歴史を振り返ってみますと、そんな例は枚挙にいとまがありません。人妻との道ならぬ恋が発端で、ついに亡国の運命をたどった出来事もあります。

　「トロイ」という先ごろ公開された映画がそうでした。今から3,200年前のギリシャが舞台で、"アキレス腱"で知られる英雄アキレスが登場しますが、それ以上に、この映画は、スパルタの王妃で絶世の美女とうたわれたヘレンと、彼女に恋して自国に連れ帰ってしまったト

ロイ王国の王子パリスの恋がもたらした悲劇なのです。パリスがこの恋を貫こうとしたために、両国はついに真っ正面から激突、トロイの砂浜を鮮血に染めて、数万の兵や民の命が犠牲になります。そして、戦いのさなか、ヘレンの夫メネラオスはパリスの兄ヘクトルの手に倒れ、アキレスの愛するいとこペトロクロスも彼に討たれ、怒ったアキレスと死闘の末、ヘクトルは父や妻の目の前で息絶えます。弟メネラオスの仇を討つべく攻め寄せたアガメムノンも、ヘクトルたちの父、トロイ王のプリアモスも刃に倒れ、アキレスもまたパリスの放つ矢によって死に、難攻不落のトロイは紅蓮（ぐれん）の炎の中で滅びるのです。ホメロスの長編叙事詩「イリアス」に名高い、トロイ戦争の全貌が、大スクリーンによみがえるわけですが、ご覧になった方は、"つわものどもが夢の跡"の感慨と共に、平和を心から願いながら、愛する夫を、息子を、兄を、いとこを、そして多くの民を失った人々の姿に、人間として心の痛みを覚えずにはいられなかったのではないでしょうか。この悲しみが59年前も、そして今も繰り返されているからです。

　何と多くの悲しみが私たちの周りを取り囲んでいることでしょう。イラクの人々、そして拉致されて帰らぬ家族を待ちわびる人々…。本当の平和をつくり上げるには、それを拒む"エゴイズム（自己中心）の罪"を解決しなければなりません。

　自分の欲望を満たそうとし、己のみを正しいとする利己的な生き方を捨てない限り、あらゆる争いの真の解決はありません。大切な人を本当に愛し、慈しむことができるように、私の心が変えられなければ、トロイの悲劇は、あなたの家庭にも、学校にも、この国にも起きてしまうのです。そのために、神のみ子イエス・キリストは、一人一人の自己中心の罪を身代わりに負って十字架にかかり、ご自身の全てをお与えくださいました。このお方を信じ、心に迎えるときに、愛と喜びと平和に満ちた歩みが、あなたのうちに始まるのです。

　平和をつくる者は幸いです。その人は神の子どもと呼ばれるからで

す。(聖書)

〔99〕「ポーラー・エクスプレス」The Polar Express

　これは、クリス・ヴァン・オールズバーグの原作絵本を基に、当時、流行の兆しを見せていたフルCGアニメの先駆けの映画です。CGアニメというのは、実際の俳優の動作・表情をモーションキャプチャ（パフォーマンスキャプチャとも言います）によって詳細に記録し、そこからレンダリングと言って、点線画のような絵コンテを作り、それを基に、CGで動画を作っていくのです。トム・ハンクスが父親、車掌、ホーボー、サンタクロースの4役を演じ分け、さらにはヒーロー・ボーイの動作のキャプチャリングもやりました。吹き替え版では、それを唐沢寿明さんが見事にやってのけ、「さすが」とスタッフをうならせました。製作・監督・脚本は、ファンタジー・アドベンチャー映画の第一人者ロバート・ゼメキス。翻訳は字幕版が戸田奈津子さん、吹き替え版は中村久世さんでした。コーラス部分も日本語でやり、その録音には苦労しましたが、亀川浩未さんという音楽プロデューサーの方が、実に見事に大人数のコーラスをまとめてくださいました。

　ストーリーはこうです。クリスマスイブの夜、サンタクロースを信じられなくなった少年のもとに大きな蒸気機関車に引かれた列車が突如現れます。それは北極点へと向かう急行列車「ポーラー・エクスプレス」号でした。列車は、サンタを信じる少年少女を乗せて、さまざまな大陸、海上を走り続け、ついにはクリスマスのお祝いの真っ最中の北極点に到着します。その最中に起こる数々の事件や不思議な出来事を通じて、少年たちは自分に必要なものに気づいてゆくのです。

　〔97〕「トロイ」Troyでお話しした、私の所属教会の特別集会用の、映画紹介入りトラクトの話ですが、クリスマスにもそれを制作していて、この年は、この「ポーラー・エクスプレス」が、まさにうってつ

けの作品でしたので、こ
のようなショートメッ
セージにしてみました。

アンケートが大はやり
ですね。景品つきだった
りすると、あなたも喜ん
で応募されたりして。今
回は、残念ながら景品は
出ませんが、このチラシ
を手に取られたのも何か

吹替版出演・制作スタッフ

のご縁、ちょっとの間、"紙上アンケート"にご協力いただけません
か？ お答えは心の中で結構ですから。

では第1問。「あなたの一番好きな言葉は何でしょう？」私だったら、
迷わず「信じる」と答えます。自分好みの言葉を押し付けて恐縮です
が、あなたも、この言葉、意外とお好きではありませんか？ 涙もろ
い私などは、その美しい響きに、声に出しただけでまぶたがジーンと
してきます。ちなみに辞書によれば、意味は「①まことと思う。正し
いとして疑わない。②間違いないものと認め、頼りにする。信頼する。
信用する。③信仰する。帰依する」などとあります。それぞれの対象
を言うなら、①は抽象的な真理、②は人、③は神、と言えるでしょうか。
そこで第2問。「あなたは"何を"信じていらっしゃいますか？」も
う一歩進めて、「あなたは、他の全てが信じられなくなったとしても、
これだけは最後まで信じられる」というものをお持ちでしょうか？
ずばり「お金」？「友情」？「会社」？ それとも「伴侶」でしょうか？

では第3問。「"信じる"の反対語は何でしょうか？」え？"信じな
い"？ それはそうですが、ひとつちゃんとした肯定形の言葉で。そう、
「疑う」でしょうね。"信じる"世界が限りなく美しいものだとすれば、

"疑う"世界は底知れぬ闇です。"疑心暗鬼"とはよく言ったもの、信じていた度合いが深いほど、ひとたび芽生えた疑いの心は、人を暗黒の泥沼に誘い込み、果ては絶望に陥れます。あなたは今、どちらの世界にお住みですか？

ポーラー・エクスプレスという映画では、主人公の少年が、この"信"から"疑"の世界に入りかけます。赤ちゃんの頃から信じてきたサンタクロースが、"本当はいないんじゃないか？"と疑い始めたのです。彼の心から、ワクワクするクリスマスの喜びが消え、疑いは、"いないに決まってる！"という確信にまで深まります。そしてクリスマス前夜、車掌さんに誘われて、急行「北極号」（ポーラー・エクスプレス）に乗り込むのです。サンタが住むという北極点を目指して——。決心して汽車に乗り込んだ少年は、何を見たのでしょうか？

疑いの心は、とりわけ、相手が目に見えないときに、深まりますね。少年にとって、サンタクロースがそうであったように、私たちにとって、それは、"神様の存在"ではないでしょうか。聖書にも、「神は霊です」とありますから、決して肉眼で見ることはできません。でもその神様が、今から2000年前に、ご自身の一人子を、人として、この地上に生まれさせてくださったのです。やがて私たちの罪を全て身代わりに背負って、十字架で命をお捨てになるために。目に見えぬ神の愛を、あなたが目で見て信じることができるように。"愛"が生まれた日、それがクリスマスの喜びです。

今年もクリスマスを迎えます。この喜びの季節を、あなたはどうお過ごしになるでしょう。疑いの心のまま、お独りで？ それとも今年こそ思い切って、"信"の世界に飛び込み、神のみ子をあなたの心にお迎えになりませんか？「信じている限り、鈴は鳴るんだ。」——これが、映画の最後のセリフでした。

〔100〕「僕の彼女を紹介します」내 여자친구를 소개합니다

　これは、中国映画に次いでワーナーが韓国映画にも進出した最初の映画でした。テレビの「冬のソナタ」で韓流ブームが巻き起こったので、これは採算十分にありと踏んでの配給でした。強くてかわいい婦警のヨ・ギョンジンと優しい高校教師のコ・ミョンウの切ないラブストーリーです。日本でもヒットした2001年の韓国映画「**猟奇的な彼女**」엽기적인 그녀（英 My Sassy Girl）と同じ監督・主演の作品であったこともあり、ふたを開けると、たちまち「シュリ」쉬리（英 Shiri）の持つ日本における韓国映画興行記録を塗り替え、当時ではトップとなりました。韓国語の日本語字幕翻訳は初めてでしたが、そこは"餅は餅屋"で、根本理恵さんとおっしゃるヴェテランの韓国語翻訳者の方が活躍しておられ、迷わずお願いしました。

【2005年】
〔102〕「ロング・エンゲージメント」The Very Long Engagement

　ワーナーには極めて珍しいフランス映画でしたが、ドラマの翻訳ではうまさに定評のある松浦美奈さんが、フランス語もおできになることもあり、日本語字幕をお願いしました。ジャン＝ピエール・ジュネ監督、オードレイ・トトゥ、ギャスパール・ウリエル主演で、セバスチアン・ジャプリゾの小説「長い日曜日」の映画化です。

　この映画では、人物関係が複雑で分かりにくかったため、人名を縦字幕で入れてみました。このテクニックは、のちに［111］「**父親たちの星条旗**」Flags of Our Fathers でも用いました。

　ストーリーは、第一次世界大戦中、婚約したまま出生した兵士マネクが負傷して記憶喪失になり、消息を絶ちます。彼は戦死したと見なされますが、婚約者マチルドは希望を捨てず、その戦場で実際に何が起きたのかを調査し始めます。二人はラストで再会して彼は記憶を取り戻し、長かった婚約期間（タイトル「ロング・エンゲージメント」

の意味)に終わりを告げるというストーリーでした。このラストにホッとするとともに、私は"愛の章"と言われる新約聖書のコリント人への手紙第Ⅰ 13:7の一節を思い出していました。

　「愛は、すべてをがまんし、すべてを信じ、すべてを期待し、すべてを耐え忍びます」

〔103〕「アイランド」The Island

　マイケル・ベイ監督、リンカーンに扮したユアン・マクレガーと、ジョーダンに扮したスカーレット・ヨハンソン主演のSFアクションで、ワーナーとドリームワークスの共同製作第1作でした。

　ストーリーは近未来の2019年でしたが、今年はもう2年後になりました。地球の大気は汚染され、生き残った人々は、徹底管理の行き届いたハイテクなコロニーで暮らしていました。ここに暮らす全ての住人の夢は、唯一汚染を免れた自然豊かな美しい島"アイランド"に移住すること。しかしそれには、コロニーで毎日行われる抽選に運よく当選しなければなりません。しかし、実はその陰では、恐るべき計画が進められていました。不老不死でありたいという人間の欲望に応えるために、保険会社が研究者と組んでクライアントのクローンを造り、元の人間の身体に致命的な欠陥が生じると、そのクローンから臓器を取り出して提供していたのです。アイランドに移住したと思われていた人々は、その犠牲者のクローンでした。その秘密と、今や自らもクローンであることを知ったコロニーの住人のリンカーンと、愛し合うジョーダンの、必死の脱出劇が始まります。

　クローンは今や実在し、その存在を巡る生命倫理の確立が、大切な人類の課題となっていますが、この映画は、そのテーマについていろいろと考えさせてくれるものでした。字幕翻訳は菊地浩司さんです。

[104]「チャーリーとチョコレート工場」
Charlie and Chocolate Factory

独特の作風を持ったティム・バートンが監督した、ファンタジック・コメディーです。バートンには、作品内容に"陰"と"陽"がありますが、これは"陽"のほうで、私は個人的に彼の"陰"はあまり好みではないのですが、この映画は楽しめました。主演のチャーリー少年にフレディー・ハイモア、チョコレート工場の経営者ウィリー・ウォンカにジョニー・デップ、チャーリーの母親にヘレナ・ボナム・カーターが扮しています。それと、この工場で働くこびとたち、ウンパ・ルンパが登場し、歌って踊って楽しいのですが、彼らの全てを、なんと、ディープ・ロイという一人の俳優が演じているのです。彼が、別々の動作で別人のウンパ・ルンパを何十通りも演じ分け、それをCGで大勢が共同作業をしているように見せるのですが、顔がみんな同じというのがおかしくもあり、不思議でもありでした。

この作品は、ロアルド・ダールの児童小説「チョコレート工場の秘密」が原作で、この作品の映画化は1971年製作の「**夢のチョコレート工場**」Willy Wonka & the Chocolate Factory に次いで2度目ですが、心温まる作品で、ファミリー映画として観客を動員すべく、吹き替え版も作りました。翻訳には、字幕版に、瀧ノ島ルナさんを"抜擢"し、吹き替え版のほうも、藤澤睦実さんに初めてお願いしましたが、お二人とも、いい訳に仕上げてくれ、藤澤さんには、その後、[**115**]「**ラブソングができるまで**」Music and Lyrics で、今度は字幕版の翻訳をお願いしました。

なおこの映画では、もう一つ新しい試みをしました。映画も、長い歴史の中で、スクリーンサイズはフラットサイズからシネスコ、70ミリ、シネラマ、IMAXへ、音声もモノラルからディジタルへ、更にドルビー・サラウンドの立体化へ、映像も負けじとばかり3D立体化へ、上映素材はフィルムからディジタル再生機へと進化し続けました

が、その目ざすものは、観客によりリアルな臨場感を与えることでした。そのため音声では、地震のシーンで観客の椅子を振動させるような試みもなされましたが、最後に残ったのが"匂い"でした。それを、この映画で実現したのです！ 特別に開発した"匂い発生器"で、上映中、客席の数か所から、甘いチョコレートの匂いを漂わせたのでした。この映画だからこその効果でした。

〔105〕「ティム・バートンのコープスブライド」
Tim Burton's Corpse Bride

はい、こちらがティム・バートンの"陰"の作品です（どうも彼は、この"陰"のほうがお好みらしく、また彼の特徴がよく出るようで、「チャーリー」のような明るく、心温まる作品はむしろ例外でしょう）。何せ、タイトルが「死体の花嫁」ですからね！ それにしても、「チャーリー」が９月公開、そしてこの「コープス」は翌月の公開です。同一監督の作品を、２か月連続で、それも"陽"と"陰"の対照的な映画を公開したのは、これが初めてでした。

これは、ロシアの民話を元にしたファンタジック・アニメーション映画で、彼が監督した1993年公開の「**ナイトメアー・ビフォア・クリスマス**」The Nightmare Before Christmas 同様、ストップモーション・アニメーション撮影で製作されました。従ってこちらは俳優は声の出演ですが、これも「チャーリー」と同じ俳優で、成金の金持ちの魚屋の息子ヴィクターにジョニー・デップ、親同士が彼との結婚をもくろんでいる、文無しの没落貴族の娘ヴィクトリアにエミリー・ワトソン、そして"死体の花嫁"にヘレナ・ボナム・カーターでした。死体ですから当然青白いのですが、この花嫁の顔が、意外とかわいくて、同性の女性たちが、「マスコットにしたい」と言っていました。

この映画も、吹き替え版を作りましたので、製作の裏方は、ほぼ同時に２本の吹き替え版制作で大変だったのですが、苦労のしがいが

ありました。〔99〕「ポーラー・エクスプレス」The Polar Express でお世話になった亀川浩未さんが、映画の中のコープスたちの大合唱を、プロのソリストたちも入れながら実に見事に日本語で吹き替えてくださり、それがアメリカ本社に、「英語版に一歩も引けを取らないほどすばらしい」と絶賛されたのです。私もその録音場面にはプロデューサーとして立ち会いましたが、本当に"感動もの"でした。

この作品の翻訳は、字幕版がベテランの石田泰子さん、バートンのセリフのブラックジョークを、絶妙に訳してくださいましたし、吹き替え版では、これも当時新進気鋭だった桜井裕子さんにお願いし、その才能を買って、私の思い出の 125 作の劇場版の最後を飾る〔124〕「最高の人生の見つけ方」The Bucket List では、字幕を担当していただきました。

〔106〕「セブンソード」七剣

これは、〔93〕「HERO」HERO に次ぐ 2 本目の中国映画の史劇です。正確には中国・香港・韓国の合作映画で、香港アクション映画の第一人者であるツイ・ハーク監督の作品です。

あらすじは、1600 年代、清の時代の中国。圧政による反乱が増す中、清朝の王は反抗勢力を一掃すべく、「禁武令」という武術を習う者全てを斬首刑に処す禁令を出し、ますます世は厳しいものになります。そんな中、反抗する武術家は仲間を集め 7 人となり、伝説の"七剣"と共に清の軍隊に立ち向かっていきます。

この作品では、これも中国映画では水野衛子さんと並んで、各社に用いられ始めていた樋口裕子さんに字幕をお願いしました。ところが原稿を読んで、「これは！」と驚きました。訳はよくできているのですが、各セリフの字数が多すぎるのです。また字幕の改行とか、常用漢字の使用とかのルールにも、まだ慣れておられない。そんな中、午後からスタジオで始めたモニター上に字幕をシンクロさせて行う

チェック試写は、ほとんど一枚一枚全部にわたって、私がダメを出し、修正に修正で、何とか一本のチェックを終えたのは、夜 10 時過ぎでした！ その経験が身に染みたのでしょうか、その後、彼女は、ルールをよく踏まえたいい訳で、さらに何本かワーナー映画ともお付き合いくださいました。

【2006 年】
〔108〕「V フォー・ヴェンデッタ」V for Vendetta

これは、グラフィックノベル「V フォー・ヴェンデッタ」を原作としたアメリカ・イギリス・ドイツ合作映画でした。タイトルの意味は「復讐の "V"」で、謎の仮面の主人公を指しています。

監督は「**マトリックス**」三部作の助監督を務めたジェイムズ・マクティーグ。製作・脚本は、これも「**マトリックス**」シリーズのウォシャウスキー兄弟。V 役を「**マトリックス**」でエージェント・スミス役を演じたヒューゴ・ウィーヴィングが演じるという、「**マトリックス**」一家が作ったような映画です。"V" のお相手、イヴィーに扮するのは、ナタリー・ポートマン。

日本は 4 月公開、アメリカはその 1 か月前、3 月でしたが、実は 4 か月ほど延期しての公開でした。劇中にロンドン同時爆破事件を彷彿させるシーンがあることが原因だと言われていますが、今だったら、先頃の、この映画を地で行くような事件で、もう " お蔵入り " だったかもしれません。

ストーリーは、第三次世界大戦後。かつてのアメリカ合衆国が事実上崩壊し、独裁者アダム・サトラー（フセイン＋ヒトラー÷２！）によって全体主義国家と化したイギリスを舞台に、彼を打ち倒すべく、神出鬼没の活躍をする "V" と、彼に助けられ、ひそかに思いを寄せるようになる国営放送 BTN に勤務する女性イヴィー・ハモンドと、サトラーの戦いを描くもの。正義の味方 "V" の活躍には、スーパーマンやバッ

トマンのような、「ああスカッとした」というカタルシス的魅力がありますが、テロの恐怖が世界に蔓延(まんえん)している現代では、いくら勧善懲悪とはいえ、そのテロによる復讐手段は、肯定できないところでしょう。

　この映画は、初の新規格 D-Cinema（4K）上映となり、こちらはまたまたそのメカニズムの理解にアナログ知能をフル回転させなければなりませんでしたが、字幕翻訳には、珍しく男性の新人を抜擢しました。伊藤忠商事の要職を早期退職し、50代で字幕翻訳の世界に飛び込んだ雨宮健さんで、彼の熱意と、そのセンスにほれ込み、字幕翻訳のチャンスを差し上げたのです。時折 "V" の口をついて出る歌舞伎の立役者の口上みたいなセリフ回しを、見事に訳してくれました。

〔109〕「ポセイドン」Poseidon

　これは、1972 年に大ヒットした、「ポセイドン・アドベンチャー」**The Poseidon Adventure** のリメイク版海洋パニック映画です。「アドベンチャー」と聞けば、この船に乗っていろいろ海洋の冒険をするのかと思いがちですが、さにあらず、4,000 人乗りの豪華客船が沈没して、ほとんどの人が溺死する中で、まだ空気の残っている部屋から部屋へと移りながら、最後にほんの一握りの人が海上に脱出するという、文字どおり命がけの、船舶内の逃避大冒険なのです。最初の公開の時の特撮技術では表現不可能だった部分が現代 CG によって、迫力を持って表現されています。

　ストーリーと俳優の顔ぶれは、こうです。大晦日(おおみそか)の夜、豪華客船「ポセイドン号」には、多くの客が乗り、盛大なパーティーが行われていました。しかし、新年を迎えた直後、ポセイドン号は突如現れた異常波浪による巨大波の直撃を受け転覆（この、そそり立つ大波浪が、巨大客船の真正面から覆いかぶさるシーン、それを今度は遠景から、左から押し寄せる巨大波が縦型に映っている船を一瞬になぎ倒し、海

底に沈めるCG画面は迫力十分でした)、船内はパニック状態になり、4,000人の乗客の多くが一瞬にして命を失います。天地逆転したボール・ルームに残るわずか10人の生存者たち。ブラッドフォード船長は、救助が来るまでこの場にとどまるよう全員に命じますが、プロのギャンブラー、ディラン(ジョシュ・ルーカス)はそれでは助からないと直感し、一人脱出を企てます。一方、元消防士で前ＮＹ市長のロバート(カート・ラッセル)も、ディスコにいる娘ジェニファーを捜すため、ディランに協力し合おうと話を持ちかけます。さらに、シングルマザーのマギー、彼女の息子のコナー、自殺志願の老人ネルソン(リチャード・ドレイファス)、ロバートに雇われたウェイターのマルコも彼らに付いていくことにしました。今、生き残りをかけた彼らの、引き返すことのできない極限の脱出劇が始まります。

　ある者は自分の命を救おうとして圧死、ある乗務員の若者は、乗客優先で逃げ遅れて転落死、さらに2人が残りの命を助けるために、自らの命を犠牲にします。下から渦巻く水流が迫る狭い縦坑の鉄格子のネジを危機一髪で外したのは、そのうちの1人の女性が身に着けていた十字架のペンダントでした。"十字架の愛が命を救う"——この無言のメッセージが心にしみました。そしてあとの1人は、限られた量の酸素ボンベの酸素を使い果たしたあとも、最後の力を振り絞って脱出口のハッチのハンドルを回して力尽きたロバートでした。聖書のイエス・キリストの言葉を思い出します。

　「人がその友のためにいのちを捨てるという、これよりも大きな愛はだれも持っていません。」(ヨハネの福音書 15:13)

　極限状況の中に置かれた人間は、いやおうなしに、本当の自分の姿をさらけ出します。そんな中で、このような行為ができる力は、どこから来るのだろうか？と考えさせられました。

　字幕翻訳は、ご自身ヨットマンでもあり、海洋クルーズ経験も豊富な菊地浩司さんにお願いしました。

[110]「スーパーマン リターンズ」Superman Returns

　クリストファー・リーヴズを主演に、過去に4度映画化された永遠のヒーロー「スーパーマン」は、クリストファーの不幸な落馬事故と死によって、しばらくスクリーンから姿を消しましたが、この新版によってよみがえりました。今度のスーパーマン役は、ブランドン・ラウスで、ケヴィン・スペイシーが、スーパーマンの宿敵、ルーサーを演じました。ストーリー的には、〔40〕「**スーパーマン**」Superman The Movie と第2作「**スーパーマンⅡ 冒険編**」Superman Ⅱの続きとなっていますが、コミックを原作にしたこの物語の骨子が、聖書に礎を置いていることは、知る人ぞ知るところです。すなわち、スーパーマンとその父、クリプトン星の科学者ジョー・エルの関係は、聖書の父なる神とその一人子イエス・キリストを踏まえており、ジョー・エルが息子スーパーマンをクリプトン星から地球に送るのは、父なる神が、人類を救うために、独り子キリストを、人として天から地上に遣わされることを暗示しているのです。そしてこの新版では、そのこと

『スーパーマン リターンズ』
ブルーレイ ¥2,381 ＋税
／DVD ¥1,429 ＋税
ワーナー・ブラザース
ホームエンターテイメント

SUPERMAN and all related characters and elements are trademarks of and © DC Comics.
© 2007 Warner Bros. Entertainment Inc. All rights reserved.

が、より明瞭に示されていましたので、私としては、そのことが観客にも分かるように、訳の上でも翻訳の林完治さんと共に、意を用いました。そのキリスト教・聖書的背景を表にまとめてみましたので、どうぞご覧ください（348～353ページ参照）。

〔111〕「父親たちの星条旗」Flag of Our Fathers
〔112〕「硫黄島からの手紙」Letters from Iwojima

　この２作は、"硫黄島二部作"として、太平洋戦争の末期、沖縄と共に日米軍の最大の激戦地となった硫黄島攻防戦を、クリント・イーストウッドの監督で、アメリカからの視点と、日本からの視点で描いた、戦争映画の代表作かつ二面ダブル製作という希有(けう)の作品となりました。しかも戦争映画としては極めて珍しい吹き替え版も作られ、製作担当としても、まだ２年後の退職は決まっていなかったのですが、振り返ってみれば、"最後のご奉公"（古いですね！）として全力を傾注した、思い出深い作品となりました。幸い、その苦労話を、「通訳・翻訳ジャーナル」という翻訳専門誌が、2006年10月、12月の公開から間もなくの2007年４月号に特集記事を組んで、掲載してくれましたので、当時を懐かしく思い起こしながら、ここに採録しておきたいと思います。

話題作『父親たちの星条旗』『硫黄島からの手紙』
日本語版制作の内幕

　　　　　　　　　　　取材／金田修宏　写真／山野祐一
　　　　　　　　　　取材協力／ワーナー・ブラザース映画

　一つの戦いを日米双方の視点から描き、昨秋から冬にかけて連続公開された『父親たちの星条旗』と『硫黄島からの手紙』。〈硫黄島二部作〉として多くの観客を動員した両超大作の日本語版は、どのように

「スーパーマン リターンズ」SUPERMAN RETURNS

タイトル No.	人物	Dialogue	
2	ナレーター	…a wise scientist placed his infant son into a spacecraft and launched him to earth.	
3		Raised by a kind farmer and his wife…	
4		…the boy grew up to become our greatest protector…SUPERMAN.	
8	ジョー＝エル	You will travel far, my little Kal-El…	
9		…but we will never leave you…	
10		…even in the face of our death.	
11		You will make my strength your own.	
12		You will see my life through your eyes…	
13		…as your life will be seen through mine.	
14		The son becomes the father, and the father the…	

に見る聖書・キリスト教の背景

林 訳	小川改訳	適用・【関連聖句】
科学者 ジョー＝エルは—	ジョー＝エルは幼子を地球へ	El =ヘブル語で「神」 ジョー＝エル→父なる神 【ヨハネ 3：16】
幼い息子を地球へ送った	農家の老夫婦に育てられ—	養父母情報を。イエスは大工の養父ヨセフ、母マリヤに育てられた。
その子はスーパーマンとなった	（同左）	【ルカ 2：40、52】
長旅になるぞ 我が息子 カル＝エル	（同左）	El =ヘブル語で「神」 ジョー＝エル→父なる神 カル＝エル→子なる神イエス・キリスト
だが独りではない	だが独りではない—	原訳つながりミス。10/11でなく 9/10。
私たちが死んでも—	我々夫婦が死んでも	クリプトン星人全体と取られぬよう、ジョー＝エルとラーラ夫婦であることを明示。
私の力を身に着ける	お前は父の力を身に着ける	主語の明示。【ヨハネ 1：1〜3、コロサイ 1：15〜17、ヘブル 1・3】
その目で 私の人生を知る	その目で 私の人生を見る	原文により忠実に。
私も お前を見守る	私も お前を見る	原文により忠実に。
息子は父になり 父は—	息子は父におり 父は—	この becomes は identity。 【ヨハネ 14：6〜11、17：21】

15		…son.
399	キティー（歌）	He's got the whole world in his hand…
454	ジョー＝エル	Even though you've been raised as a human being, you are not one of them.
455		They can be a great people, Kal-El. They wish to be.
456		They only lack the light to show the way.
457		For this reason above all, their capacity for good…
458		…I have sent them you, my only son.
616	ロイス	The world doesn't need a savior…and neither do I.
638	スーパーマン	You wrote that the world doesn't need a savior…
639		…but every day I hear people crying for one.
	レックス・ルーサー	（スーパーマンを虐待するシーン）

息子になる	息子におる	#9〜15は#992〜997Aで再出。
全ては主の み手の中に	（同左）	【ヨブ12：10】【上記#11の聖句も】
人間に育てられたがお前は人間ではない	（同左）	
人間は偉大になれる	人間に未来はあるが―	【ローマ7：18〜25】
だが手本が必要だ	道を照らす光がない	【詩篇119：105、ヨハネ1:4、5、9】
彼らの能力を信じ手助けするために―	彼らの未来を信じ助け導くために―	【ヨハネ3：16】神は、実に、そのひとり子をお与えになったほどに、世を愛された。それは御子を信じる者が、ひとりとして滅びることなく、永遠のいのちを持つためである。
私は一人息子を送ったのだ	（同左）	
この世にヒーローは要らない私だってそう	（同左）	【ヨハネ1：11】Saviorは"救い主"だが、宗教色を避けて"ヒーロー"に。
ヒーローは要らない？	（同左）	【ヨハネ1：11】
でも人々の呼ぶ声がする	（同左）	【ヨハネ1：12、マタイ4：23〜25、8：16、17、9：27、35、36、15：22、20：30、31】
		キリストの受難（映画「パッション」Passion）

897	ジョー＝エル	Your leadership can stir others…
898		…can stir their own capacities for moral betterment.
899		The human heart is still subject to monstrous deceits.
1001	スーパーマン	I'm always around.

お前の働きが 人間の心を動かし―	（同左）	【ヨハネ 13:12 〜 15、ピリピ 2: 6 〜 11、Ⅰペテロ 2：21 〜 25】
彼らの精神を高める	（同左）	
人間の心は 偽りに染まりやすい	（同左）	【エレミヤ 17：9、ローマ 1：21】
いつでも	（同左）	【マタイ 28：20】

して作れたのだろうか。制作の内幕を、ワーナー・ブラザース製作室室長の小川政弘さんに伺った。

お話『父親たちの星条旗』、『硫黄島からの手紙』の日本語版制作担当
ワーナー・ブラザース映画　製作室　室長　小川政弘さん

高齢の客層に配慮し戦争映画としては異例の吹替版を制作

　クリント・イーストウッド監督が来日し、〈硫黄島二部作〉の製作報告会見を行った2006年4月、小川さんは早くも日本語版制作が厳しいスケジュールになるだろうと感じていた。第一部『父親たちの星条旗』と第二部『硫黄島からの手紙』が連続公開されることに加えて、『父親たちの星条旗』では字幕版と吹替版の両方を制作することが決まったためだった。

　最近でこそ、エンタテインメント超大作では字幕版・吹替版の両方が作られるケースが増えてきたが、もともと吹替版はファミリーもの

『父親たちの星条旗』
ブルーレイ ¥2,381 ＋税
／DVD ¥1,429 ＋税
ワーナー・ブラザース
ホームエンターテイメント

© 2007 Warner Bros. Entertainment Inc. and Dream Works LLC. All rights reserved.

やアニメーション作品に多い。今回のように、劇場公開の段階で戦争映画に吹替版が用意されるのは極めて異例のこと。そのレアケースに踏み切ったのは、イーストウッド監督の意図を汲んだワーナー日本支社上層部の判断によるものだった。

「『硫黄島からの手紙』の主要な観客層については、実際に硫黄島で戦って生き残られた方、戦没者の遺族の方、戦争を知っている方など、50代以上の高齢層を想定していました。こうした人たちは普段あまり劇場に足を運ばない方たちで、字幕を読むのに慣れていません。ほぼ全編日本語の『硫黄島』に関しては問題ありませんが、もし『星条旗』が字幕版だけだったとしたら、同じように楽しんでいただけないばかりか、敬遠されてしまうかもしれない。しかし、イーストウッド監督が戦争を公平な立場から描くために〈二部作〉を撮ったことを考えると、やはりお客さんには両方を見ていただきたい。そこで『星条旗』の吹替版を作ることにしたのです。」

『硫黄島からの手紙』
ブルーレイ ¥2,381＋税
／DVD ¥1,429＋税
ワーナー・ブラザース
ホームエンターテイメント

©2007 Warner Bros. Entertainment Inc. and DreamWorks LLC. All rights reserved

チェックプリントを送れという監督サイドの条件にヒヤリ

　『父親たちの星条旗』の字幕用スクリプト(スポッティングリスト[セリフの入りと出、長さを記したリスト]が記載された英語台本)と映像素材は、9月22日にアメリカから届くことになっていた。だが公開日は10月28日、素材の到着を待って字幕制作を始めたのでは到底間に合わない。幸いだったのは、吹替版制作が決まっていたことだ。通常、アフレコ作業がある吹替は字幕より制作時間を要するため、早めにスクリプトと映像素材が届く。今回も8月末の時点で、小川さんのもとには吹替用スクリプトと映像素材(ビデオカセット)が届いていた。それを「年に1、2本の超大作は無条件でお願いする」という字幕翻訳家の戸田奈津子さんに渡し、ハコ書きから翻訳作業を始めてもらった。

　9月5日には吹替制作にあたるプロダクション用スクリプトが到着、続く8日と11日の2回に分けてプリントも届いた。制作は東北新社に依頼し、翻訳は同社翻訳室室長の佐藤恵子さんが担当することになった。

　「人選をしたのは東北新社さんですが、佐藤さんには以前にもワーナーで仕事をお願いしたことがあります。力量は知っていましたから全く異存はなかったし、期待どおりの良い翻訳に仕上げてくださいました。」

　その後、字幕版は4度の試写を行って再三チェックし、10月13日には上映用プリント305本分の量産を開始。吹替版は5日間のアフレコや米国でのミキシング(日本から送ったアフレコ音声に、音楽、効果音をミックスする)を終えた10月25日には、97本分の量産に入った。そして予定どおり、10月28日の公開日(吹替版は11月3日)を迎えることができたが、それまでの道のりは綱渡りとも言えなくはなかった。

　「字幕入りの上映用プリントを作るには、量産用のネガが必要です。

ところが、製作に関わっているイーストウッドのプロダクションでは『原則としてネガは門外不出』というスタンスを取っている。クオリティーとセキュリティーの関係から、海外のラボは信用できんというわけです。そのため、どうしてもネガが欲しいのなら、字幕を焼いたあとにチェックプリントをアメリカへ送れと条件を出してきた。結局、ワーナーを信用してもらって送らずに済んだのですが、日程的にヒヤリとさせられました。」

クオリティーの厳しさの話をすれば、この2作品はフィルムと共にディジタル上映も考えていたが、あの戦場の独特のくすんだ色彩が、何度かトライしてもどうしてもプロダクションのOKが出ず、ついに取りやめになったという。

『父親たちの星条旗』の日本語版制作が無事に終わると、一息つく間もなく、すぐに**『硫黄島からの手紙』**の字幕制作に着手した。こちらは吹替版がなく、字幕数も約80枚のみ（**『星条旗』**は約1,300枚）。すでに峠は越えていたものの、ちょっとした問題が発覚した。

「**『星条旗』**が終わったので、戸田さんは年に一度の海外旅行に出かけてしまっていたんですよ（笑）。現像所の担当者が旅程を完璧に押さえていてくれたので、戸田さんの行く先々にファックスで原稿を送り、旅先で翻訳していただきました。」

字幕原稿は彼女が日本に帰国早々、送ってもらい、小川さんが台本と付き合わせながらチェック。アメリカからプリントが届いた翌日11月11日には、戸田さんを交えてプレビューを行った。その翌々日には試写を開いて最終確認し、11月下旬には上映用プリント415本を焼き増し。12月9日には世界に先駆け、劇場公開となった。

日本サイドの独断で人物名の字幕を入れる

日本語版制作における小川さんの役割は、もちろん作業の指揮と工程の管理だけではない。字幕・吹替の翻訳チェックも重要な仕事であ

り、〝凝り性〟な性格を遺憾なく発揮して「分かりやすさ」と「正確さ」にこだわった。

『父親たちの星条旗』を最初の試写で見た際、小川さんは「人物関係の分かりにくさ」がまず気になった。無名俳優たちが同一部隊の兵士として一度に登場し、しかも一部名前が似ているため（星条旗の掲揚に関わったか否かが問題になる〝ハンク〟と〝ハーロン〟など）、誰が誰なのか、顔と名前がなかなか一致しない。さらに、兵士だった若い頃と年老いた現在とで異なる俳優が演じているため、どの兵士が老人となって昔を回想しているのかも、すぐには掴みにくかった。そこで、字幕にある工夫を施すことにした。

「星条旗を掲げた6人をお客さんに把握してもらえるように、〝レイニー・ギャグノン一等兵〟のように人物名を字幕で出したんです。さらに、彼らのうち誰が戦時中を回想しているのかが分かりやすいよう、現在のシーンにも名前字幕を入れました。全て日本サイドの独断です。」

軍事用語に関する監修を付けなかったため、裏取り作業も小川さん自身が行った。根気のいる地道な作業で、とりわけ大変だったのが軍隊の階級名。なかでも海兵隊における〝technical sergeant〟の定訳が確認できず、20から30のウェブサイトに当たった末、ようやく「一等軍曹」であることを突き止めた。「裏方にしか分からない、密かな喜びですよ（笑）。」

さらに、初号試写を見た軍事評論家の田岡俊次氏の指摘に従い、〝private first class〟の訳を「兵卒」から「一等兵」に、「臼砲」を「迫撃砲」に訂正。それ以外については「問題なし」とのお墨付きをもらうことができた。

「倒れて」ではなく「斃れて」の理由

DVDの普及などにより、最近は字幕と吹替の表現をできるだけ近

づける傾向にある。だが〈硫黄島二部作〉では、字幕と吹替間の調整は主に定訳の統一に留（とど）められている。その理由を、小川さんはこう話す。

「翻訳者にはそれぞれに〝感性〟があります。戸田さんには戸田さんにしかない、佐藤さんには佐藤さんにしかない〝表現〟というものがある。私はそれを尊重したい。もし字幕と吹替で表現を統一したら、〝言葉殺し〟になると私は思っています。だから最近のお客さんの要望には反しますが、今回も字幕と吹替それぞれのバリエーションをできるだけ生かすようにしました。その違いのおもしろさを、お客さんにも是非楽しんでもらいたいと思っています。」

翻訳者の感性を尊重する。その例の一つが、戸田さんの訳した「戦友が斃（たお）れてく中で──」という字幕だ。ワーナーでは、表記に関しては文部科学省の定めた常用漢字表や表記法に厳密に従っているが、「斃」という漢字はあえて変えなかった。

「戸田さんが『この映画は、実際に戦場で戦友が倒れてゆくのを見た人たちもご覧になる。そういう人たちにとっては、〝たおれる〟はやはり〝斃れる〟でしょう』とおっしゃった。それを聞き、私ももっともだと思いましたよ。戸田さんが巧（うま）いと思うのは、こういうところです。『**硫黄島からの手紙**』でも感じましたが、日本語がとにかく美しい。今の若い世代から失われている表現をお使いになって、古すぎず難しすぎない。そして人物にぴったりと合った表現が出てくる。さすがですよ。」

硫黄島で戦った日米双方の若者たちを公平に描くというイーストウッド監督の意図を汲みとり、日本語版制作が行われた〈硫黄島二部作〉。『**父親たちの星条旗**』『**硫黄島からの手紙**』とも、それぞれ独立した作品には仕上がっているが、〈二部作〉をセットで観（み）て初めて、眼前に立ち現れてくるものがある。おそらくはそれこそが、イーストウッド監督の真のメッセージ。日本語版制作の統括者として両作品に

深く関わった小川さんは、この〈二部作〉を以下のように捉えている。

「『星条旗』『硫黄島』とも、国家権力が純粋な若者を利用したことを描いている。アメリカと日本という違いはあれど、若者たちは国の命令で戦場へ駆り出され、国の命令で命を捨てなければならなかった。そういった戦争の『非情さ』と『自己中心性』には国境がない。そのことが二部作を通して非常によく分かります。しかもあの戦争から60年経った今、アメリカはイラクで同じことを繰り返している。古いようでいて、現代に通じるテーマでもあるんです。そのテーマ性を感情に訴えずクールでフェアな視点で描くことによって、戦争の非人間性と平和の尊さを静かに訴えているところに、イーストウッドらしさを感じますね。」

セリフを通して情報を整理・強調し、分かりやすさを追求しました。

■お話■
『父親たちの星条旗』で吹替翻訳を担当した
（株）東北新社外画制作事業部　翻訳室　佐藤恵子さん

＜プロフィール＞
　上智大学文学部英文科を卒業後、東北新社に入社。字幕制作を経て翻訳室へ。最近の吹替作品に〔110〕『スーパーマン・リターンズ』Superman Returns、『オープン・シーズン』Open Season（以上、劇場公開作）、『春のワルツ』（NHK BS2）、『コールドケース』（WOWOW）など。映像テクノアカデミアで講師も務める。

　この作品は、時間軸が幾つも交錯する形で物語が進行します。さらに話の内容自体、おそらく多くの日本人にはあまり知られていないことなので、私自身、最初に見た時には多少の分かりにくさを感じました。そのため、情報を整理したり強調したりして、セリフを聞いてい

るだけで状況がつかめるように心がけました。もちろん、ヒーローに祭り上げられてしまった3人のそれぞれの心情がセリフに表れるようにも工夫しています。そのまま訳したのでは、ドラマの輪郭がぼやけてしまっただろうと思います。

　兵士たちのセリフまわしに関しては、幾つか戦争映画の吹替版をチェックし、子どもの頃にテレビの吹替版で見た戦争映画の雰囲気を出すようなつもりで訳しました。用語に関しては原作他硫黄島関係の書籍を参考にしたりインターネットで調べたりしましたが、ワーナーの小川さんに翻訳を見ていただいた際、「『マシンガン』より『機関銃』のほうが雰囲気が出るでしょう」とアドバイスを頂いたので、そちらに改めています。

　苦労したのは、戦場シーンでの兵士の区別です。翻訳に使った映像素材が白黒で見にくく、たくさんの兵隊が登場してガヤ的なセリフも多いので、誰が何をしゃべっているのかを見分けるのに一苦労。最初は登場人物の顔を覚えるため、止めた映像を写真で撮って確認していました。実はアフレコの現場で、俳優さんから「これ、僕のセリフでしょう」と助けてもらったりもしているんです（笑）。

　アメリカにとって硫黄島の戦いがどういうものだったのか、あの「一枚の写真」がどういう風に利用されたのか。ヒーローと讃えられた3人がその後、何を思いながらどんな人生を送ったのか。その辺りをじっくり描いたところが、この作品のおもしろさであり、すばらしさだと思います。『星条旗』では今ひとつ分からず、『硫黄島』を見て納得できたところもあるので、やはり両方をご覧になったほうが、より分かりやすいと思いますね。（完）

　さすがプロの記者さん、今読み返してみても、本当によくまとめていただきました。私も、記事にもあったように、できるだけ分かりやすくするため、字幕や吹替のセリフの面でも、工夫を凝らしたのです

が、その中からもう一つ最後に加えて、この作品の話を閉じたいと思います。

それは、「父親たちの星条旗」の終盤近く、老ガストの回想ナレーションの一節でした。

　　1163　島は大勢のパイロットを救った
　　1164　大勢の命を

これは原文どおりの訳で、翻訳上は何も問題はないのですが、なぜ硫黄島の存在が（より当時の状況的に言えば、硫黄島を米軍が占拠したということが）、大勢の米軍パイロットの命を救うことになったのかが、私には分からなかったのです。製作担当者が分からないことは、観客にはまず理解できないことと考えて間違いありません。そこで私がいろいろ当時の文献に当たって分かったことは、硫黄島は、日本本土空襲をするための中継基地になったということです。当時の戦闘機は、滞空距離がなかったので、この中継基地で燃料を補給しなければ、途中で燃料が切れて、墜落するしかなかったのでした。それが、米軍にとって、どんな犠牲を払ってでも、この島を確保しなければならない戦略上の理由でした。理解のカギは「中継基地」です。そこで私は、字幕及び吹き替え訳の上で、意訳をしてその状況を分からせねばと思い、以下のように改訳をしたのでした。

《字幕版》
　原訳　　　1163　島は大勢のパイロットを救った
　　　　　　1164　大勢の命を
　小川改訳　1163　島は戦闘機の中継基地として―
　　　　　　1164　大勢を救った
《吹き替え版》
　原訳　　　硫黄島の滑走路に着陸した最初の戦隊だった
　　　　　　ドクは大勢の命を救った

　　　　　大勢のな
　小川改訳　中継基地硫黄島に着陸した最初の軍用機だ
　　　　　島は多くの米兵を救った
　　　　　多くの命を

（吹き替え版では、しゃべり方のシンクロの問題で、字幕版のような言い換えができないので、その１カット前の、時間に多少余裕のあるナレーションで、上記のように変えたのです。）

【2007年】
〔113〕「ディパーテッド」The Departed

　今年（2017年）、「**沈黙**」Silence で健在ぶりを見せた、マーティン・スコセッシの製作・監督、ジャック・ニコルソン、レオナルド・デカプリオ、マット・ディモン、マーク・ウォールバーグ、マーティン・シーン、アレック・ボールドウィンらそうそうたる男たちが一堂に顔をそろえた、「ゴッドファーザー」The Godfather を思わせる社会派映画でした。原題でもある「The Departed」とは「分かたれたもの」から転じて「体から離れた死者の魂」から、「死んでいったやつら」、「逝った野郎たち」とも訳せます。

　犯罪組織のトップ、フランク・コステロ（ジャック・ニコルソン）の組織に潜入したビリー・コスティガン（レオナルド・ディカプリオ）と、コステロがスパイとして送り込んだ新人警官のコリン・サリヴァン（マット・デイモン）の二人。やがて、コステロも警察も、内部に通報者がいることに気づき、お互いの情報源を使って、通報者を突き止めようとするサスペンス劇が展開します。こういったドロドロして非情な人間関係を描くのは、スコセッシの最も得意とするところです。これは、2002年から2003年にかけて3作品製作された香港映画「**インファナル・アフェア**」無間道（英 Infernal Affairs）のリメイク作

品です。アメリカ国外映画のリメイク作品としては初の、第79回アカデミー賞作品賞、監督賞（スコセッシ初）、脚色賞、編集賞を受賞しました。翻訳は栗原とみ子さん。この闇の男の世界の会話を生々しく字幕に再現してくれました。

[114]「ハッピー・フィート」Happy Feet

　3月春休みを狙った、主演のマンブルを始め、皇帝ペンギンたちが主役のフルCGアニメーション映画で、吹き替え版も作られました。製作・監督・脚本は、ジョージ・ミラー。最初は実写を考えたのですが、いくら特訓しても、皇帝ペンギンにはタップダンスは無理と分かって、諦めたそうです。2006年アカデミー長編アニメ映画賞の受賞作品です。皇帝ペンギンたちが歌う曲には往年の歌手のヒットソングが使われていて、オリジナルソング「Song of the Heart」はプリンスが手がけました。吹き替え版では、ジャニーズの手越祐也やブラザー・トム（2役）らを配し、彼らの歌の演技は、サンプル版を聴いた本社社長らスタッフの絶賛を浴びました。

　歌が全てのペンギンが住む氷の国、エンペラー帝国で暮らす皇帝ペンギンのメンフィスとノーマ・ジーンの間に、マンブルという子どもが生まれますが、彼は生まれ落ちての音痴でした…。というところから始まるこの映画の主なキャストは、マンブル‐イライジャ・ウッド（日本語吹替え：手越祐也（NEWS）／幼少時―E・G・デイリー（加藤清史郎）、父親メンフィス（プレスリーの故郷！）―ヒュー・ジャックマン（てらそままさき）、母親ノーマ・ジーン（マリリン・モンローの本名！）―ニコール・キッドマン（冬馬由美）。そして"アミーゴス"というラテン系なアデリーペンギンの5人組のリーダー、ラモン―ロビン・ウィリアムズ（ブラザー・トム）という面々でした。父親が、半年近く、飲まず食わずで生まれた赤ちゃんと母親を守る、皇帝ペンギンの家族愛などにも教えられます。

字幕翻訳は、稲田嵯裕里さん、吹き替え版は、初めて当時売り出しのアンゼたかしさんを起用しました。稲田さんは、ディズニーアニメなどの翻訳で、このようなファンタジックな映画には、なくてはならない人でした。

〔115〕「ラブソングができるまで」Music and Lyrics

監督・脚本はマーク・ローレンス、主演はヒュー・グラント、ドルー・バリモアのラブコメディーで、監督のマーク・ローレンスと主演のヒュー・グラントは、この作品の5年前、2002年にも、「**トゥー・ウィークス・ノーティス**」Two Weeks Notice（WB）（字幕翻訳はワーナー出身の伊原奈津子さん）で息の合ったコンビぶりを見せています。

1980年代に一世を風靡したバンド、PoPの元ヴォーカル、アレックス（ヒュー・グラント）が、人気歌手のコーラ（ヘイリー・ベネット）から依頼された新曲づくりに苦労している時、たまたま水やりに来たソフィー（ドルー・バリモア）が口ずさんだ歌に才能を直感し、作詞を依頼するところから、恋の三角関係が生まれ… というお決まりのパターンですが、私好みの映画で、楽しめました。

この日本語タイトルはシャレていていいですね。字幕翻訳には、藤澤睦実さんを起用しました。〔104〕「チャーリーとチョコレート工場」Charlie and Chocolate Factory の吹き替え版翻訳で、特にその歌詞翻訳のうまさに注目していたのですが、それもそのはず、彼女はソニー・ミュージックの出身で、最も得意なジャンルだったのです。果たしてこの作品でも、とりわけその歌詞翻訳は見事な出来栄えでした。

〔116〕「ゾディアック」Zodiac

これは、ワーナーが、パラマウント社と共同製作した、1960年代に実際にサンフランシスコで起こった連続殺人事件を基にしたサスペンス作品で、タイトルの「ゾディアック」とは、「十二宮一覧図」と

いう昔の天体図で、犯人が自らを名乗った名前です。監督はデイヴィッド・フィンチャー、主演はサンフランシスコ・クロニクル紙の風刺漫画家ロバート・グレイスミス に ジェイク・ジレンホール、同紙の敏腕記者ポール・エイヴリーに ロバート・ダウニー・Jr. が扮しました。第 60 回カンヌ国際映画祭コンペティション部門正式出品作品です。

　私はこの手の作品は好きではないのですが、字幕翻訳には、杉山緑さんを起用しました。彼女は、2,000 を超える事件の謎に満ちたセリフを、ノリノリで訳してくれました。そして、「最高に楽しかった」と。思うに、字幕翻訳に、女性翻訳家向き、男性翻訳家向きというのは基本的にありませんね。要は、その人の感性に合うかどうか、ピタリ合うと、このように "ハマり役" ならぬ "ハマり訳" が生まれます。

[119]「さらばベルリン」The Good German

　これは、「オーシャンズ」シリーズ Ocean's のスティーヴン・ソダーバーグとジョージ・クルーニーのコンビが、ジョゼフ・キャノンの原作を基に製作した、第二次世界大戦終結のポツダム宣言後のベルリンを舞台にした社会派サスペンス映画で、戦後の闇に潜む謎を追うアメリカ人従軍記者ジェイクにジョージ・クルーニー、混乱のベルリンを生き延びた元恋人レーナにケイト・ブランシェットが扮しています。1940 年代のほぼ正方形に近いスタンダードサイズ、モノクロの撮影手法と終戦時の記録映像を用いたソダーバーグこだわりの演出で、フィルムノワール（暗鬱なスリラー映画）の雰囲気を存分に味わうことができます。私は、見終わって、"これは「**カサブランカ**」Casablanca ＋「第三の男」The Third Man ÷ 2 だな" と思ったものでした。また、ドイツ旅行で、このポツダム宮殿も見ていましたので、ひときわ興味深く見ることができました。それにしても、このソダーバーグという監督の、時代再現へのこだわりは、ハンパではなく、今は亡きキューブリックを思わせました。字幕翻訳は、石田泰子さんに

お願いしましたが、この作品にも、ソダーバーグと盟友のアズビー・ブラウンさんの監修が付きました。

〔120〕「幸せのレシピ」The No Reservations

　これは本当に楽しい作品でした。「聖書で読み解く映画カフェ」でも上映して、楽しんでいただき、そこでこの映画の魅力もたっぷり語りましたので、そのナビゲーション解説を、採録しておきます。

上映前
・評判を呼んだ 2001 年のドイツ映画「マーサの幸せレシピ」Bella Martha をリメイクしたハートフル・ロマンティック・ラブコメディー。料理の腕は一流だが、人付き合いが下手なヒロインが、図らずも直面した新たな人間関係の中で次第にかたくなな心を解きほぐしていく姿を描く。
　＊ドイツ映画からアメリカ映画へのリメーク例は他にも：
　　－古くは「菩提樹」Die Trapp-Familie
　　　　⇒「サウンド・オブ・ミュージック」The Sound of Music
　　－比較的新しくは「ベルリン：天使の詩（うた）」Der Himmel über Berlin ⇒「シティ・オブ・エンジェル」City of Angels

スタッフ・キャスト
　出演者：この三人三様の魅力、とくとご覧あれ！
●キャサリン・ゼタ＝ジョーンズ（ケイト）←真木よう子似。「ゾロ」シリーズ The Mask of Zorro, The Legend of Zorro、「オーシャンズ12」Ocean's 12 他
●アーロン・エッカート（ニック）「サンキュー・スモーキング」Thank You for Smoking
●アビゲイル・ブレスリン（ゾーイ）「リトル・ミス・サンシャイン」

Little Miss Sunshine、「私の中のあなた」My Sister's Keeper（両親を訴える難しい役）

監督：スコット・ヒックス「アトランティスのこころ」Hearts in Atlantis（WB）

ストーリー

　ニューヨークでも1、2の人気を誇るマンハッタンの高級レストラン"22ブリーカー"。そんな店の評判を支えているのが、超一流の腕前と妥協のない仕事ぶりで知られる女料理長のケイト。しかし、完璧主義が過ぎて独善的・威圧的で、時には客とケンカしてしまうこともあるので、オーナーのポーラ（パトリシア・クラークソン）に言われてセラピーに通っている。そんなある日、たった一人の肉親だった姉が事故で亡くなり、ケイトは遺された9歳の姪ゾーイを引き取り一緒に暮らすことに。子どもとの接し方が分からず、なかなか心を開いてくれないゾーイに苦悩するケイト。おまけに、仕事場には彼女の知らないうちに陽気なシェフ、ニックが副料理長として新たに加わり、彼女の聖域を自由奔放に侵し始め、ケイトのいら立ちは募るばかり。ゾーイは心を開こうとしない。夜遅くまで一人にさせておくわけにもいかず仕事場へ連れていくと、ニックの機転によりゾーイは食事を取り始める。その日からゾーイは徐々に心を開き、彼女の要望によりケイトの部屋へニックを呼んだことから二人の距離も縮まってくる。しかしケイトが休んでいる間に、ポーラはニックに正式に専属シェフにならないか打診。それを知ったケイトはニックに、「自分の城を奪うな、なぜ独り立ちしようとしないのか」と激しく詰め寄り、再び衝突。夜、ニックからシェフになる話は断ったとの電話が入る。翌日、ニックが家に来ることはもうないと告げられたゾーイはショックを受け、失踪。慌てたケイトはニックに連絡し、二人で探す。ゾーイは母の墓にいた。落ち着きを取り戻したケイトに、ニックはサンフランシスコで総料理

長となると話す。再び厨房はケイトの天下となったが、ニックを必要としていることに気づき、自分の殻を破って彼の部屋へ引き留めに行く。しばらくして、ケイト・ニック・ゾーイのレストランが開店し、仲むつまじく働く3人の姿があった。

≪見る前に3言≫
（1）見るからにおいしそうな料理の数々、堪能して！
（2）《クイズ》オペラ好きのニックにちなんで、オペラや軽音楽の音楽がふんだんに。どのくらい知っているか、題名を当ててみて！
（3）《クイズ》原題は「予約なし」（トリプル・ミーニング 3つの意味は？）。
　（答え）（1）なんの予約もなしに、突然姪っ子が飛び込んできた。
　　　　（2）予約なしに男性シェフが人生の中に入り込んできた。
　　　　（3）レストランのフリーの客のこと。

上映後
● 人生は、死と隣り合わせ。生きていることは当たり前ではない。⇒生かされている。
● 人は時として、それまでの環境と全く違うところに放り出されるときがある。その時にどう対処していくか。⇒自分はなんのために生きているのか。誰のために生きるのか、の"人生の根本レシピ"が問われる。

≪三人三様の人物像≫
● ケイトは完全（完璧）主義：
　―自分にも他人にも厳しい（ミスを許さない）。プライドが高く、他人を受け入れる器が小さい。
　―"自分の城"を持ち、自分のやり方が出来上がっているので、ア

クシデント＝予約なし！（不慮の出来事＝ゾーイとの同居。ニックの"侵入"）に弱い。

　—生活の領域が狭く（厨房）、他の広い世界を知らない。従って、他人のことにも無関心。
●叔母ケイトと姪ゾーイの類似点：
①"喪失"に対する恐怖心。ケイトは仕事が生きがい、心の拠りどころで、それを奪われることで自分に何も残らないことが怖い。ゾーイも母親を急に亡くして、独りになってしまった。またいつかケイトもいなくなって独りになってしまう。それが怖い。
②心の閉鎖：ケイトはそのストイックさで他人に心を閉ざして、カウンセラーにかかっている。そんなケイトが手を焼くことになる姪のゾーイも、母親を失った悲しみから心を閉ざしている。心を閉ざしている人が、突然心を閉ざしている子どもの面倒を見なくてはいけなくなって生み出すエピソードが、この物語の悲しみとおかしさを醸し出す。
●ニック：心の問題は、環境が変わることで解決への道が開かれる。叔母と姪の閉塞関係の中にケイトとは正反対の性格の陽気で自由奔放でオペラを愛するニックが絡むことで、二人にも転機が訪れる。

　だが、ケイトの開きかけた心も、ニックが彼女に代わりシェフになろうとしていると知って、眠っていたプライドが頭をもたげる。
【字幕】ニック「時には心を開けよ　楽になる」
　　　　ケイト「この厨房は私の人生なの　私の全てなのよ」

≪この映画の魅力３つ≫
●（1）料理：
　ストーリーに"料理"をうまく練り込んである。(例：ウズラのトリュフソース！)
①ケイトを演じるキャサリン・ゼタ＝ジョーンズは、本当は全く料理

をしないそうなのだが、この映画への出演をきっかけに、料理を始めたとか。とは言え、何か盛り付けをしているシーンは多いのだが、彼女自身が調理をしているシーンは皆無！ シェフは盛り付けと指示なのでラッキー。

②主役2人を演ずるキャサリン・ゼタ＝ジョーンズとアーロン・エッカートは実際のシェフ（マイケル・ホワイト）から特訓を受けた。

・アーロンは1度指を切り、玉ねぎが血だらけに。

・キャサリンは1度ウェイトレスになって、客席に出てみた。客が知らずに「キャサリン・ゼタ＝ジョーンズに似てるわね」。キャサリン「よく言われます」（！）

③子どもが食べてるスパゲッティ（パスタ）が結局一番おいしそう！ 豪華で高い料理より、賄いみたいな家庭料理がハートには効く。

　＊レストラン料理は"宮廷"の味。賄いは"家庭"の味。

【字幕】「手の込んだ料理より食べ慣れた味」

【シーン】

①注文される豪華な素材名が次々に。その中でありふれたスパゲティを初めてむしゃむしゃ食べるゾーイ！ その時のニックの作戦がうまい。一切勧めず、自分用に作り、ゾーイの前でうまそうに食べる。効果絶大！

②素材準備を手伝い、ヘンな臭いのする高級トリュフをポイとクズ箱に捨てるゾーイ！

● (2) 音楽：

①場面場面に合わせた多種多様なジャンルの音楽の使い方（オペラ、軽音楽、…）。

②パバロッティのオペラをふんだんに使っている。

　「誰も寝てはならぬ」（プッチーニ《トゥーランドット》より。最初と最後のシーン）

　「女心の歌」ヴェルディ"リゴレット"より（♩風の中の羽のよう

に いつも変わる女心)

「スウェイ（キエンセラ）」

「ライオンは寝ている」(映画「ライオンキング」The Lion King より)

「ある晴れた日に」(プッチーニ"蝶々夫人")

「ラ・トラヴィアータ　乾杯の歌」(ヴェルディ『椿姫』)

「私のお父さん」

(プッチーニ"ジャン・スキッキ"より。真夜中の2人の愛のシーン)

「清きアイーダ」(ヴェルディ"アイーダ"より)

「マンボ・ジェラート」

「トリュフとウズラ」

「形見のホームビデオ」

「ヴィア・コン・メ」

「レストランへ」

「空と海」(歌劇"ジョコンダ"より)

「カウント・オン・マイ・ラブ」(全15曲)

● (3) ストーリーの温かさ：

《いいストーリーの典型的2タイプ》

①ダメ人間が、鍛えられて、有能な人間に育っていく。

②いがみ合う他人同士が家族のように打ち解けていく。

⇒この映画が典型。

＊意地の張り合いから、心が少しずつほぐれて通い合っていく姿が、人には一番"幸せ"感をもたらす。そこに「愛」があるから。

【そんなシーンの数々】⇒あなたはどのシーンがお好き？

＊厨房で、ニックとゾーイのダンス。

＊願い事で、日曜日、ニックを家に呼ぶ。寒い中待っているゾーイが「全く！」(言語 Man!= 男ったら！)

＊ゾーイはニックとパイ他の料理を作り、サファリ（テーブルなし、

皿なし）で夕食、ゲーム。
＊ある夜、ゾーイは母との浜辺のビデオを見て涙を。そこにそっと寄り添うケイト。泣きながらも彼女にもたれかかるゾーイ。翌日は2人で休暇を取り、一日を楽しく。銀行ゲーム、そのあとの枕たたき（それまでのケイトには考えられないこと。彼女が完全に心を開放して、11歳のゾーイの世界に入ったから）。
⇒これが心を開く決め手。神のみ子が、人としてこの世に来てくださったように。
＊その真夜中、ニックが尋ねて来て愛の一夜、翌日はゾーイと3人で、親子のように自転車で楽しい一日。
＊ケイトがニックの昇進に怒り、家に帰ると：
【字幕】ゾーイ「ニックは？」 ケイト「うちに帰ったわ」
ゾーイ（寂しそうなケイトを見て）「ケイト。ルーイ（ゾーイのお気に入りの人形）と一緒に寝る？」（優しいいゾーイ）
＊翌朝、いなくなったゾーイは亡き母の墓に。
【字幕】ゾーイ（ケイトとの暮らしが幸せになって）「ママを忘れそう」
ケイト「忘れないわ。約束する。（ここへ）来たくなったら言って」
＊子どもは「今の幸せのためには母を忘れなければいけない。でも忘れたら、どうしよう。あんなにママを好きだったのに」と悩む。
＊NHK朝の連ドラ「マッサン」でも、家主の後妻を、「ママ」と呼んでは亡き母に悪いからと、どうしても呼ぼうとしない長女の話が。
＊2014年10月30日召天した三浦光世さんも、最後まで妻綾子さんの初恋の人、前川正さんの写真を身に着けていた（前川さんに代わって、前川さんの分も妻を愛そうと）。
＊愛する亡き人のことは、今与えられた幸せを守るために忘れる必要はない。いや、忘れてはいけない。共にその人を偲び、愛して思い出を共有していくべき。これが聖書の愛の姿（Ⅰコリント13章）。

≪結び≫

● 「幸せのレシピ」は：

(1) どこのレストランを探してもないし、そんなメニューを作れるシェフもいない。

【字幕】ケイト「人生にもレシピがあればいい。失敗せずに済むのに」
　　　　セラピスト「自分が作ったレシピが一番いい」

⇒それを聞いたケイトは、それまで一度もやったことのないこと、サンフランシスコの料理長として去ろうとする彼のアパートに、自分から引き留めに行く。

　＊Recipe レシピ：①調理法。②秘けつ、秘策。

　＊「幸せのレシピ」は、あなたの心に存在する。何に対してであれ、閉ざしていた心が開くとき、あなたの「幸せのレシピ」は作られていく。

(2)「幸せのレシピ」とは、自分が幸せになるためのレシピではなく、誰かを「幸せにするためのレシピ」（料理は本来そういうもの）。

　＊as「バベットの晩餐会」Babettes gæstebud のバベット（最近FB「映画カフェ」でも話題となった）。

『幸せのレシピ』
ブルーレイ ¥2,381 ＋税
／DVD 特別版 ¥1,429 ＋税
ワーナー・ブラザース
ホームエンターテイメント

＊私の妻も「一人で食べてもおいしくない」と、独りのときは料理を作らない。

　―高くなくても、新鮮でいい素材を使い、

　―心を込め、手間暇をかけ、

　―隠し味を効かせる（愛のスパイス）。

(3)「幸せのレシピ」を作るとは、究極、「他者のために生きる」ということ（私の生き方のモットー）。

●そしてその究極の秘けつは？

　＊人生には、時としてNo Reservation「予約なし」の出来事が起こる。でも神様に在っては、全ては「予約済み」。

　＊そんなハプニングの中でも、失敗せずに、いえ、失敗してもやり直せる人生のレシピ（秘けつ）は、THE BIBLE「聖書」の中にある。「聖書」が「人生最高のレシピ」なのだ！

★「聖書で読み解く映画」って、いいですね。ではまたお会いしましょう。ハレルヤ、ハレルヤ、ハレルヤ！

〔121〕「ベオウルフ　呪われし勇者」Beowulf

　これは、〔99〕「ポーラー・エクスプレス」The Polar ExpressでCGアニメに挑んだロバート・ゼメキス監督が、更にその技術を向上させて完成させた、初のディジタル3D作品です。3D作品では、映像は立体化させ、字幕は立体化することなく定位置で再現するために、技術的な試行錯誤を重ねた末、やっと字幕圏でも3D上映が可能になりました。

　これは、イギリス文学の「指輪物語」にも影響を与えたという、歴史上最古、8世紀の英雄叙事詩「ベオウルフ」の映画化です。物語は、伝説的な英雄たちの時代。気高き最高の戦士ベオウルフ（〔113〕「ディパーテッド」The Departedのレイ・ウィンストン）は、町を襲う忌

まわしき"悪魔"、グレンデルを撃退しますが。そのため、冷酷で魅惑的なグレンデルの母親（アンジェリーナ・ジョリー）の怒りを買い、壮絶な戦いを繰り広げることになります。この二人に、アンソニー・ホプキンス、ジョン・マルコヴィッチらベテラン勢が脇を固めています。

　この映画で面白かったのは、「**ポーラー・エクスプレス**」ではまだ人物の表情や動作などがリアルでなかったのが、俳優たちのパフォーマンスキャプチャー・データを実物に近い形で用いて、現実に酷似しながらも、現実そのものではない世界、すなわちCGアニメと実演の接点画像を、スクリーンに再現させたことです。ですから、観客は、アニメでもない、実像でもない、その融合したような画面を見るという、何か不思議な感覚に捉われました。

　字幕翻訳は、太田直子さんでした。

〔122〕「アイ・アム・レジェンド」I am Legend

　これは、リチャード・マシスンの小説 "I Am Legend" にフランシス・ローレンス監督が取り組んだ3度目の映画化作品です。

　2012年、ウイルス感染により、世界人口60億人のほとんどが絶滅していく中で生き残った、ニューヨークでたった1人の生存者、元米国陸軍中佐であり科学者のロバート・ネヴィル（ウィル・スミス）と、がん治療薬を投与した人間が突然変異によって変貌した強敵「ダーク・シーカー」との息詰まる戦いを描いたSF映画でした。

　現実の2012年は、幸いにも何事もなく過ぎましたが（もっとも日本では、その前年に起こった東日本大震災の復旧のために、必死の作業が続いていましたが）、こうした新薬開発による副作用や、突然変異による生態系の崩壊、ウィルスの蔓延などの問題は、21世紀の世界が直面しなければならない大きな問題であることを改めて考えさせられます。

字幕翻訳は、「**マトリックス**」で近未来の世界に精通した（？）林完治さんにお願いしましたが、製作室としての懐かしい思い出は、アンサープリント（最初の試写用プリント）が日本に着いてから1週間の間に、430本の公開用大量プリントとHDを突貫工事で量産し、初日に間に合わせたことです。「製作に任せれば大丈夫」とのトップと営業陣の"絶対的信頼"と、「仕事なんだし、これまでもそうだったから、今度もやってくれるさ」という"当然の楽観的期待"は、私にとって常に諸刃（もろは）の剣でした。

〔123〕「スウィーニー・トッド」Sweeney Todd

　監督ティム・バートンの作風を一口で言えと言われたら、"ダークな耽美（たんび）主義"ということになるでしょう。闇の世界の"美"に至上の価値を認め、それを唯一の目的とする芸術上の立場ですね。〔105〕**「ティム・バートンのコープスブライド」Tim Burton's Corpse Bride** ではその美を"死体の花嫁"に求め、この作品では、"死者の加工肉を具材にしたパイ"に求めるのですから、もう、常人のついていける世界ではありません。映倫審査でも、さすがにこれは一般映画で通るはずはなく、刃物による殺人や焼殺シーン、カニバリズム描写があるところから、同監督の作品としては日本初のR15+の指定を受けました。

　これは、イギリス・アメリカでドリームワークスが製作した、ファンタジー・ホラー・ミュージカル映画で、トニー賞を獲得した1979年のミュージカル「スウィーニー・トッド フリート街の悪魔の理髪師」を原案にしたものです。ヴィクトリア朝のロンドン・フリート街で店を構える、腕のいい理髪師ながら、愛用の西洋かみそりで理髪椅子の客を次々殺していくスウィーニー・トッド（ジョニー・デップ）と、それを助け、犠牲者の肉をミートパイにしていくラヴェット夫人（ヘレナ・ボナム・カーター）の夫唱婦随の（！）共同殺人作業を、ミュージカル仕立てでコミカルに描いています。

字幕翻訳は、〔111〕「父親たちの星条旗」Flag of Our Father の吹き替え版を担当した佐藤恵子さんでした。もう一人の恵子さん＝岸田恵子さんと共に、東北新社の翻訳室の"顔"とも言うべき実力者の腕を、いかんなく発揮してくれました。

【2008年】
〔124〕「最高の人生の見つけ方」The Bucket List

　私のワーナー46年半、最後の思い出深い作品になるのは、退職後の2008年5月10日に公開された「最高の人生の見つけ方」です。すでに前年末に、製作室では、公開本数の半分の200本ぐらいのプリント量産も済み、3月8日に退職の時には、2か月後の大ヒットを念じつつ、後任者に残った仕事を託したのでした。

　「スタンド・バイ・ミー」Stand By Me や「ア・ヒュー・グッドメン」A Few Good Men などで知られる知性派監督ロブ・ライナーが、アカデミー俳優のジャック・ニコルソン、モーガン・フリーマンの二人を使って、誰の人生にも最後に必ず訪れる"死"の問題を取り上げました。余命6か月を宣告された二人の男が、死ぬ前にやり残したことを実現するために世界に冒険に出るハートフル・ストーリーで、最高の人生の全うの仕方を、ユーモラスに、また真面目に描いたヒューマン・コメディー作品でした。

　それでは、この作品も、「映画カフェ」でのナビゲーション解説を採録したいと思います。

退職前の雑誌インタビュー

第3部　思い出のワーナー映画 半世紀

- キャスト：
  百万長者エドワード（ジャック・ニコルソン）
  自動車修理工カーター（モーガン・フリーマン）クイズ好き
- スタッフ
  監督：ロブ・ライナー
  製作：ロブ・ライナー、グレイグ・ゼイダン、ニール・メロン、
  　　　アラン・グライスマン
  脚本：ジャスティン・ザッカム
- あらすじ：

　46年の間、家族のためにひたすら働いてきた自動車整備工カーター・チェンバーズ（モーガン・フリーマン）。彼は学生時代、哲学の教授から勧められ"棺桶リスト"を作ったことがあった。それは、自分たちが棺桶に入る前に、やりたいこと、見たいもの全てを書き出したリストのことだった。とはいえ、カーターの前には現実という壁が立ちはだかった。結婚、子ども、さまざまな責任。そのうち"棺桶リスト"は、そのチャンスを失ったという苦い思い出と、仕事の合間に時折思い出す程度の空想に変わっていた。

　一方、会社を大きくすることに人生の全てをつぎ込んできた大金持ちの実業家エドワード・コール（ジャック・ニコルソン）。多忙な人生を過ごしてきた彼は、企業買収やおいしいコーヒーを飲むこと以上に、より深く自分が求めているものについて考えることさえできなかった。対照的な人生を歩んできた、出会うはずのない二人。しかし彼らは、がんで余命6か月と宣告され、病院のベッドで隣り合わせたことから、人生の最後を共に過ごす仲間となる。ベッドの上でカーターが取り出した"棺桶リスト"。そこにカーターは「荘厳な景色を見る」、「赤の他人に親切にする」、「涙が出るほど笑う」と記した。それを見たエドワードは「スカイダイビングをする」、「マスタングを乗り回す」、「ライオン狩りをする」、「世界一の美女にキスをする」と付

け加える。こうして、病院を飛び出した二人の生涯最後の冒険旅行が始まる。タージマハルから野生の楽園セレンゲティ、最高級のレストランからいかがわしいタトゥーショップ、レースカーのコックピットからスカイダイビング用の小型機まで。ひとつまたひとつとリストを埋めていく中で、二人は生きる上で直面する様々な疑問に取り組むことになる。やがて、二人は気づかないうちに生涯の友になっていくのだった……。

● 二人に残されていたなすべきこと：

　①死の受容＝自己受容：これまでの自分自身を受け入れ、自分の下してきた選択を受け入れ、最後の突然の死をも受け入れること。

　②残された時間の完全燃焼：自分がやりたいと思っていたことを全てかなえることに費やすこと。

● "死ぬ前にやりたいことリスト"：原題 The bucket list は、首つり自殺するとき、バケツの上に乗り、それを蹴飛ばすことから、その前にやりたいことを書いたメモのこと。日本語では "棺桶リスト" で、これは二人の共作です。

　①スカイダイビング

　②世界一の美女にキスをする

　③泣く（涙が出る）ほど笑う

　④見ず知らずの人（赤の他人）に親切にする

　⑤荘厳な景色を見る

　⑥入れ墨をする

　⑦ピラミッドを見る

　⑧香港に行く

　⑨マスタングを乗り回す

　⑩ライオン狩りをする

そのために訪れたところ・乗ったもの

　□タージマハル

□アフリカの野生の楽園セレンゲティ
□最高級のレストラン
□いかがわしいタトゥーショップ
□年代物のレースカーのコックピット
□スカイダイビング用に扉が開かれた小型機

●遺言と共に、私たちも自分で書いてみるといいのではないでしょうか。

《この映画の見どころ》

★人生についての5つの考察：

（1）"死"は人生100パーセントの確率：

　死は誰にも平等に訪れます。しかも、それまでの人生の幸不幸にも、経済的成功・不成功にもよりません。

エドワード：富の力を頼みとし、家族を犠牲にしてきました。

カーター：真面目に、家族に仕えてきました。

　＊メメント・モリ「死を覚えよ」。

　＊我々は、下の二重の意味で、"死と隣り合わせの人生"を生きています。

①普段は気づきませんが、"死"はいつもすぐ隣にあります。

②"生"と"死"はペアで考えるべきものです。"人生の両輪"と言っていいでしょう。

　死の備えがあって、よりよき生を生きられます。（人は生きてきたように死んでゆく。《柏木哲夫》）

（2）人生は出会いです：

　神が合わせてくださる出会いは、伴侶でも、友でも、"不思議"としか言いようがありません。人間の常識では、絶対に出会いそうもない人と出会うのです。この二人にとっては、それは"がん"という不治の病になり、しかも同じ病室になったことで起きたのでした。

　最初はまるで水と油のようにことごとく反目し合った二人ですが、

次第にお互いの違いを受け入れ合うようになったばかりか、「死ぬ前にやりたいこと」リストを書き、エドワードの財の力でそれを実行すべく、世界旅行に飛び出すのです。それからあとの映画後半は、これが死を迎える者たちかとあきれるほどの、痛快な冒険旅行の数々ですが、そんな中、今や堅い友情で結ばれた敬虔(けいけん)なクリスチャンであるカーターの影響で、エドワードは人生で最も大切なことに、次第に気づき始めます。

《映画のセリフ抜粋紹介》＝証しと個人伝道（カーターは最高の個人伝道者：相手を否定せず、受け入れながら、信仰の中身は明確に証しします）。例えば：

　①飛行機の中での創造論。
　②エドワード、ダンテの「神曲」に言及
　　　　　　　　　　　　（＝死後の世界への興味と恐れ）。
　③最後のエドワードの弔辞：
　　　　　　　　　　これほど友情に満ちた美しい弔辞は少ない。
＊キリスト者にとって出会いとは、自らの信仰を証しし、一人の人間の運命を永遠に変えるチャンスに他なりません。「あなたと出会えてよかった」と互いに言える出会いをしたいものです。

(3) 人生のチャンスは最後まであります：
＊エドワードの"やりたいこと"の中で、「世界一の美女とキスをする」（＝自分の姪）も、「見ず知らずの人に親切にする」（＝カーターだったと気づく）も旅行後でしたし、最後の「荘厳な景色を見る」は、実に彼の死後の埋葬時にかなえられました。
●神様の計画は、人の思いを超えます：しばしば思いがけない方法でかなえられるのです。
●神様の全能は、人の不可能を超えます：人の魂の救いもまた同じです。いまわの際までチャンスはあります。「信じるなら、神の栄光を見る」

第 3 部　思い出のワーナー映画 半世紀

(キリスト。ヨハネ 11:40)
　決して諦めてはいけません。

(4) 人生の危機を支えるもの：
　それは家族・伴侶の祈りと愛です。カーターを気遣い、共にいたいとエドワードに早期帰宅を願う妻や、彼が旅を終えて家に帰った時、無事を喜び感謝の祈りをする妻と長男や子どもたちです。

(5) 最高の人生とは？：
　ビジネスの世界で存分に生きてきたエドワードですが、それまでの自分に欠けていたこと、備えのなかったものは、次の 2 つでした。
　　1.　家族愛の温かさ。
　　2.　この地上の生涯を終えたあとの自分の魂の行き場所。
　後悔なく死ねるように、やりたいことを全てやり遂げた彼が、「最高の人生」の仕上げとして"心のリスト"に書き加えたのは、確かにかなえられた次の 2 つだったに違いありません。

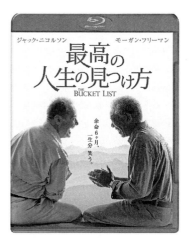

『最高の人生の見つけ方』
ブルーレイ ¥2,381 ＋税
／DVD ¥1,429 ＋税
ワーナー・ブラザース
ホームエンターテイメント

①家族に守られて死ぬこと。
　②一足先にカーターの待っている、永遠の命の世界に旅立つこと。
●真の"最高の人生"とは、神を信じ、神と共に歩む人生です。そこにこそ永遠の祝福があるのです。

【1990年】（ワーナー・ホーム・ビデオ）
〔125〕「偉大な生涯の物語」The greatest Story Ever Told

　私の46年半にわたるワーナー映画人生で、最も思い出に残る映画は、自らが字幕翻訳をしたこの作品ですので、ビデオ公開ですが、最後に記しておきたいと思います。

　この作品は、イエス・キリストの生涯を、聖書に忠実に描いたもので、数あるキリスト映画の中でも、今やクラシックの名作の一つに挙げることができるでしょう。巨匠ジョージ・スティーヴンズが製作・脚本・監督、音楽にはアルフレッド・ニューマン、スウェーデン出身のマックス・フォン・シドーがあの悲しみをたたえた彫りの深い顔でキリストを演じ、チャールトン・ヘストンがバプテスマのヨハネ、ジョン・ウェインがあの十字架のキリストの死を見届けて信仰告白をしたローマの百人隊長で特別出演、シドニー・ポワチエがクレネ人シモン、デイヴィッド・マッカラムがイスカリオテのユダ、ドロシー・マッガイアがイエスの母マリヤ、復活の墓に現れた天使がパット・ブーンというそうそうたる俳優陣で、1965年に、70ミリで全世界に公開された、ユナイテッド・アーティスツ社（略称ユナイト）配給作品です。上映時間は3時間20分、普通の映画の2本分で、間にインターミッション（休憩）が入り、第1部の最後はラザロのよみがえり、第2部のラストはキリストの昇天で、そのいずれにも、アルフレッド・ニューマンは、ヘンデルの「メサイア」からハレルヤ・コーラスが用いられました。日本では、今はないテアトル東京で上映され、キリスト教界も映画館前でトラクトを配るなど、伝道のチャンスとして活動したも

のでした。この映画は、権利の関係で、ビデオが市場に出回っても、なかなかビデオ化されませんでした。WHV が MGM やユナイト作品の販売権を獲得してからも発売の機会はなく、他のキリスト映画のほとんどはビデオ化された中で、いわば"幻の名画"となっていました。それが、ある時、やっと WHV 本社でビデオ販売用のマスターテープが完成し、発売が許可になったのです。その発売可能作品リストの中に、このタイトルを見つけた時の喜びと興奮は、今でも昨日のことのように覚えています。劇場版の字幕翻訳は、ユナイトの日本支社自体がもうなかったので、翻訳台本も存在していませんでした。私はその場で、"この作品は私が翻訳をさせてもらおう"と心に決めたのです。それは 1990 年、私は当時、48 歳で、前述のように、"製作総支配人"という肩書で、映画とビデオ製作の一切の責任を担っていました。

　その年の 6 月にビデオ発売されるこの作品の字幕翻訳を、私は 2 月の 1 か月をかけてやりました。毎日、「主よ、この作品を通して、あなたのことを正しく、また生き生きと伝えられますように」という祈りを込めて、全編 1,500 枚を超える字幕を、毎日少しずつ訳していきました。この映画の脚本のすばらしいところは、聖書の四福音書から、イエスや弟子たちの言葉をふんだんに取り入れて、しかもそれを自由に脚色していることです。従って、「初めにことばがあった。」（ヨハネの福音書 1:1）に始まり、「見よ。わたしは、世の終わりまで、いつも、あなたがたとともにいます。」（マタイの福音書 28:20）で終わるこの映画は、3 時間 20 分の全編これ、自由に編集された聖書をビジュアルで読んでいるようです。映画のラストはキリストの昇天シーンですから、このマタイの"大宣教命令"で締めくくるのは当然なのですが、なんとその最後の命令の中にマタイ 6 章の「山上の垂訓」の一節が出てきたりするのです。コリント人への手紙第一 13:13 の"愛の教え"も、この手紙を書いたのはパウロなのですが、その基となった"愛の人"キリストの口から語られます。また、キリストは、

旧約聖書でその誕生を予言されていたのですが、その旧約の引用も出てくるのです。詩篇23篇も全節出てきます。キリストの十字架のところには、使徒信条（初代教会の信仰告白文で、教会の礼拝で交唱される）の一節「ポンテオ・ピラトのもとに苦しみを受け、死にて葬られ…」も出てきます。当時は今のようなインターネットも聖書ソフトもない時代で、これらを訳すには、私の頭の中にインプットされた聖書知識だけが頼りでした。

そんな中で、私が留意したのは、キリストを必要以上に"神格化"することなく、この地上を人として歩まれた、ユダヤの青年伝道者イエス像を打ち出すことでした。実際にイエスは、ヘブル語の口語体とも言うべきアラム語で話されただろうと言われていますので、できるだけ実際の話し口調に訳しました。弟子たちに対する呼称にしても、聖書や他のキリスト映画でも用いられる「あなた方」という言い方よりも、「君たち」という言葉を使ってみました。一方では、旧約聖書の引用のところは、格調高く文語体を用いました。また、聖書の言葉にできるだけ忠実に、しかし字数制限のある中で、できるだけ噛み砕いて、一般の人々に理解できる表現にすることを心がけました。以下はその一例です。

＊原文直訳のままでは意味が分からないところは、字数が増えるのを覚悟で、その語を解説する補訳をしました。

字幕番号＃1028「ホザナ」⇒「ホザナ　救って下さい」（エルサレム入場シーンで群衆が歓呼する声）

字幕番号＃1210「Now..is the Son of Man glorified.」直訳「今や、人の子は栄光を受けた」ですが、この「人の子」とは、天の神のみ子としての栄光を捨てて、人間としてこの世に来られたキリストが、へりくだって、ご自身を人間と同じように見なして呼ばれた自称ですが、このままでは分かりません。そこでこう訳しました。

「人の子としての私は／今まさに栄光を受けた」

＊また、いわゆる"当てルビ"を使用し、そのルビを付けた本文で意味を解説するという手法も用いました。この場合のルビは、漢字の読みのルビとは違って、観客は本文・ルビ両方を読まなければならないので、準本文としてルビも字数に入ります。その前後をかなり引き締めないと、字数オーバーでおいそれとは使えないテクニックですが、できる限りやってみました。

　字幕番号＃22「救世主(メシヤ)予言が」
　　〃　　＃1064「油注がれた者(キリスト)」

＊度量衡の中のお金ですが、字幕番号＃437は、聖書ルカの福音書21:1～4の2レプタをささげたやもめの女のシーンです。ここの英文台本は、イエスのセリフで「I know a widow-woman..who gave two pennies」(直訳：私は、あるやもめの女を知っている。彼女は2セントをささげた。)度量衡は、日本のメートル法に換算して訳しますが、金額は為替レートが絶えず変動するので、そのまま出すのが原則です。しかし私は、これがいかに少ない金額だったかを観客に示そうと思い、きちんと計算してみました。当時、1デナリというのは、大人の1日分の賃金で、128レプタに相当しました。そこで計算は次のようになります。

　1レプタ＝時給＠￥1,000×7時間÷128＝￥55
　2レプタ＝￥55×2＝￥110

　そこでこの箇所の私の訳はこうなりました。

　字幕番号＃437「100円をささげた／やもめがいた」

(／は行変え箇所)

＊もう一つお金の話をしましょう。字幕番号＃1018は、マルコの福音書14:5「この香油なら、三百デナリ以上に売れて、貧しい人たちに施しができたのに」という、イエスを裏切ったイスカリオテのユダのセリフです。ここの英文は「Do you know this could have been sold for three hundred pence?」ですが、これは数字は合っていても、

貨幣単位がおかしいです。これでは3ドルにしかなりませんから。ここの300デナリは、約1年の労働日数ですから、日本円にすれば、￥1,000×7時間×300日＝￥2,100,000という大きな金額になります。さすがにこの金額を字幕にするわけにはいきませんが、「300デナリ」ではどのくらい高価なのか皆目分かりません。そこでこの箇所の私の訳は、意訳（直訳でなく、理解しやすいように意味を出す訳）でこうしました。

　字幕番号＃1018「賃金1年分の値段ですよ」

＊聖書の中には、「○○人」という表現が頻繁に出てくるのですが、この「人」の漢字は、「ギリシャ人」「ローマ人」「エペソ人」のように、民族／人種を表すときは「じん」と音読みし、「パリサイ人」「サドカイ人」のように宗教的セクトを表すときは、「びと」と訓読みにします。けれども一般の人には、そのようなことは分かりませんので、後者のセクトも、人種と取られてしまいます。そこでこのように訳して誤解されないようにしました。

　字幕番号＃846「パリサイ派の人だ」

＊キリストの十字架上の7つの言葉のうち、字幕番号＃1454「It is finished」は、それまでのキリスト映画では、「事は終わりぬ」と、あたかも全ては水泡に帰したかのような訳が多かったのですが、新改訳聖書の訳のように、神の救いの計画の成就を表すものとして、「完了した」と訳しました。

　こうして、1か月後に原稿が完成、マスターテープの作成、ビデオカセットの量産、いのちのことば社さんとキリスト教界への販売契約を結ぶと共に、クリスチャン新聞にもインタビュー記事を掲載していただき、このチャンスを与えてくださった神様に心から感謝したことでした。

　なおこの映画の翻訳に関しては後日談があります。それから十数年して、このビデオの販売権がワーナーから二十世紀フォックスビデオ

に移り、それを機に、DVDで再発売することになりました。私は翻訳学校の聖書・キリスト教講座の字幕演習でこの作品を教材として用いていたのですが、その講座の受講生で、翻訳学校終了後も連絡を取り合っていた女性の友人が、たまたまこのDVDの制作会社勤務で、しかもこの作品の担当であることを知ったその教え子が、最初のビデオ発売の時はペンネームだったため、誰が翻訳したか分からず探していた彼女に私のことを紹介してくれ、改めて全面的に監修できたのみか、その映画のメイキングやインタビューなどの特典映像の翻訳もさせていただいたのです。これもまた神様のお引き合わせだと思い、改めて感謝しています。